KB005149

브랜드 마케터들의 이야기

브랜드
마케터들의
이야기

배달의민족
이승희

스페이스오디티
정혜윤

에어비앤비
손하빈

트레바리
이육헌

book by PUBLY

PROLOGUE
프 롤 로 그

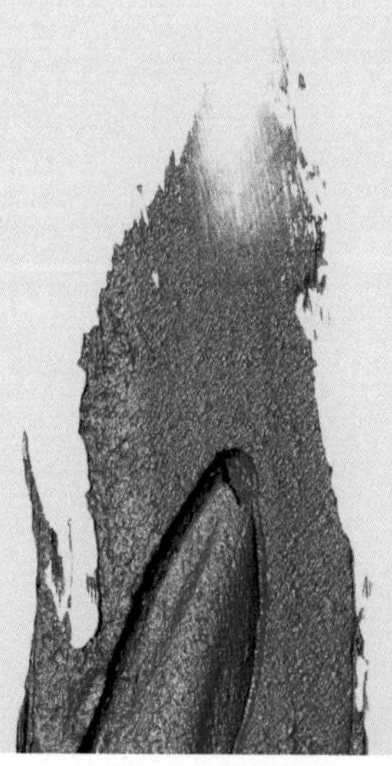

박소령 PUBLY CEO

“PUBLY는 무슨 콘텐츠를 만드나요? 어떤 저자를 선호하나요?” PUBLY를 소개할 때 항상 받는 질문입니다. 어떻게 해야 이 질문에 쉽고 명료하게, 제 언어가 아닌 고객의 언어로 답할 수 있을까에 대해 깊은 고민을 해왔습니다. 어느 날 신문을 보다가 (네, 저는 아직도 신문을 본답니다.) 영감을 받았습니다. 그리고 요즘은 이렇게 답합니다. “PUBLY가 협업하고 싶은 저자는 축구로 비유하자면 경기장에서 한창 열심히 뛰고 있는 선수들과 탁월한 성과를 내고 목표를 달성할 수 있도록 이끄는 감독과 코칭 스태프, 구단입니다. 관객이나 비평가가 아니라요. 이렇게 현장에 발을 담그고 있는 사람들만이 가질 수 있는 생각, 경험, 통찰이 고객의 성장을 위한 매력적인 상품이자 우리 사회의 지적 자본이 될 수 있도록 PUBLY 콘텐츠로 만듭니다.”

《브랜드 마케터들의 이야기 - 음식, 음악, 여행 그리고 독서》는 각자 자신의 분야에서 지금 전속력으로 달리고 있는 선수들의 이야기입니다. 젊기에 빛나고, 미숙할지언정 신선하고, 넘어져도 다시 일어나서 빠르게 달려나갑니다. 이 책을 읽는 독자들도 함께 성장하며 앞으로 달려나가실 수 있기를 바랍니다. 낮밤을 가리지 않고 일하랴 글쓰랴 고생 많았던 자랑스러운 저자

이승희 · 정혜윤 · 손하빈 · 이육헌 님, 2018년 여름 PUBLY에서 갓 나온 따끈따끈한 디지털 콘텐츠를 책으로도 속도감 있게 출간하느라 애써주신 든든한 출판 파트너 미래엔 박현미 본부장님과 이명연 에디터 그리고 PUBLY라는 경기장에서 전력투구하는 훌륭한 선수 최우창 프로젝트 매니저, 마지막으로 PUBLY 콘텐츠 최고의 감독인 CCO 김안나 님께 진심으로 축하와 고마움을 전합니다.

최우창 PUBLY 프로젝트 매니저

2018년 3월 28일, PUBLY 삼성동 사무실에서 《브랜드 마케터들의 이야기》 저자들과 만났습니다. 그동안 쓴 PUBLY 디지털 콘텐츠 원고를 점검하고, 남은 기간 동안 원고 작업을 어떻게 할지 논의하는 자리였습니다. 이날까지 쓰기로 한 분량이 있었는데, 공교롭게도 저자 모두 마감을 지키지 못했습니다. 우리는 원고 집필 상황을 확인한 후 깨달았습니다.

'그동안 실무자들의 책이 없었던 이유를 알겠다. 그들은 책을 쓸 시간이 없었던 것이다.'

원고 작업 기간 동안 이승희 저자는 배달의민족에서 진행하는 '배짱이' 행사를 준비했고, 정혜윤 저자 역시 스페이스오디티에서 주최하는 행사 준비로 바빴습니다. 손하빈 저자는 싱가포르 출장을 다녀왔고, 이육헌 저자는 미팅이 끝난 후 늦은 시각에도 다시 트레바리로 향해 잔업을 처리했죠. 이렇듯 실무자들은 다들 바쁘게 삽니다.

그럼에도 원고 작업을 마무리 지을 수 있었던 이유는 서로에게 힘이 되었고, 함께 결과물을 완성해야 했기 때문입니다.

이 글을 읽는 독자 역시 '나만 힘든 게 아니었네', '다들 이런 고민을 하고 있었네'라고 느끼며, 이 책이 캄캄한 어둠 속에서 한 걸음 더 나아가는 데에 작은 빛이 되길 바랍니다.

이승희 배달의민족 마케터

"마케터가 되려면 어떻게 해야 하나요?" 7년 전, 제가 많은 마케터에게 했던 질문입니다. 요즘 제가 자주 받는 질문이기도 하고요. 이런 질문을 받으면 어디서부터 이야기해야 할지 막막합니다. 그럴 때면 제가 같은 질문을 했던 때를 떠올리곤 합니다. 마케터를 꿈꾸는 예비 마케터 혹은 현재 마케터로서 일하는 실무자 모두 나와 다른 영역에서 활동하는 마케터들은 어떻게 일하는지 궁금하지 않나요? 저는 늘 궁금했거든요.

언젠가 한 번쯤 이야기를 함께 해보고 싶었습니다. 비전공자인 제가 어떻게 마케터가 되었고, 무슨 일을 어떻게 하고 있는지 말이죠. 마케터는 아무나 될 수 있습니다. 그래서 '마케터'가 되는 것보다 '좋은 마케터'가 되는 것이 훨씬 어렵습니다. 어쩌면 저도 좋은 마케터가 되기 위해 이 글을 썼는지도 모르겠습니다. 배달의민족에서 일하면서 배운 것은 혼자보다 함께했을 때 더 좋은 시너지를 낸다는 것이었습니다. 그래서 이번 글도 혼자가 아니라 함께했습니다. 혜윤 님, 하빈 님, 육헌 님과 함께 기록하고 공유할 수 있어서 정말 기쁩니다. 우리 글이 많은 분께 좋은 자극을 주고 조금이나마 도움이 되기를 바랍니다.

정혜윤 스페이스오디티 브랜드 마케터

2018년 2월, 겨울 끝 무렵에 우리는 성수동의 한 카페에 모였습니다. 처음으로 다 같이 모이는 자리였는데 어색하지 않았어요. 마케팅과 일에 관해 서로 깔깔대며 나눈 이야기가 《브랜드 마케터들의 이야기》의 토대가 되었습니다. 그로부터 약 반년이 흐른 지금, PUBLY 디지털 콘텐츠로 발행된 우리의 이야기가 손으로 만질 수 있는 책으로 출간된다니 감개무량합니다.

사람으로서 성장할 수 있는 계기에는 여러 가지가 있지만, 자신이 가진 고민을 스스로 인지하고 친구들과 나누는 게 출발점이 될 때가 많습니다. 제가 생각했을 때, 저를 포함한 저자 네 명의 공통점은 시행착오를 여러 번 거쳐 '마케팅'과 사랑에 빠졌고, 자기가 속한 브랜드를 열렬히 애정하며 일하고 있다는 점입니다. 마케팅과 브랜드를 대하는 마음가짐에서 통하는 면이 많아 대화를 나누거나 서로의 글을 읽으며 놀랄 때도 많았어요. 우리의 진심을 꾹꾹 눌러 담은 고민과 경험기가 마케팅을 고민하는 여러분의 마음속에 작은 불씨를 지피면 좋겠습니다. 마케터들 파이팅!

손하빈 에어비앤비 코리아 브랜드 마케팅 매니저

2018년 올해 10년 차 실무자가 되었는데, 브랜드 마케터로서 경험한 일을 책을 통해 많은 사람에게 전한 것은 이번이 처음입니다. PUBLY가 아니었다면 그리고 혼자였다면 엄두가 나지 않았을 일입니다. PUBLY를 통해 열정적이고 긍정적인 저자 세 명을 만났고, 서툴지만 재미있게 글을 써나갔습니다. 종이책은 생각도 못 했는데, 시나브로 더워진 여름 날씨처럼 책 출간 기회가 자연스럽게 찾아왔습니다.
더 나은 브랜드 마케터로 나아가는 길목에서 만난 좋은 기회라 생각하고 용기를 냈습니다. 아프리카 속담 중 "빨리 가려면 혼자 가고, 멀리 가려면 함께 가라"는 말이 있습니다. 저는 빨리 혼자 외롭게 가는 길보다 함께 멀리 가는 길을 택하고 싶은데, PUBLY를 통해 함께 나아갈 수 있는 멋진 마케팅 동지들을 만났습니다. 책을 읽는 분들도 브랜드 마케터로 성장하는 데 이 책이 힘이 되는 동지가 될 수 있기를 바랍니다. 마케터 실무자뿐 아니라 마케터를 꿈꾸는 예비 마케터에게도 공감 가는 이야기가 되길 바라며, 우리 멀리 함께 가요!

이육헌 트레바리 마케터

《브랜드 마케터들의 이야기》는 배달의민족, 스페이스오디티, 에어비앤비, 트레바리 이렇게 네 브랜드에서 일하는 마케터들이 모여 쓴 책입니다. 가장 바쁘고 정신없을 실무자임에도 우리는 즐겁게 고통받으며 글을 쓸 수 있었습니다. 그 이유는 저를 포함한 저자 네 명 모두가 각자의 브랜드를, 또 각자가 하는 일을 진심으로 좋아하고 있기 때문이 아닐까 생각합니다. 각자 맡은 브랜드와 하고 있는 일 그리고 개인 취향에 대해 이야기 나누고 이를 글로 옮기는 과정은 놀라움의 연속이었습니다. 어쩜 저렇게 무언가를 깊이 좋아할 수 있을까 놀라기도, 또 그렇게 깊이 좋아하는 것들이 겹쳐 놀라기도 했습니다. 이 책은 마케팅과 브랜딩에 대한 세세한 방법론과 하드 스킬을 알려주는 책이 아닙니다. 우리가 무언가를 진심으로 뜨겁게 좋아하는 태도와 그 태도가 각자의 일에 어떻게 영향을 미치는지에 대해 적었습니다. 빠르게 변하는 세상에서 오히려 더 중요한 내용 아닐까요?

목차

PART 04 이육헌이 일당백 마케터가 되기까지

PART 05 배달의민족: 좋은 음식을 먹고 싶은 곳에서

PART 06 스페이스오디티: 음악으로 세상을 이롭게

PART 07 에어비앤비: 여행은 살아보는 거야

PART 08 트레바리: 세상을 더 지적으로, 사람들을 더 친하게

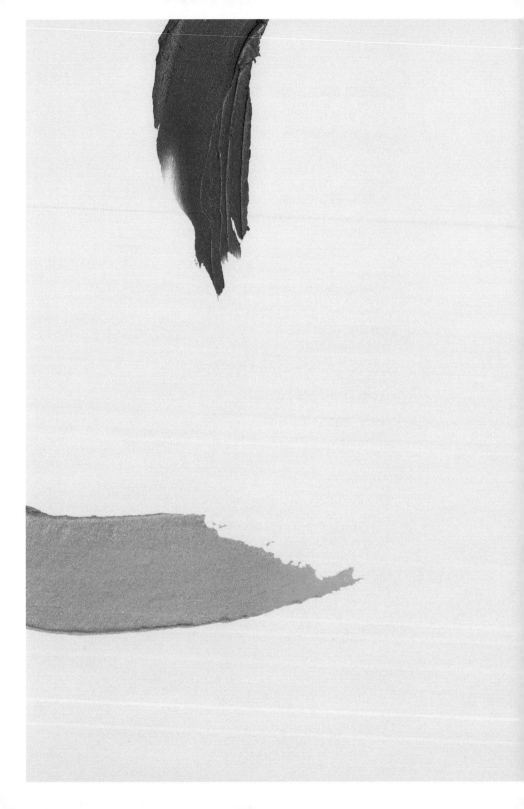

INTRO

좋은 점을 찾아 큰 소리로 말하는 사람들

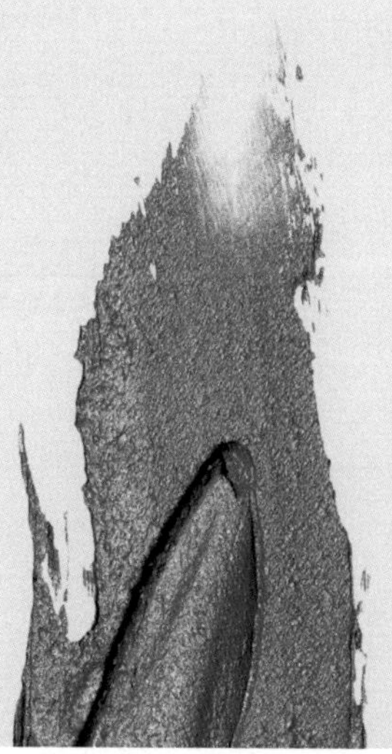

저자를 찾아서

'누가 이 이야기를 가장 잘 풀 수 있을까?'

《브랜드 마케터들의 이야기》 초기 기획은 지금과 약간 달랐습니다. 첫 가제는 '젊은 마케팅 실무자들'이었죠. 초기 대상은 3년에서 7년 차 정도의 실무자 4~5명을 모아 그들이 어떻게 일하는지 세세한 이야기를 담으려 했습니다. 개인 SNS를 통해 글을 봐왔던 마케터를 생각해보았는데, 배달의민족 이승희 마케터가 가장 먼저 떠올랐습니다. 친분은 전혀 없었지만, 페이스북과 브런치에 글이 올라올 때마다 재미있게 읽었고, 언젠가 저자로 섭외해보고 싶었습니다. 기회는 생각보다 빨리 왔습니다. 2017년 11월에 열린 'RE:WORK CONFERENCE

2017'의 세션 중 하나를 이승희 마케터가 맡았는데, 그날 PUBLY 손현 에디터도 발표를 한다는 소식을 들었습니다. 손현 에디터에게 콘퍼런스에서 이승희 마케터와 만나면 제 소개를 해달라고 부탁했고, 행사가 끝난 뒤 이승희 마케터와 온라인상에서 먼저 인사를 나눴습니다. 페이스북 메시지로 간단히 논의를 마친 뒤 미팅을 잡았습니다. PUBLY 사무실에서 처음 만난 이승희 저자는 밝고 힘찬 에너지가 느껴졌고, 미팅도 순조롭게 진행되었습니다. 우리는 '젊은 마케팅 실무자들의 이야기를 담자'는 주제를 확정하고, 어떤 사람들을 저자로 섭외할지 또 어떤 세부 내용을 다룰지 논의했습니다.

이번 프로젝트는 저자 섭외 기준이 몇 가지 있었습니다. 글을 많이 써왔거나 생각을 글로 정리하고 표현하는 일에 능숙한 사람, 큰 기업에서 작은 부분을 맡아 마케팅하는 사람보다는 스타트업이나 소규모 조직에서 주도적으로 실무를 진행한 경험이 있는 사람, 대외적으로 많이 알려지지 않은 사람. 아주 유명하진 않아도 주관이 뚜렷하며 주도적으로 일하는 사람들을 찾았고, 저와 이승희 저자가 공통으로 생각한 저자 후보는 정혜윤 마케터였습니다. 그 외에도 여러 이름이 거론되었으나 글을 재미있게 읽어온 정혜윤 마케터부터 섭외하기로 했습니다. 이 이야기가 나온 뒤 이승희 마케터가 정혜윤 마케터를 우연히 만나 프로젝트 이야기를 했고, 정혜윤 마케터는 매우 긍정적인 반응을 보였습니다. 그리고 얼마 후 정혜윤 마케터가 일하는 을지로 위워크에 갈 일이 있던 저는 저자 섭외 미팅을 진행했죠. 이승희 마케터와 정혜윤 마케터를 주축으로 다음 저자를 섭외했습니다. 첫 미팅 때 제가 추천한 이육헌 마케터는 당시 삼성전자에 다니고 있었는데, 마침 트레바리로 이직을 준비하고 있었습니다. 이육헌 마케터 역시 저자 제안을 긍정적으로 받아들였고, 그동안 논의한 내용을 바탕으로 섭외 메일을 보냈습니다.

마지막으로 PUBLY 박소령 CEO와 정혜윤 마케터가 추천한 에어비앤비 손하빈 마케터를 저자로 섭외했습니다. 다른 저자 세 명은 온라인상에서 글을 본 적이 있었는데, 손하빈 마케터는 이번 프로젝트를 통해 처음 알았습니다. 그럼에도 저자로 섭외한 이유는 저자와 내부 팀원이 모두 추천한 사람이라 믿을 수 있었고, 에어비앤비에서 일하는 마케팅 실무자 이야기는 어떨지 흥미로웠기 때문입니다. 리포트 주요 타깃인 마케터들이 많은 관심을 가진 회사이기도 했고요.

그렇게 '젊은 마케팅 실무자' 네 명을 섭외해 성수동 카페에서 PM Project Manager과 저자가 모두 모이는 첫 미팅을 진행했습니다. 초기 기획과는 약간 다르게 3년부터 10년 차까지 다양한 실무 경력을 쌓은 이들이 모여 좀 더 풍성한 이야기를 나눌 수 있었습니다. 네 명 모두 약간의 교집합은 있었지만, 실제로 만나 이야기를 나눠본 건 처음이었어요. 그런데 미팅을 진행하다 보니 취향도 비슷했고 이야기가 잘 통했습니다. 합이 잘 맞는 대학교 조모임 느낌이었달까요?

주제를 더 뾰족하게 좁혀보자! PUBLY에서 콘텐츠를 기획할 때 신경 쓰는 부분은 저자의 경험과 주관을 바탕으로 주제와 타깃을 뾰족하게 좁히는 것입니다. 미팅 중에 발견한 저자 네 명의 공통점은 모두가 '라이프스타일' 관련 브랜드에서 브랜드 마케터로 일한다는 사실이었습니다. 배달의민족은 음식을, 스페이스오디티는 음악을, 에어비앤비는 여행을, 트레바리는 독서를 중심으로 비즈니스를 키워가는 브랜드라 이번 리포트 주제에 그 부분을 녹이기로 했습니다. 주제는 그렇게 '젊은 마케팅 실무자들의 이야기'에서 '브랜드 마케터들의 이야기'로 바뀌었고, 그중에서도 저자들과 관련이 깊은 '음식, 음악, 여행, 독서'를 다루는 브랜드 이야기를 하기로 했습니다.

글 PUBLY, 프로젝트 매니저 최우창

영 프로페셔널의 이야기가 많아져야 한다

2015년 말에서 2016년 초 즈음, PUBLY가 설립된 지 1년이 채 안 되었을 시절에 카우앤독 캔틴에서 박소령 대표가 신문을 보다가 말한 이야기가 아직도 기억납니다. 요즘도 신문 논평에 등장하는 사람들이 10년 전, 20년 전과 별반 다를 것이 없다는 말. 그리고 책 서평을 써주는 오피니언 리더들이 아직도 대부분 나이 많은 남성 스피커라는 말. 그러면서 이 시대의 영 프로페셔널들이 더 많이 밖으로 나와야 하며, 그들이 말할 수 있는 환경을 만드는 게 중요하다는 이야기를 했습니다. "영 프로페셔널, 젊고 능력 있는 사람들의 이야기가 많아져야 한다." 이 말은 PUBLY에서 일하면서, 특히 PM으로서 저자를 섭외할 때 항상 염두에 두고 있습니다.

20년, 30년 일하며 전문성을 기른 C 레벨이나 관록 있는 교수들의 이야기도 물론 중요하지만, 그들의 이야기는 이미 많습니다. 또한 언론이나 강연 등을 통해 나온 이야기는 거시적인 내용이 많으며 실무자들이 어떻게 일하는지 알지 못하는 부분이 있어 누락되거나 잘못 전달되는 경우도 있습니다. 그 기업이 어떻게 마케팅했는지를 두고 한 기업의 CEO가 마케팅 실무자보다 더 잘 알 수 있을까요?

이제 막 일을 시작한 사람들, 달라진 시대와 환경에 적응하며 일하는 사람들에게는 실제로 일을 실행하는 젊은 실무자들의 이야기가 더 필요하고 와닿습니다. 그들과 비슷한 고민과 경험을 했고 시행착오를 미리 겪었으며 실질적으로 업무를 하는 데 도움을 줄 수 있는 사람들이기 때문이죠. 앞으로도 젊은 실무자들의 이야기가 더 많아져 비슷한 또래나 사회 초년생들이 직접적인 도움을 받았으면 좋겠습니다. 이번 리포트가 브랜딩, 마케팅 영역에서 그 역할을 하는 시발점이 되길 바랍니다.

글 PUBLY, 프로젝트 매니저 최우창

브랜드 속
마케팅 실무자들

오늘도 우리는 수많은 회의를 하고 아이디어를 냅니다. 행사를 위해 장소를 찾아다니고, 페이스북에 올라갈 콘텐츠를 한 달 내내 기획해 만들기도 합니다. 맡은 프로젝트가 잘되면 성취감에 도취하다가도, 일하다 본인의 바닥을 마주하면 자괴감에 빠지기도 합니다. 일이 어떻게 돌아가는지 파악하려고 무던히 애쓰던 신입 시절을 거쳐 마케팅 실무자가 되었습니다. 지금은 돌아가는 상황을 너무 잘 알기에 일이 더 어렵게 느껴지기도 합니다.

유난히 일이 어렵게 다가올 때면 책을 찾아 읽거나 강연을 듣습니다. 그런데 나와 비슷한 과정을 겪는 실무자의 목소리를 들을 곳은 찾기 어렵습니다. 다들 치열하게 고민하고 실행하며 일하고 있을 텐데, 어디에 숨어 어떻게 일하는지 도통 보이질 않네요.

다른 브랜드 마케팅 실무자도 나와 같은 고민을 하는지, 어떤 마케터로 나아가고 싶은지, 아이디어는 어떻게 얻는지, 꾸준히 하는 일은 무엇인지, 어떤 식으로 마케팅을 하는지, 일을 효율적으로 하기 위해 어떤 툴을 쓰는지, 큰 부분부터 아주 사소한 부분까지 궁금한 점이 참 많습니다. 브랜드와 밀착해 일하는 마케팅 실무자일수록 나누고 싶은 고민과 이야기가 많으리라 생각합니다. 신입 마케터도 최고마케팅책임자CMO,Chief Marketing Officer도 아닌, 실무의 중심에 있는 시기에만 할 수 있는 이야기가 분명 있으니까요.

글 이승희·정혜윤·손하빈·이육헌

왼쪽부터 이육헌, 이승희, 정혜윤, 손하빈 마케터 그리고 PUBLY 최우창 PM ©이승희

우리가 모인 이유

각 산업의 브랜드 마케팅 실무자가 모였습니다. 우리는 브랜드를 통해 사람들을 즐겁게 하고 더 나은 세상을 경험하도록 돕습니다. 사람 사이를 좀 더 촘촘하게 연결합니다. 매개체는 음식, 음악, 여행, 독서입니다. 배달의민족 이승희, 스페이스오디티Space Oddity 정혜윤, 에어비앤비Airbnb 손하빈 그리고 트레바리TREVARI 이육헌 마케터가 만났습니다.

마케터는 '기술'이나 '수단'보다 '영역'으로 나눠야 한다고 생각해요. 그래서 각 영역의 이야기를 모아보고 싶었습니다. 저희가 모여 함께 이야기해보니 본질은 같았습니다. 각 산업에 따라 다르게 발현할 뿐이더라고요.

이승희 배달의민족 마케터

"가장 개인적인 이야기가 가장 보편적인 이야기."

저는 마케터의 한계에 관해 자주 생각했습니다. '왜 디자이너와 개발자처럼 나만의 콘텐츠를 만들어낼 수 없을까?' 저도 제 생각을 보이는 결과물로 직접 구현해보고 싶었습니다. 그러나 디자이너와 개발자 없이 마케터가 오롯이 눈에 보이는 결과물을 만들어낼 수 없다는 생각이 들었습니다. 그래서 어느 순간부터 글을 쓰기 시작했어요. 글을 쓰면 머릿속에 들어 있던 여러 생각이 정리되고 저만의 결과물이 나오니 좋더라고요. 이 때문에 많은 고민이 해소되었습니다. 글 안에 지금 제가 하는 고민, 일하며 얻은 아이디어의 원천, 브랜딩 캠페인의 치열한 실행 과정을 담았어요. 제 글을 읽은 분들이 '큰 힘이 됩니다', '많이 공감해요', '일할 때 나만 그런 게 아니라는 생각에 위로가 됩니다'라는 말씀을 많이 해주었습니다. 오로지 자신을 위해 시작했고, 저만을 위한 글이었는데 많은 사람이 공감해 신기했습니다.

어쩌면 가장 개인적인 이야기가 가장 보편적인 이야기임을 알았습니다. 저와 같은 고민을 하며, 본인이 몸담고 있는 브랜드를 그 누구보다도 사랑하는 마케팅 실무자를 만났습니다. 이들을 만나 얘기해보니 큰 위로가 되더라고요. 제 글을 읽고 공감했던 사람들의 마음이 이랬을까요? 마케터는 기획과 실행력으로 승부해야 합니다. 디자이너처럼 눈에 보이는 결과물을 떡하니 내놓을 순 없지만, 마케터는 누구보다 빨리 경험하고 그걸 사람들과 공유하는 능력이 있습니다. 경험은 혼자보다 함께할 때 더 큰 시너지를 냅니다.

정혜윤 스페이스오디티 브랜드 마케터

"마케터는 각자의 브랜드와 닮았다."

마케팅 실무자를 만나 대화하는 걸 좋아합니다. 실무자의 이야기는 대표나 임원들의 이야기와는 또 다른 관점에서 좋은 자극을 주기 때문입니다. 실무자가 자기 회사를 아끼며 일을 즐겁게 하는 게 느껴질 때, '이 회사 진짜 매력 있는 곳이구나'라고 생각합니다. 그의 말이 더 진정성 있게 다가오기도 합니다. 때로는 저 멀리 앞서가는 사람보다 최근에 비슷한 고민을 한 사람에게서 용기를 얻습니다. 저 역시도 다른 마케터와 얘기하다 보면 그들이 고민하는 지점에 공감하며, 실제로 적용해볼 수 있는 노하우나 팁을 얻기도 합니다.

제가 본 마케터는 좋아하는 것도, 하고 싶은 일도 많은 사람입니다. 콘텐츠를 만들면서도 자기 것에 대한 갈증이 있어 고민이 많습니다. 하지만 바로 그 점 때문에 음식, 음악, 여행, 독서 등 다양한 세계를 탐험하길 좋아하고 새로운 자극에 열려 있는 것 같아요. 그래서 동료 마케터와 대화를 나눕니다. 결론을 내리지 못하더라도 서로의 고민과 생각을 공유하는 과정을 통해 힘을 얻은 적이 많았습니다. 배달의민족, 에어비앤비, 트레바리에서 일하는 사람들을 알게 된 후 세 브랜드를 더 좋아하게 되었습니다. 어떻게 보면 그냥 회사 마케터인데, 스스로 브랜드에 애착을 가지고 일하는 이유는 무엇일까요? 각자의 '브랜드다움'을 만들어나가는 마케터는 매력적인 브랜드만큼이나 제각각 자기다움을 가진 사람이었습니다.

마케터는 각자의 브랜드와 닮았다는 생각이 들었습니다. 우리는 몇 번의 미팅을 통해 유쾌한 에너지를 주고받았습니다. 대화에서 인사이트를 느낄 때가 많았습니다. 제가 느꼈던 설렘을 이 책을 통해 독자 여러분과도 나누고 싶습니다.

손하빈 에어비앤비 코리아 브랜드 마케팅 매니저

"다른 브랜드의 마케터는 어떻게 일하는지 궁금해지기 시작했다."

마케터가 하는 일의 본질은 어딜 가나 변하지 않습니다. 그 대신 브랜드가 속한 산업, 조직 문화, 브랜드 인지도에 따라 브랜드 마케터의 모습은 많이 달라진다고 생각합니다.

신입 시절에는 이런 사실을 잘 몰랐습니다. 저는 IBM에서 첫 마케팅 경력을 시작했습니다. 제가 상상했던 일과 실제로 한 마케팅 업무의 격차가 커서 고민이 많았습니다. IBM은 이미 글로벌하게 브랜딩이 탄탄한 회사입니다. 체계가 잡힌 회사였기 때문에 마케팅 전체를 모두 경험하기가 쉽지 않았습니다. 그때부터 다른 브랜드의 마케터는 어떻게 일하는지 궁금해지기 시작했습니다. 그리고 마케팅에 대한 추상적인 생각을 구체화하고, 제가 마케팅을 잘할 수 있는 '분야', '산업', '역할'을 찾고 싶었습니다.

모든 회사에서 마케터로 일해볼 수는 없기에, 관심 있는 분야의 브랜드 마케팅을 최대한 간접 경험해보려 노력했습니다. 좋아하는 브랜드의 뉴스레터를 구독해 꼼꼼히 읽어보거나 이벤트에도 꼬박꼬박 참여했습니다. 또한 커뮤니티의 일원이 되어 브랜드와 친해지는 방식으로 브랜드 마케팅을 경험했습니다. 그러다 보니 현업에 있는 마케터들을 자연스럽게 만날 수 있었고 직장에서 얻은 경험만큼이나 소중한 경험을 많이 했습니다.

제가 브랜드 마케팅에 더 가깝게 다가가기 위해 고군분투하던 시절을 생각해보았습니다. 이번 리포트가 브랜드 마케터의 '일상'과 '일'을 이해하는 데 도움을 줄 수 있을 거란 확신이 생겼습니다. 그래서 저자로 참여하게 되었습니다. 제 경험은 마케팅 전체를 정의하거나 묘사하기보다 부분적인 이야기에 가깝습니다. 한편 여행 혹은 라이프스타일 브랜드 마케팅 업무를 하거나 브랜드 인지도가 낮은 상태에서 브랜드 마케팅을 실행하는 마케터라면, 지난 4년간 제가 에어비앤비에서 해온 실무 경험을 통해 실질적인 도움을 받을 수 있을 것입니다. 이번 PUBLY 프로젝트의 가장 매력적인 부분은 음식, 음악, 독서에서 새로운 트렌드를 만들어나가는 세 명의 마케터와 함께 작업할 수 있다는 사실입니다.

이육헌 트레바리 마케터

"우리는 전달하는 경험의 일관성을 이야기할 때 '브랜딩'이란 단어를 사용한다."

스타트업 마케팅팀에서 1년, 대기업 마케팅 부서에서 1년 8개월 일했습니다. 그리고 얼마 전, 다시 스타트업으로 옮겨왔습니다. 본격적으로 일을 시작한 지 이제 겨우 3년이 되어갑니다. '마케팅'이니 '브랜딩'이니 하는 단어를 자주 사용하며 일하고 있지만, 때로는 자신이 없어지기도 하고 한편으론 고민이 많아지기도 합니다. 속해 있는 산업과 몸담은 회사에 따라 단어의 의미는 같기도, 다르기도 했습니다. 이를테면 숍 디스플레이를 관장하던 전 직장의 소속 부서는 '브랜딩이 좀 더 커야 한다', '브랜딩이 밝아야 한다'는 식으로 브랜딩을 매장 내 브랜드 로고를 일컫는 좁은 의미로 썼습니다. 스타트업으로 이직한 지금은 그때와 다릅니다.

우리는 전달하는 경험의 일관성을 이야기할 때 '브랜딩'이란 단어를 사용합니다. 단편적인 예지만, 같은 단어를 두고도 의미와 맞닥뜨리는 상황이 천차만별이고 새롭습니다. 그래서 내가 과연 잘하고 있는지, 남들은 어떻게 일하는지 궁금했습니다. 라이프스타일과 연관된 회사에서 브랜딩과 마케팅 업무를 하는 실무자와 함께 프로젝트를 진행한다는 소식에 반가워했던 이유입니다. 거창한 마케팅 이론이나 메가트렌드의 변화를 이야기하지 않을 수도 있습니다. 그 대신 라이프스타일과 밀접한 브랜드에서 일하는 네 명의 마케터가 지금 어떤 고민을 하는지, 어떤 방식으로 해결해나가고 있는지 이야기합니다. 각자의 취향, 평소 영감을 얻는 방법 등 나름의 영업 비밀까지도 소개합니다.

혼자만의 고민에서 우리의 고민으로

"우리는 더 나은 브랜드를 원한다."

함께 깨닫는 과정은 정말 중요합니다. 혼자만의 세계로 깊숙이 들어가 자아도취 상태에 빠지면, 우리의 고민을 해결할 수 없습니다. 다른 사람의 생각에 공감하지 못하거나 다른 의견을 무시할 수 있습니다. 자기 PR에 열 올리는 삶보다 함께 답을 찾아가는 과정이 더 행복하고 오래갈 수 있다고 생각합니다.

우리는 이번 리포트에서 우리가 생각하는 마케터의 일, 일하는 구체적인 방법, 각 회사의 일하는 방식, 사용하는 툴부터 우리가 몸담고 있는 산업 이야기, 각 마케터 개인의 취향, 아이디어를 얻는 방법 등을 넓고 깊게 다룰 겁니다. 혼자만의 고민에서 우리의 고민으로 나아가려 합니다. 함께 공감하고 위로하며 문제를 해결하면 좋겠습니다. 그래서 이 글을 쓰고 있는 마케터 네 명과 이 글을 읽고 있는 독자 여러분 모두 더 나은 브랜드를 만드는 우리가 되었으면 합니다.

글 이승희·정혜윤·손하빈·이육헌

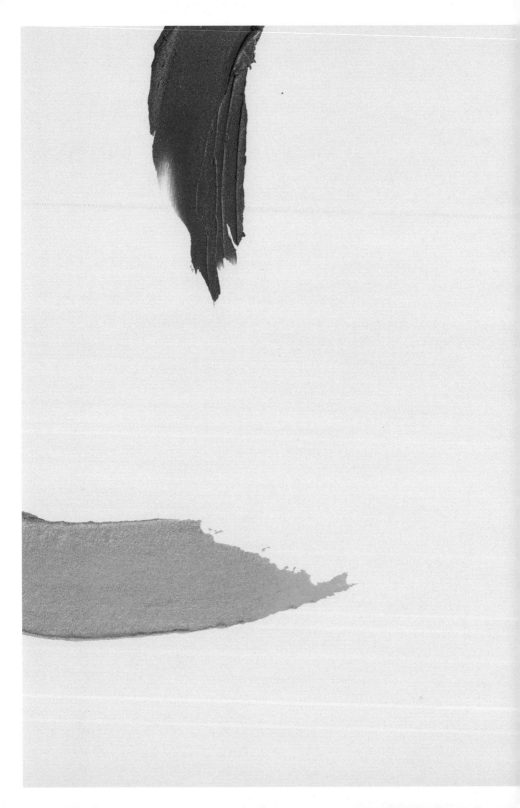

PART 01

이승희는 감동받고 기록하고 공유하는 마케터다

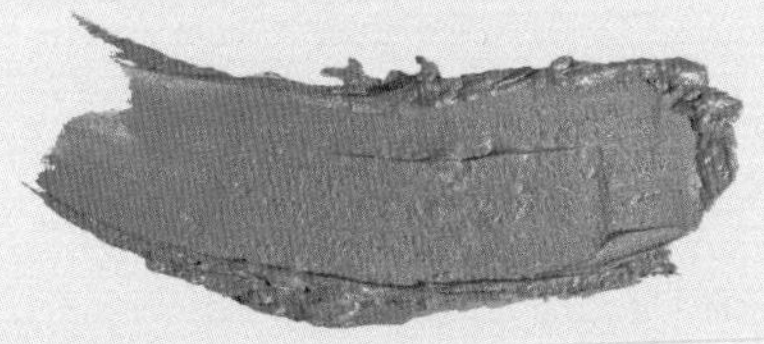

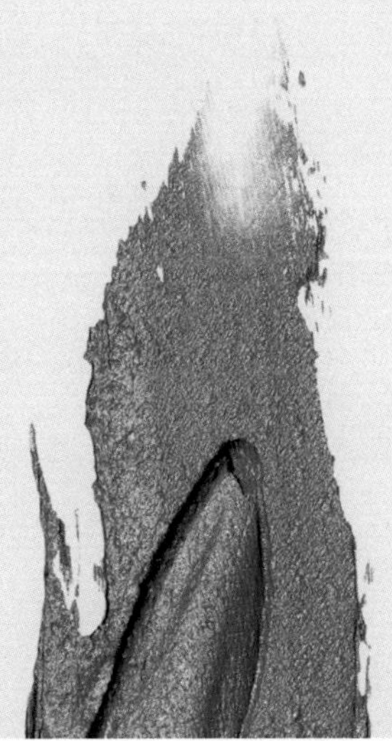

센스가 없다면
벤츠를 꿈꾸지 마라

제 첫 직장은 대전에 있는 작은 치과였습니다. 치기공학을 전공했는데도 손으로 치아 보철물을 만드는 게 적성에 맞지 않아 다른 일을 찾던 중에 '치과 코디네이터'라는 직업이 있다는 사실을 알았습니다. 그래서 그 자리를 구하는 치과에 들어갔습니다. 그런데 학교에서 배우지 않았던 치과 용어들이 쏟아졌습니다. 단 한 마디도 이해할 수 없었습니다. 환자들이 실시간으로 물어보는 질문에도 전혀 대답하지 못했고요. 진료실에서 원장님과 치위생사들이 쓰는 용어도 못 알아들었어요. 외국에 온 것 같은 기분이었죠. "이승희는 센스가 없어도 너무 없다." 엄청 혼나면서 내가 쓸모 있는 인간이 아니라는 생각에 괴로웠어요. 하지만 그만둘 수가 없었습니다. 치기공사가 되지 않으려고 도망쳤는데,

이곳에서마저 나가면 저는 갈 곳이 없었거든요. 그래서 오기로 버텼습니다.

여느 때처럼 센스가 없다며 또 혼난 날, 울면서 집에 가다 기분 전환도 할 겸 서점에 갔어요. 그때 보이는 책이 하나 있었습니다. 《센스가 없다면 벤츠를 꿈꾸지 마라》(브레인스토어, 2008). 순간 '아, 이 책이다!' 싶었어요. 이 책을 읽으면 센스 있는 사람이 될 줄 알았습니다. 저는 너무나도 절실했거든요. 그런데 웬걸, 아무리 읽어도 어떻게 하면 센스가 생기는지 안 알려주는 겁니다. 무작정 작가에게 메일을 썼습니다. "센스 책인데 어떻게 센스를 기를 수 있는지 왜 안 알려주시나요. 전 내일도 센스 없다고 혼날 것 같아요…."

며칠 후 회신이 왔습니다. "이런 메일을 처음 받아봐서 당황스럽네요. 자기소개부터 하셔야 하는 거 아닌가요?" 제가 생각해도 앞뒤 없이 보낸 굉장히 무례한 메일이었습니다. 마음을 가다듬고 제 상황에 대해 자세히 알리는 메일을 썼습니다. 작가는 제 상황을 듣고는 시간 되면 서울에서 한번 만나서 이야기하자고 했습니다. 며칠 후 고대하던 그 사람을 만났습니다. 따로 해줄 말은 없고, 본인이 하는 일에 대해 강의를 해주겠다고 하더라고요. 그렇게 그의 회사에 방문해 일대일 강의를 들을 수 있었어요. 정말 감사한 일이었습니다.

강의는 정말 놀라웠습니다. 그는 광고기획자였고, 한 시간 동안 본인이 맡았던 브랜드 이야기를 해줬어요. 일하는 과정에서 문제를 발견하고, 여러 활동을 통해 그 문제를 해결하는 과정에 대해서도 들었죠. 그때 그 사람 뒤에서 후광이 비치는 느낌이었달까요? 이미 제 머릿속은 '센스를 어떻게 키우지?'라는 물음표가 아니라 '나도 저 사람과 같은 일을 해보고 싶다!'는 느낌표로 가득 찼습니다. 그때부터 미친 듯이 마케팅 관련 책을 읽고 세미나를 들었어요. 치과에서 일한 4년 동안 평일에는 치과 일에 매진하고 매주 주말이면 공부하러 서울로 향했습니다. 너무 재밌었습니다. 대전에는 마케팅 스터디가 없었거든요. 지금 생각하면 그런 열정이 어디에서 생겨난 것인지 모르겠어요. 점점 배운 게 쌓이기 시작하는데, 어딘가에 잘 정리해두고 싶더라고요. 네이버 블로그가 막 붐을 일으켰을 때라 저도 제 블로그를 만들어 배운 내용을 정리하기 시작했습니다. 그때가 2010년이에요.

블로그로 배운 마케팅

어느 날 방문자 수가 확 뛰었습니다. 특정 키워드 검색에 따라 블로그가 노출되면서 사람이 점점 많이 들어왔어요. 혼자 정리하기 위해 시작했는데 찾아오는 사람들이 생기고 그들이 댓글을 남기는 것을 보고 신기했습니다. 2010년에는 블로그를 하는 사람도 많지 않았습니다. 그래서 글을 쓰기만 해도 검색이 잘되었죠.

사람들이 많이 들어오니까 저도 관리에 재미가 붙었어요. 하루 평균 2000~3000명씩 들어오는 블로그가 되었고, 어떤 날엔 제 글이 상위에 노출돼 영향력이 생기기도 했어요. 물건 협찬 제안도 많이 들어왔습니다.

방문자 수가 많은 블로그가 되니 치과 원장님이 바로 인지하더라고요. 어느 날 저를 불러 병원 홍보 블로그 운영을 맡아보면 어떻겠냐고 제안을 했습니다. 저도 이 병원에서 쓸모 있는 사람이 될 수 있다는 사실에 마냥 기뻤습니다. 그래서 데스크, 상남, 블로그 관리를 병행했죠. 공식 채널은 편하게 운영할 수 있었던 개인 블로그와는 또 달랐습니다. 제 마음대로 포스팅할 수 없었기에 원장님과 이야기도 많이 나누고 공부도 더 열심히 하면서 콘텐츠를 채워나갔습니다. 당시 제겐 '어떻게 하면 우리 병원 관련 콘텐츠를 사람들에게 잘 보이게 할까?' '어떻게 하면 사람들을 우리 치과에 내원하게 할까?' 하는 생각뿐이었습니다. 매일 통계 페이지를 보고 수백 번씩 검색어를 입력하며 어떤 제목과 내용을 배치해야 우리 병원 블로그가 노출되는지 이해했습니다. 블로그 이외의 다른 영역까지 눈을 돌렸죠. 더 적극적으로 네이버 포털의 모든 영역에 우리 치과 콘텐츠를 채우고 퍼뜨렸어요.

'어떻게 하면 상위에 노출시키지?' 병원 홍보 블로그 운영으로 시작한 제 도전은 언제부터인가 검색 시 상위 노출 방법을 공부하며 실험하는 데까지 닿아 있었습니다. 노출되지 않는 콘텐츠가 있으면 네이버 고객센터에 메일을 쓰기도 했습니다. 그렇게 검색 마케팅 전략 및 콘텐츠 산업 전반에 관한 감각을 익혔습니다. 그땐 정말 열정이 많았던 것 같아요.

데스크·상담·블로그 관리를 병행하다가 병원 온라인 마케팅 업무를 전담하게 됐어요. 페이스북에 병원 페이지를 만들고, 카카오톡 채널을 만들어 원장님과 함께 온라인 상담을 진행했습니다. 신규 환자에게 내원 경로를 물어보면, '온라인을 통해 정보를 접했다'고 답하는 비율이 1년 만에 0%에서 70%로 늘어났어요. 거의 모든 업무를 혼자 해야 했기 때문에 세세하게 잘 챙기지 못했는데도 다른 치과보다 발 빠르게 마케팅을 진행할 수 있었습니다. 당시 대전 시내 치과 원장들이 제가 있던 병원을 경계했습니다. '대전 치과' 검색 결과가 우리 병원으로 도배되어 있었으니, 다른 병원에서 그 글들을 안 볼 수가 없었던 것이죠. 병원 대부분이 온라인 마케팅을 하지 않았기 때문에 가능한 일이기도 했죠. 이렇게 남들보다 조금 빠르게 시작한 병원 블로그 업무가 온라인 마케팅으로, 시간이 더 지나면서는 병원 마케팅 전반을 다루는 일로 발전했습니다.

블로그가 마케팅을 공부하기에 정말 좋은 이유가 몇 가지 있어요. 우선 블로그 서비스를 통해 플랫폼과 채널에 대해 공부하게 돼요. 또 콘텐츠 기획, 검색엔진에 대한 최적화, 방문자 분석, 재방문 유도, 통계 보는 법, 방문자와의 커뮤니케이션 등에 관해서도 고민하게 되죠. 여기에 블로그를 성실하게 관리하며 끈기까지 기를 수 있어요. 마케터가 되고 싶은 분들에게서 "마케팅을 위해 지금 당장 뭘 하면 좋을까요?"라는 질문을 많이 받아요. 그럴 때면 저는 항상 "블로그를 운영해보세요"라고 대답합니다. 이 안에서 많은 것을 배울 수 있기 때문입니다. 블로그 형식도 좋고, 인스타그램이나 페이스북, 트위터 등 자신에게 친근한 채널로 시작해보는 것도 좋습니다.

마케터가
놓쳐서는 안 될 세 가지

첫째, 관찰

제가 지금 1년 차 이승희를 다시 만난다면, 이렇게 묻겠죠. "어떻게 하면 센스 있는 사람이 될 수 있을까요?" 저는 이렇게 말해주고 싶습니다. "센스는 관찰이다."

센스는 타고나거나 하늘에서 뚝 떨어지는 것이 아니었습니다. 관심을 갖고 사물을 관찰하면 센스가 생긴다는 사실을 지금의 저는 알고 있습니다. 시간이 지나니 치과 원장님의 눈빛, 환자들의 행동만 봐도 지금 무엇을 원하는지 알 수 있었어요. 그때부터 "승희 너 참 센스 있다"는 말을 많이 들었습니다.

대상에 대한 애정이 생기면 관찰하게 되고,
세심하고 날카로운 감각이 발휘되기 마련이죠.

김봉진, 우아한형제들 대표

<여성중앙> 2014년 8월호 인터뷰 중에서

사랑하는 사람이 생기면 그 사람이 무엇을 좋아할까 하루 종일 생각합니다. 그의 행동 하나하나를 관찰하죠. 그렇게 오래 만나면 척 하면 척 하는 사이가 되잖아요. 마찬가지로 관찰력을 키우는 방법은 하나입니다. 어떤 대상을 사랑하면 됩니다. 배달의민족(이하 배민) 마케팅 자문을 맡고 있는 신병철 박사는 이렇게 말합니다. "의도적으로 사랑하라." 자신이 속한 조직의 브랜드를 처음부터 좋아하지는 않았던 사람이 더 많을 거라 생각합니다. 저도 그랬으니까요. 하지만 입사할 때와 달리 저는 홍보를 담당하면서 이 브랜드를 좋아하는 사람으로 점점 바뀌었습니다. 마케터라면 브랜드를 의도적으로 사랑하고, 브랜드의 대상도 애정을 갖고 관찰해야 합니다. 그래야만 다양한 문제점을 발견하고 해결할 수 있으니까요.

대부분의 사람이 마케팅에서 가장 중요한 것이 기발한 아이디어라고 생각합니다. 하지만 저는 달라요. 아이디어에 집중하지 않아야 해요. 문제 찾기가 우선입니다. 아이디어는 발상이 아니라 연상이에요. 문제 설정에 뒤따라 나오는 생각의 더미일 뿐입니다. 문제점만 잘 파악하면 해결점이 될 아이디어는 차고 넘칠 것입니다. 저 역시 처음 마케팅을 시작했을 때, 번뜩이는 아이디어에서 출발하지 않았습니다. '온라인 정보를 통해 우리 병원을 방문하는 사람이 거의 없다'는 문제 인식에서 시작했죠.

둘째, 피드백

이렇게 문제를 파악한 뒤엔 차고 넘치는 아이디어를 얻기 위해 피드백에 귀 기울이고, 그 내용을 쭉쭉 받아들여야 합니다. 하지만 쉽지 않습니다. 나에 대한 비판 같아서 힘들기도 합니다. 그럴 때면 내가 작업한 결과물과 내 태도에 대한 피드백인지 생각합니다. 저 자신을 더 나은 방향으로 바꾸는 피드백이라면 모두 수용하려고 합니다.

방법은 하나예요. 물어보고 또 물어봤습니다. 일을 할 때마다 결과물이 어떤지 주변 사람들에게 무수히 물어봤어요. 모두가 바빠 보이기 때문에 요청하기 부담스럽긴 하지만, 상황을 잘 파악한 다음 피드백을 받는 편이에요. 가장 만만한 상대인 동기와 친구들에게는 항상 받아요. 큰 행사를 준비할 때는 오프라인 행사를 많이 해본 선임들에게, 카피가 막힐 때는 배민의 글쓰기 코드를 가장 잘 아는 동료들에게 물어보고요. 결과물이 대중에 나가기 전에는 객관적인 시각으로 봐줄 수 있는 다른 부서 사람들에게도 평가를 부탁합니다. 피드백 요청은 지금도 여전합니다. 잘하는 사람들은 이미 어떤 경지에 도달했고, 누구보다 자기 일에 대해 잘 아는 사람들입니다. 잘하는 사람들 옆에 계속 있으세요. 그렇게 처음에는 받아들이는 양이 차고 넘쳐야 합니다. 그것이 곧 피드백입니다. 계속 흡수하다 보면 보는 눈이 점차 생긴다고 믿습니다.

셋째, 인간에 대한 이해

마케팅에서 중요한 또 다른 부분은 인간에 대한 이해입니다. 브랜드가 어떤 이야기를 하려고 할 때, 상대방을 이해하지 못하면 아무 소용이 없기 때문입니다. '왜 나의, 우리 브랜드의 이야기를 들어주지 않을까? 왜 저 사람들은 이렇게 생각할까?' 이 분야에 종사하는 사람들의 머리를 떠나지 않는 질문입니다. 저도 항상 사람을 이해하려고 노력하는데, 그게 참 어렵습니다. 저 자신조차도 모르겠어요. 그럼에도 세상 만물과 사람에 대해 관심을 쏟는 일은 마케터에겐 피할 수 없는 숙명인 것 같습니다. 제 나름의 몇 가지 방식을 꼽자면, 인문학과 심리학 관련 책을 사서 공부해보기도 하고, 다양한 사람들과 대화하며 그들의 언어를 받아들이기도 합니다. 관찰, 피드백 흡수, 인간에 대한 이해. 마케터가 되기 위해 빼놓을 수 없는 세 가지 미덕입니다.

배달의민족에서 배운다

"승희 씨, 서울 안 와요? 서울 오면 우아한형제들 구경하러 와요-" 병원 마케팅을 하며 보낸 시간이 4년쯤 되었을 때인 2014년 2월, 페이스북 메시지를 받았습니다. 현재 배민 마케팅실의 장인성 이사였습니다. 당시 우리는 페친이었어요. 페이스북을 통해 제가 한 일을 지켜보고는 이직 제안을 한 것입니다. 배민은 자취생인 제가 정말 좋아하는 브랜드였기에 마다할 이유가 없었습니다. 혼자 마케팅을 진행하면서 막막했던 적도 적지 않았기에 많은 사람과 함께하며 더 배우고 싶었습니다. 면접 때 김봉진 대표가 이런 이야기를 했어요. "다른 건 몰라도 좋은 사람들과 함께 일하며 많이 배울 수 있을 거예요." 당시 배민은 잘 알려지지 않은 조그만 스타트업이었죠. 이직한다고 했을 때 병원에서 몇 년 동안 자리 잡아놓은 것이 아깝지 않느냐며 모두가 말렸습니다. 하지만 마케팅을 잘 배우고 싶다는 욕심 하나로 이직을 선택했습니다. 예상했던 것처럼 쉬운 일은 없었습니다. 병원에 있다가 IT 회사로 온 저는 회사 메일을 어떻게 쓰는지도 전혀 몰랐어요. 무수한 회의 속에서 정신을 못 차렸습니다. 어느 날은 선임 마케터가 저를 보더니 한마디 하더라고요. "왜 아무것도 적지 않아요? 회의록은 기본이에요. 모르면 다 써요. 아주 세세한 것까지 다 기록해요."

또렷한 기억보다 희미한 연필 자국이 낫다.

중국 속담

정신이 번쩍 들었습니다. 배민의 자유로운 분위기에 취해 회의할 때마다 가만히 있던 제가 부끄러웠습니다. 그때부터 회의록을 적고 있습니다. 당연히 왜 하는지 알려주는 사람이 없으면 새로 온 사람들은 더 알기 힘들 거라 생각합니다. 저도 정말 몰랐거든요. 제 기록법은 이렇습니다. PC를 사용할 때는 구글 문서와 스프레드시트를, 모바일 환경에서는 아이폰 메모 앱, 에버노트, 카카오톡 '나에게 채팅하기' 기능을 사용합니다. 회의록을 작성할 때는 일시, 회의 목적, 내용에 기반해 날짜와 주제별로 나눠요. 팀원들은 개인 회의록을 더 발전시킨 버전인 프로젝트 리포트를 쓰고 있어요. 이 캠페인을 왜 하는지, 어떤 이야기들이 오갔는지, 어떻게 진행했고 어떤 결과를 낳았는지 담겨 있죠.

아무 말도 못 했던 회의가 정말 많았습니다. 주제를 두고 아이디어를 자유롭게 내야 하는 회의에 들어갈 때면 도통 생각이 떠오르지 않았습니다. 머리와 몸에 쌓아둔 자원이 하나도 없는 느낌이었습니다. 몇 주 동안 아무 말도 못 했더니 비참하더라고요.

> 좋은 서비스를 경험해본 사람이
> 좋은 서비스를 만들 수 있어요.
> 마케터는 경험이 재산이에요.
> 살까 말까 망설임이 들면 그냥 다 사세요.
> 좋은 물건을 써보고 경험해보지 않으면
> 그것을 만들 수 없으니까요.
> 잘하는 사람이 얼마나 잘하고 잘 만드는지
> 경험해봐야 거기까지 도달할 수 있어요.
> 좋은 것을 알아야 내가 더 욕심낼 수 있어요.
>
> **장인성, 《마케터의 일》(북스톤, 2018)**

마케터에겐 다른 직군보다 경험이 훨씬 더 중요해요. 경험이 많아야 사람들에게 최고의 경험을 선사할 수 있으니까요. 저는 다른 마케터들에 비해 경험이 많이 부족했어요. 그래서 대전에서 서울로 막 올라왔을 때가 가장 힘들었습니다. 서울에 무엇이 있는지, 무엇이 좋은지, 대학생들이 자주 가는 곳은 어딘지, 뮤직 페스티벌이 뭔지, 브랜드 제품 팝업 스토어가 뭔지, 이런 지식이

치슐랭
가이드

배고프니까
청춘이다
치킨을
내일로
미루지말자
헐
살찌는
것은
죄가 아니다
굿

전무했으니까요. 일단 미친 듯이 경험 자산에 투자했습니다. 새로 생긴 카페, 서점, 식당과 같은 공간에 그 누구보다 빨리 가보려 했고, 사람도 많이 만났고, 영화·드라마·예능은 물론 책도 장르 불문하고 많이 읽으려고 했습니다. 여행도 많이 갔습니다.

방송 출연으로 유명한 최현석 셰프의 말이 떠오르네요. "많이 먹어야 미식을 할 수 있습니다." 그렇게 지난 몇 년 동안 주말이면 쉬지 않고 부지런히 다녔습니다. 그런 탓인지 최근에 심리검사를 해봤더니 '업무를 위해 경험을 하는 유형'이라고 나오더라고요. 웃어야 할지 울어야 할지. 이렇게 경험 자산을 쌓으면서 체득한 습관이 있어요. 감동받고 기록하고 공유하는 것입니다.

마케팅은 절대 혼자 할 수 없잖아요. 저뿐만 아니라 배민 마케팅실 모든 멤버가 자신의 경험을 공유해요. 모든 경험을 혼자 다 해볼 수 없기 때문이죠. 공유 형식은 글일 수도, 말일 수도 있습니다. 밥 먹을 때, 회의할 때, 이동할 때 우리의 공유는 계속 이루어집니다. 제가 못 해본 경험을 들으며 상상하기도 하고, 또 시간을 내서 함께 그 경험을 해보기도 합니다. 지금 이 글을 네 명의 마케터가 모여 쓰는 것도 같은 이유겠죠. 마케터에게 배민은 더 어려운 브랜드입니다. 역할이 배달 앱 마케팅에 한정되지 않기 때문이죠. 앱 할인 프로모션과 온·오프라인 행사는 물론 서체도 알려야 하고, 회사 브랜드 관련 상품도 팔아야 합니다. 책도 만들어요.

저는 앱 마케터이기도 하고 책 마케터, 폰트 마케터가 되기도 합니다.

그래서 병원에 다닐 때처럼 수단에만 집중할 수 없습니다. 이승희라는 사람의 그릇을 키워야만 실무를 할 때 지치지 않고 꾸준히 할 수 있으니까요. 사람들의 이야기를 들여다보면 그렇게 대단한 것은 없습니다. 특히 실무자들이 매일 하는 일은 대단해 보이는 것을 이뤄내기 위해 꾸준히 해야만 하는 일, 쭉 뻗은 직선 속 점 같은 일이 많습니다. 배민 마케터들은 대단해 보이는 1%를 위해 쓸데없어 보이는 99%의 일을 합니다. 그래서 앞으로 99%를 이루는 실무 이야기, 구체적인 이야기를 들려드리려고 합니다. 제 경험과 기록이 많은 사람에게 도움이 되기를 바라면서.

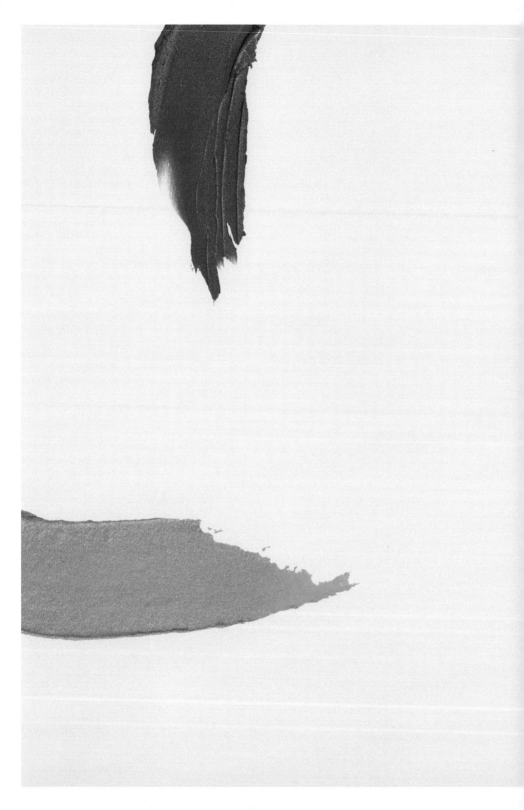

PART 02

정혜윤의 마케팅 관점으로 보는 세상

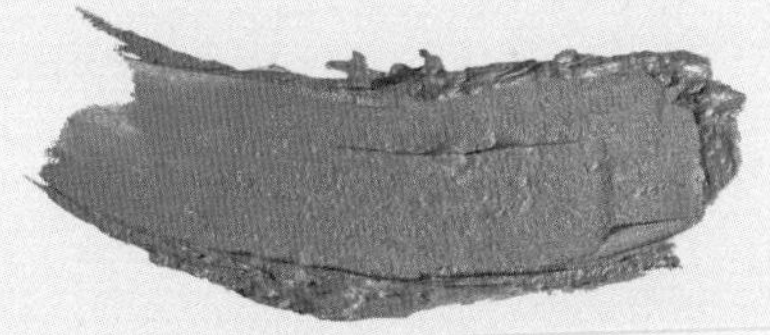

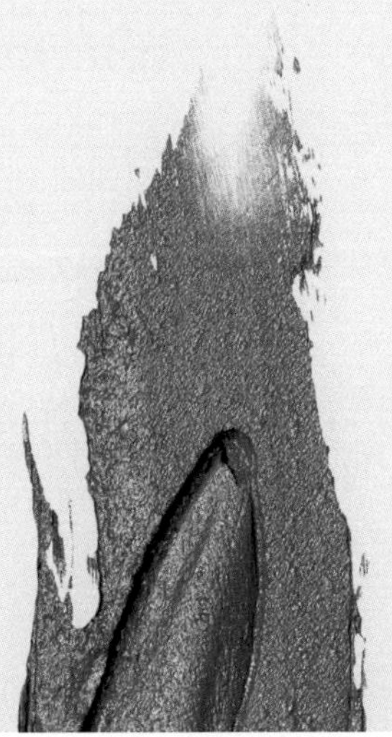

어느 고등학생의 진로 고민

고등학생 때부터 좋아하는 것도, 해보고 싶은 것도 많았습니다. 그러다 보니 하나를 선택하면 다른 무언가를 포기해야 한다는 사실이 아쉬웠어요. 고3이 되니 학교에서는 어느 대학을 가고 싶은지 답을 요구하는데, 막상 저는 아직 무슨 일이 하고 싶은지 잘 모르는 상태로 진로를 결정해야 하는 상황이 괴로웠습니다.

처음에는 미대에 가고 싶었지만 확신이 서지 않았습니다. 그림도 좋아했지만 한편으론 다른 길들이 자꾸 마음에 걸렸거든요. 한번 결정하면 언제 또 방향을 틀 수 있을지 모르고, 인생의 중요한 갈림길 앞에 서서 어느 방향으로 가야 할지 막막했어요. 그러다 우연한 기회로 '마케팅'이란 걸 알게 되었습니다. 아빠 친구

중 마케팅을 하는 분이 진로 고민 중인 저에게 마케터에 관해 설명해준 적이 있어요. 이는 마케팅 일을 시작한 지 8년 정도 된 아직까지도 제 마음속에 남아 있고 여전히 공감하는 말입니다. 그분은 이렇게 표현했습니다. “마케터는 오케스트라의 지휘자와 같다. 모든 악기를 다룰 줄 아는 것은 아니지만, 모든 악기에 대해 조금씩은 알고 있다. 어떤 시점에 어느 악기가 어떤 소리로 연주해야 하는지를 조율해 멋진 하모니를 이뤄내는 사람이다.” 이 말은 고등학생인 제게 울림을 주었습니다. 멋진 말이기도 했고, 당시 제 고민에 해결책을 제시해주었어요. 꼭 하나를 선택하고 나머지는 포기해야 하는 건 아니라는 말처럼 들렸습니다. 마케팅은 많은 걸 좋아하는 게 도움이 될 만한 일인 것 같았어요. ‘내가 고민하던 부분이 마이너스가 아니라 플러스가 될 수 있겠구나’ 하고 좋은 예감이 들었습니다.

그때부터 저는 마케팅에 관심을 갖고 관련 책들을 찾아 읽었습니다. 가장 먼저 읽은 책은 아빠 친구분이 추천해준 《마케팅 천재가 된 맥스》, 《마케팅 불변의 법칙》, 《포지셔닝》 세 권입니다. 마케팅의 기본기를 다루기 때문에 여전히 유효하다고 생각하는 책이에요. 그 후에는 입문서로 좋은 《마케팅 어드벤처》와 호기심에 샀던 세스 고딘의 《보랏빛 소가 온다》 등 제게 재밌어 보이는 책들을 골라 읽었습니다. 책을 통해 배운 마케팅은 완벽히 이해하진 못했지만 재밌는 일처럼 보였습니다.

진로 고민으로 괴로워하던 저는 이런 과정을 통해 꽤 일찌감치 원하는 전공을 선택한 편이었습니다. 뉴욕 경영대에서 마케팅을 전공했고, 미련이 남았던 미술과 심리학을 부전공했습니다. 경영대생치고는 흔치 않은 조합이죠. 하지만 배우고 싶고 재미있을 것 같아 부전공을 선택했고, 이게 결국에는 일에도 도움이 될 거라는 막연한 믿음이 있었어요. 돌이켜봐도 잘한 결정인 것 같습니다.

경영대 밖에서 배운 마케팅

마케팅을 전공하고 일하면서 느끼는 점 하나는 마케팅이 꼭 전공을 해야 할 수 있는 일은 아니라는 겁니다. 오히려 다른 전공을 한 사람들이 색다른 관점을 제시하거나 더 잘하는 경우도 빈번하고요. 제 경우에는 마케팅 전공 수업 시간에 배운 것도 물론 많지만, 그보다도 철학, 미술, 심리학 수업에서 배운 것들이 마케팅 일을 할 때 도움이 되는 경우가 많았습니다. 예를 들면, 모든 학생이 들어야 하는 필수과목 중에 '서양의 회화Conversations of the West'가 있었는데 주제를 선택해 수강할 수 있었어요. 저는 그나마 재밌어 보였던 '고대와 르네상스' 수업을 선택했습니다. 철학 얘기라 무작정 어렵고 재미없을 거라고 생각했는데 의외로 수업이 재미있는 거예요. 1400~1700년 사이, 유럽이 어떻게 스스로를 재탄생시켰는지 르네상스 문화와 사상을 살펴보는 강연이었는데, 읽어야 할 책이 많았습니다. 르네상스에 기독교를 빼놓고는 얘기가 안 돼서 가장 먼저 성경책의 일부를 읽어야 했고, 그 후 플라톤의 《향연》, 마키아벨리의 《군주론》, 에라스무스의 《우신 예찬》, 무어의 《유토피아》 등 평소 읽지 않는 책들을 대거 읽어야 했습니다. 저는 종교가 없습니다. 이 수업이 아니었다면 아마 성경책 읽어볼 생각을 못 했을 거예요.

회화는 결국 사람들이 어떻게 소통했는지를 배우는 거잖아요. 그래서 교수는 글뿐만 아니라 우리가 읽어온 책을 중심으로 르네상스의 예술과 건축 사진을 보여주며 어떤 상관관계가 있는지, 현재까지 어떻게 영향을 끼치고 있는지를 들려주었습니다. 그 수업을 통해 시대가 달라도 과거의 사람들이 문학, 예술, 건축 등을 통해 말을 건네고 있고, 원한다면 그 말을 들을 수 있다는 사실을 조금씩 깨달았습니다. 마치 타임머신처럼요. 그렇게 생각하니 재미있더라고요. 필요한 건 그냥 이야기를 발견하고 들을 수 있는 열린 마음이었던 거죠.

그전까지 옛날 책은 어렵고 재미없다는 저만의 편견에 갇혀 있었는데 어려울 줄 알았던 책을 읽다가 풋! 하고 웃음이 나기도 하고, '옛날 사람들은 이런 생각을 했구나' 하고 와닿을 때면 스스로 좀 신기하고 신났어요. 책을 읽어도 이해하기 어려울

땐 스파크노트SparkNotes라는 해설 사이트를 적극 활용했어요. 당시에는 잘 이해하지 못했더라도, 책 속의 문장이 머릿속에 남아서 시간이 흐른 후 '아~ 그게 이런 뜻이었구나' 하고 이해하는 경우도 있었습니다. 돌이켜보면 이 수업을 통해 머리가 많이 깨었던 것 같아요. 예술과 문학, 철학 등을 연결해보고 현재와 비교하는 연습은 생각하는 힘을 길러주었습니다.

서로 다른 것의 연결고리를 찾고, 얻은 인사이트를 다른 곳에 적용해보기. 이때는 잘 알지 못했지만, 이 연습은 곧 마케팅의 시작이었습니다. 마케팅의 기획은 흩어져 있는 정보를 연결해 구조를 짜고 정리하는 일에서 출발하기 때문입니다.

자연스럽게 자기 PR을 하던 친구들

경영대 밖에서 배운 마케팅의 또 다른 예시로는 사진 수업이 있습니다. 미술 부전공의 일환으로 디지털 포토그래피 수업을 들었는데 저만 경영대생이고 나머지 학생들은 디자인, 패션 에디팅, 뉴미디어 등을 전공하는 친구들이었어요. 패션도 남다르고 전공도 제각각이었던 이 친구들은 공통점이 있었어요. 저를 제외한 모두가 개인 홈페이지와 포트폴리오를 가지고 있었습니다. 그리고 다들 본인이 그냥 하고 싶어서 하는 사이드 프로젝트side project가 있었어요. 누가 시키지 않아도 그리고 싶은 그림들로 작은 종이책zine을 만들고, 개인 전시를 했어요. 친구들의 홈페이지는 개인 작업물과 프로젝트로 가득 차 있었습니다. 따로 배우지 않았어도, 너무나 자연스럽게 퍼스널 브랜딩과 자기 PR을 하고 있었어요.

개성 넘치고 괴짜 친구들 사이에 있는 제 자신이 정말 평범해 보였습니다. 이 친구들을 보며 '인생은 내가 스스로 설계하고 디자인하는 거구나'를 실감했어요. 자기가 좋아하는 것과 하고 싶은 걸 명확하게 알고 있는 이들이 부러웠습니다. 친구들이 가진 '남다름'이 곧 경쟁력이 된다는 사실을 이때부터 어렴풋이 깨달았습니다. 자극을 받은 저는 친구들을 따라 하기 시작했습니다. 개인 홈페이지를 만들고, 제가 찍은 사진으로 명함을 만들어 만나는 사람에게 나눠주었어요. 그리고 친구들처럼 제 나름의 포트폴리오를 만들어 인터뷰마다 들고 다녔습니다. 그 후로도 회사를 옮길 때마다 업데이트했고요.

온·오프라인 포트폴리오on-offline portfolio는 제가 이직할 때마다 강력한 비밀 무기가 되어 주었습니다. 포트폴리오를 가지고 다니는 디자이너는 많아도 포트폴리오를 갖고 다니는 마케터는 드물었거든요. 포트폴리오를 가방에서 꺼낼 때, 저는 일종의 치트키를 쓰는 기분이 들어요. 여러분도 나만의 포트폴리오를 한번 만들어보세요. 남에게 보여주기에도 좋지만 포트폴리오를 완성하고 나면 누구보다 나에게 좋습니다. 자기 일을 스스로

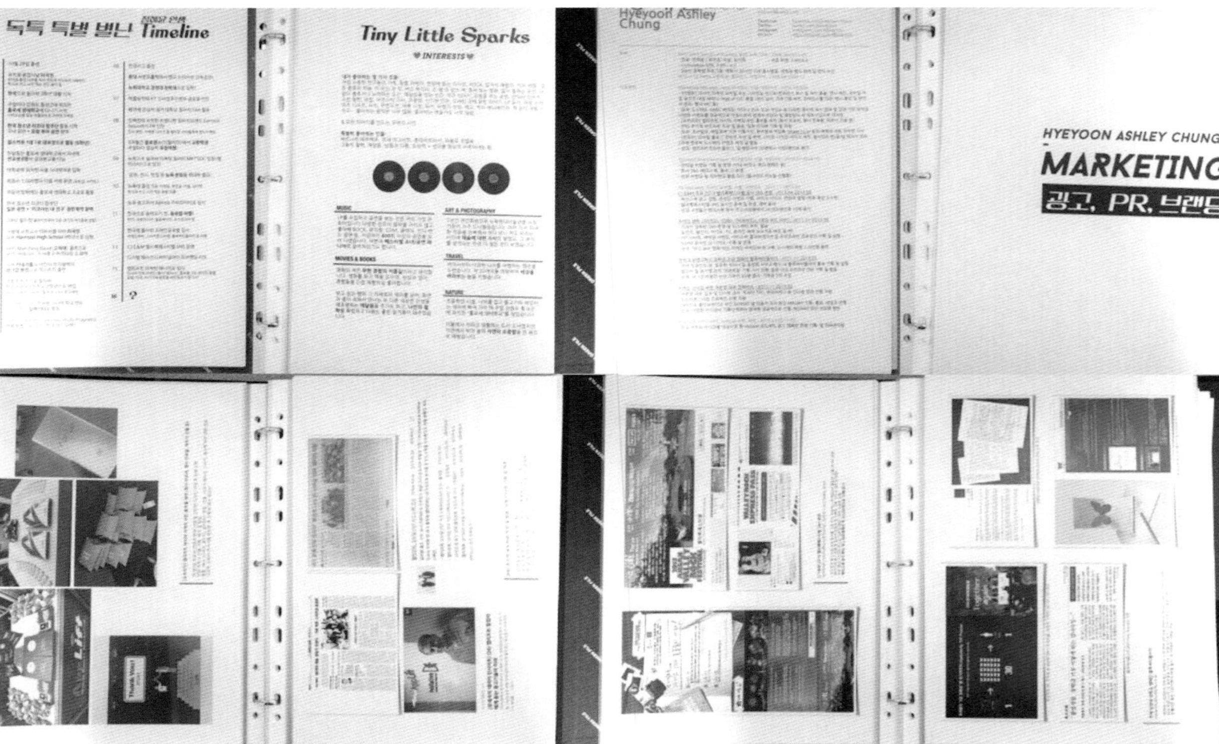

마케터의 포트폴리오 ©정혜윤

되돌아보며 정리해볼 수 있고, 깔끔하게 하나의 파일로 완성된 포트폴리오는 그 자체만으로 성취감을 높여줍니다.

나의 마케팅 여정기
- 광고, 홍보, 글로벌, 스타트업

제가 지금까지 걸어온 길을 되돌아보면, 롤러코스터를 탄 듯 역동적이었습니다. 좋아하는 일을 찾아가는 과정에서 이직을 많이 하며 다양한 분야의 마케팅을 경험했습니다. 적절한 비유일지는 모르겠지만, 거의 여행하다시피 회사를 옮겨 다녔어요. 각 회사의 고유한 문화 속에서 다른 사람과 일하고 섞이며, 제각각 다른 것을 얻었습니다. 하이라이트만 추려서 말씀드릴게요.

1. 뉴욕 광고 회사 카피라이터

첫 회사는 뉴욕에 있는 미국 내 최대 아시안 광고 회사인 애드아시아AdAsia였어요. 미국에 사는 동양인을 위한 광고를 만드는 에이전시인데 AE로 지원했다가 면접을 보는 과정에서 카피라이터로 채용되었습니다. 생각지도 않은 광고 크리에이티브 팀에서 일하면서 부족한 게 많아 고생도 했지만, 이곳에서 글 쓰는 데 재미를 붙였습니다. 이전까진 글쓰기가 적성에 안 맞다고 생각했는데, 그렇게 우연히 일의 방향이 바뀌기도 하더라고요. 지금 생각하면 글 쓰는 데 재미와 자신감을 붙였던 게 얼마나 다행인지 모릅니다. 카피를 쓰면서 익숙한 걸 낯설게 보는 연습과 '본질'을 찾는 훈련을 했어요. 전달하고 싶은 내용을 카피로 함축하는 과정에서 어떤 프로덕트나 서비스의 본질을 고민하는 건 빠지지 않더라고요. 제 일을 봐주었던 20년 차 카피라이터 멘토가 있었는데, 덕분에 많이 배웠습니다. 그는 제가 해야 하는 일과 별개로 광고 숙제를 내줬어요. 예를 들면 광고 이미지만 남기고 카피를 모두 지운 채 이미지에 맞는 카피를 써보는 연습, 하나의 문장을 쓰고 최대한 단순화하는 연습 등을 했습니다. 카피를 더 잘 쓰고 싶고 잘하고 싶은 마음에 SVA School of Visual Arts에서 야간 광고 수업을 듣기도 하고, 카피 관련 책*을 찾아 읽었던 시기예요.

2. PR 회사의 AE

이후에 한국으로 돌아와 PR회사 프레인글로벌PrainGlobal에

---

* 탁정언의《죽이는 한 마디》/ 로버트 블라이의《카피라이터 핸드북》

입사해 신사업 AE 겸 대표 전략비서로 일했어요. 영화 마케팅도 하고, 2013 밸리 록 페스티벌의 SNS도 운영했습니다. 안 그래도 공연 보는 걸 좋아하는데, 페스티벌을 알리는 것을 일로 하게 되니 감회가 새로웠어요. 누구보다 먼저 라인업을 알게 되는 게 개인적으로는 큰 재미였습니다. 제가 좋아하는 모습이 보였는지, 페스티벌을 준비하던 주최 측에서도 제 의견을 많이 존중해주었습니다. 저와 함께 일하던 팀장도 "이 일은 네가 더 잘 아는 분야야"라며 큰 그림은 같이 잡아주되, 세부적인 일은 저에게 맡겼어요. 덕분에 더 신나게 아이디어를 내고 일을 주도적으로 진행할 수 있었습니다. 그때 페이스북 페이지는 지금보다 규모도 작고 커뮤니티 같은 느낌이 더 강했어요. 그래서 페이지 내에서 사람들과 잘 소통하기 위한 콘텐츠들을 기획했습니다. 이벤트, 아티스트 소개를 포함해 다양한 콘텐츠를 하루에 한두 개씩 기획해 올리고, 댓글에서도 적극적으로 피드백을 주고받았어요.

라인업을 공개하기 전에는 참여하는 아티스트들을 한 팀씩 힌트를 주며 페이스북에 공개했는데, 이게 무척 반응이 좋았습니다. 특히 다른 록 커뮤니티에서 제가 만든 힌트를 퍼가며 서로 상의하고 있을 때, '담당자가 힌트를 잘 만든다, 덕후 같다'는 식의 댓글을 읽을 때 흐뭇하고 재밌었습니다. 가장 난도가 높은 힌트는 비틀스, 레드 제플린, 아바, 제네시스, 오아시스, 블러, U2의 사진을 나열하고 물음표를 달아놓은 이미지였어요. (이

힌트에 대한 답은 구글 검색창에 각 뮤지션의 이름을 영어로 이어서 입력하면 나옵니다.) 당시 페이스북에는 '좋아요' 옆에 '이야기하고 있는 사람'이란 지표가 있었는데, 높을 때는 이 수치가 '좋아요' 수치의 몇 배를 기록하곤 했어요. 한 사람 한 사람에게 신경 쓰며 지속적인 소통의 창구로 페이지를 운영한 결과로 다른 페이지들보다도 유난히 '이야기하고 있는 사람'이 많았다고 생각해요. 결국 디지털 세상에서도 1:1 마케팅은 유효하고, 소통이 중요하다는 것을 느꼈습니다.

3. 디지털 에이전시의 BX팀 선임

다음 회사는 디자인과 뉴미디어로 강한 바이널아이VINYLI였어요. 새로 생긴 BX팀에서 회사 웹사이트 개편을 맡아 진행했습니다. 능력 좋고 트렌드를 꿰뚫어보는 직원이 많아 동료와의 대화를 통해 많이 배운 시기입니다. 디자이너의 추천으로 하라 켄야, 나가오카 겐메이 등 디자이너가 집필한 안그라픽스의 책을 많이 읽었고요. 뛰어난 디자이너와 기획자 틈에서 브랜딩에 디자인적인 사고방식이 필요하다는 걸 절실히 느낀 시기입니다.

4. 글로벌 모바일 스타트업 APAC 마케팅 매니저

헤드헌터의 소개로 베를린에 본사를 둔 애드테크AD Tech* 기업

---

* 광고라는 뜻의 애드와 기술의 합성어다. 디지털, 모바일, 빅데이터 등 IT 기술을 적용한 광고 기법을 의미한다.

앱리프트AppLift 서울 지사에서 마케팅 매니저로 일했습니다. 당시만 해도 베를린, 샌프란시스코, 서울에만 회사가 있어서 서울 지사가 아태 지역을 전부 담당했습니다. 정말 글로벌하게 일했어요. 매일매일 영어로 일하고, 지구 반대편 동료와 화상 회의와 채팅을 통해 원격으로 협업했습니다. 출장도 많이 다녔어요. 트레이닝과 워크숍 때문에 1년간 베를린에 두 번 다녀왔고 중국, 일본 등 아시아 지역 콘퍼런스에도 종종 참여했습니다. 지구 곳곳의 도시를 돌아다니며 일했지만 애드테크업계가 좁아서 만나는 사람들은 장소만 변할 뿐 비슷하더라고요. 제 세계가 넓어진 동시에 좁아지는 신기한 경험이었어요.

저는 서울 지사에서 일하는 멤버 11명 중 유일한 마케팅 매니저로 1인 팀이었어요. B2B 마케팅은 처음이라 가장 도전적으로 일했는데 회사가 쑥쑥 성장하는 만큼 저 또한 가파르게 성장할 수 있었어요. 성취감을 느끼니 고속도로를 탄 기분이었어요. 말랑말랑한 우뇌형 마케팅만 해오다 퍼포먼스 마케팅과 데이터의 필요성도 배웠습니다. 외국에 있는 동료와 협업하고, 1인 마케터로 이벤트, PR, 블로그, 뉴스레터 등 온갖 일을 도맡아 하다 보니 효율을 높이는 업무 방식과 툴을 익힐 수 있었습니다. 제가 업무와 시간을 관리하는 노하우는 'PART 10 음악을 위한 브랜딩, 브랜딩을 위한 음악'에서 더 자세히 다루겠습니다.

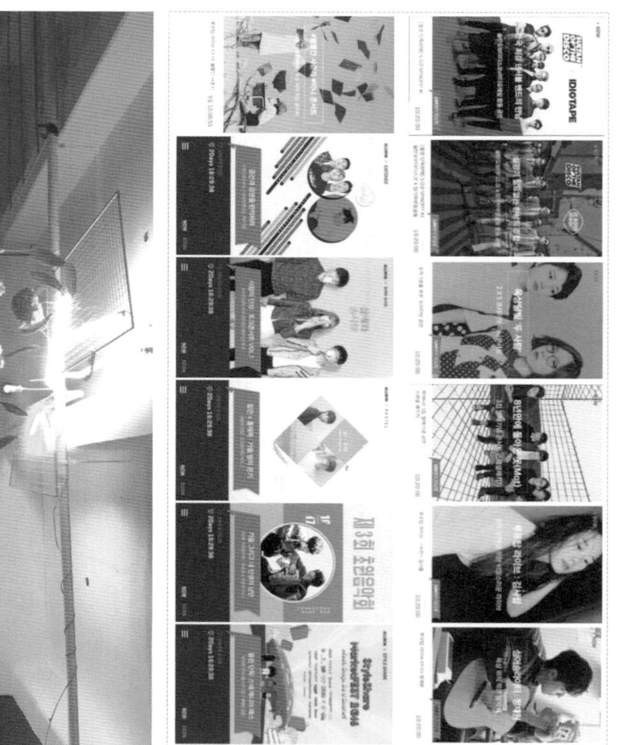

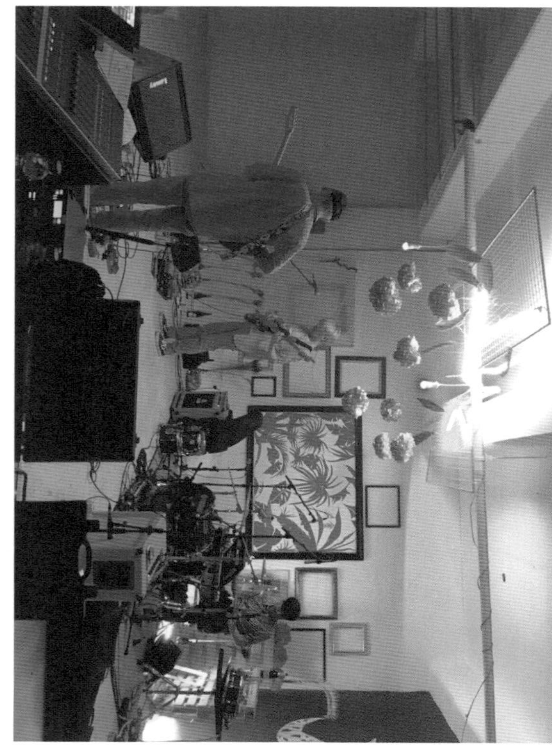

위 올윈에서 1년간 기획하고 담당했던 공연과 이벤트 ©올윈
아래 기획공연 〈CATCH22〉 ©정혜윤

5. 이커머스 스타트업 마케터 & 프로모터

처음으로 입사 제안을 받아 이커머스 스타트업 올윈ALLWIN으로 회사를 옮겼어요. 앱리프트를 만족스럽게 다녔지만, 올윈이 제안한 일은 제가 좋아하는 문화와 밀접한 일이라 재미있을 것 같았고, 새로운 서비스 론칭을 함께할 수 있어 성장하기 좋은 기회라고 생각했습니다.

처음 합류했을 때는 SNS, PR, 상품 에디팅, 상품 기획까지 멀티태스킹을 했어요. 사람들이 들어오고 나서는 하나둘씩 일을 넘기고 상품을 기획하는 프로모터promoter로 집중해 일했습니다. 평소에 좋아하는 콘텐츠 제작자나 브랜드를 파트너로 만나 특별한 경험을 쌓는 과정이 즐거웠습니다. 매직스트로베리 사무실에서 펼쳐진 단 다섯 커플을 위한 '옥상달빛'의 공연, 팬들이 오랫동안 기다려온 '술탄오브더디스코'와 '장기하와 얼굴들'의 합동 공연 등 뿌듯하고 기억에 남는 순간이 많습니다.

올윈에서 마케터 겸 프로모터로 일하며 좋아하는 일과 잘하는 일이 합쳐졌을 때 이렇게 일이 즐거울 수 있구나를 느꼈습니다. 그동안 배운 것을 행동으로 옮기며 마치 제 회사인 양 주인 의식을 갖고 신나게 일했어요. 회사의 방향이 제가 생각했던 것과 달라지면서 나오게 되었지만, 멋진 파트너와 일하며 제 네트워크도 넓어지고 소중한 경험과 인연을 많이 얻었습니다.

6. 스페이스오디티 브랜드 마케터

드디어 현재는 음악과 관련한 다양한 콘텐츠를 만드는 스페이스오디티에서 브랜드 마케터로 일합니다. 이름부터 취향 저격인 이곳에서 저는 스페이스오디티란 브랜드를 만들어가는 모든 일을 합니다. 사실 올윈을 나온 뒤 거의 1년을 여행자로 살았어요. 해보고 싶었던 것들을 바로 실행에 옮기고, 가보고 싶은 곳이 생기면 그냥 떠났습니다. 2017년 한 해 동안 브런치에 글을 부지런히 연재했는데, 세계 최대 규모의 뮤직 페스티벌인 글래스톤베리를 마케팅 관점으로 쓴 글이 바이럴viral되었습니다. 김홍기 대표는 제가 이런 곳을 찾아다니는 걸 재밌게 생각한 것 같아요. 같이 일하자는 제안을 받았는데 제가 거절할 이유가 없더라고요. 멤버들도 좋고 제가 배우고 얻을 것도, 기여할 수 있는 부분도 있을 것 같아 합류를 결심했습니다. 무엇보다도 모든 일이 제가 좋아하는 음악을 중심으로 돌아가는 회사라 재미있을 것 같았어요. 스스로를 스페이스오디티 브랜드 마케터라고 소개할 수 있어 기쁩니다.

마케팅 관점으로 보는 세상 - 흘깃 보지 않고 눈여겨보기

저는 세상을 마케팅 관점으로 바라볼 때가 많습니다. 사진가는 카메라의 프레임으로 세상을 보고, 뮤지션은 음악과 소리로 세상을 느끼듯이 자연스레 마케팅 관점으로 생각하게 됩니다. 마케팅과 관련한 제 경험과 생각이 일상을 바라보는 데도 영향을 주고 있어요.

제게 마케팅은 우뇌를 쓰는 말랑말랑한 쪽, 본질과 철학, 이야기가 중요한 브랜딩에 더 가깝습니다. 그래서 어떤 경험을 하든 거기에 얽힌 이야기를 눈여겨봅니다. 물론 퍼포먼스 마케팅도 중요합니다. 브랜드의 이야기를 알면 행동할 진성 유저를 효율적으로 찾을 수 있게 도와주니까요. 스토리텔링과

퍼포먼스 마케팅이 좌뇌와 우뇌처럼 시너지를 낸다면 가장 효율적이겠지요. 그러나 아무리 데이터, 퍼포먼스 마케팅을 완벽하게 하더라도 마케팅하는 브랜드 자체에 진정성이나 매력이 없다면 효과는 떨어질 수밖에 없습니다.

아무리 좋은 것이나 문제 되는 게 있어도 알리지 않으면 무용지물이잖아요. 사람을 움직이려면 이야기를 어떻게 전달하는지가 중요합니다. 한마디로 마케팅은 소통입니다. 트일 소疎에 통할 통通. 막힘없이 잘 통하고 어딘가에 연결되어 있다는 뜻입니다. 혼자서는 성사되지 않고 대상이 필요합니다. 구구절절 설명하지 않아도 서로 잘 이해할 때, 원하는 게 비슷할 때 우리는 잘 통한다고 말합니다. 진정한 소통은 상대방을 대충 보지 않고 들여다볼 때 가능합니다. 마케팅은 상대를 관찰하고, 공감대를 형성하며 통하는 길을 막는 장애물을 없애가는 모든 과정입니다.

결국 사람의 마음을 건드려야 하는 일입니다. 그래서 마케팅과 예술은 서로 뗄 수 없는 관계죠. 마음을 건드리기 위해 마케팅은 종종 예술의 힘을 빌리고, 반대로 예술이 마케팅의 힘을 빌리기도 합니다. 그 경계가 불분명한 경우도 많고요.

제게 마케터는 단순히 무언가를 팔기 위한 판촉 활동을 하는 사람이라기보다 지속 가능한 소비를 일으키는 동시에 경험과 가치를 만들고 나누는 스토리텔러입니다. 이야기를 발견하고, 연결하고, 확장하고, 나누는 사람이에요. 이를 통해 공감을 이끌어내는 사람입니다. 그래서 마케터는 많이 보고, 듣고, 읽고, 써야 합니다. 초반에 언급한 '오케스트라의 지휘자'처럼 사람과 예술을 공부하면 도움이 되는 직업이에요.

사람들은 상대가 '무엇을' 하느냐를 보고 사지 않는다.
'왜' 하느냐를 보고 구매한다.

사이먼 사이넥, 《나는 왜 이 일을 하는가》(타임비즈, 2013)

단순히 가격과 성능만 보고 지갑을 열던 시대는 지난 지 오래예요. 지금은 브랜드의 영혼을 보는 시대입니다. 브랜드와 연관된 가치를 자연스럽게 전달하려면 오너와 구성원들이 가진 마인드와 철학이 중요합니다. 이 일을 왜 하는지, 왜 우리여야 하는지에 집중해야 합니다. 그래야 모든 게 빨리 변하는 시대에 변하지 않아야 할 것을 고집할 수 있는 깡이 생기는 것 같아요. 영혼이 있다고 느껴지는 브랜드와 그렇지 않은 브랜드의 차이는 바로 '왜'에서 출발합니다.

마케팅이 소통이라면 브랜딩은 관계입니다. 좋은 브랜드는 저절로 생기지 않아요. 브랜드의 존재 의미에 집중하고, 사람들에게 전하고 싶은 가치를 일관성 있게 전달할 때 좋은 관계가 만들어집니다. 과대 포장하거나 억지스러우면 잠깐은 통할지 몰라도 길게 보면 오히려 역효과가 납니다.

제가 마케팅을 좋아하는 이유는 마케팅 과정이 궁극적으로 온전한 스스로를 향해 가는 길과 겹치기 때문이에요. 브랜딩을 공부할수록 다양한 모양의 자기다움과 마주칩니다. 그냥 지나칠 수 있는 무언가를 의도적으로 들여다보고, 이야기를 거슬러 올라가는 과정에서 종종 생각지 못한 감동을 받아요. 그 이야기가 울림을 줄 때, 저는 그 브랜드의 팬이 됩니다. 내가 더욱 나다워지고 브랜드가 더욱 브랜드다워지는 것. '너 자신을 알라'는 말처럼 그게 우리 인생의 가장 좋은 나침반이 아닐까요. 그래서 저는 마케터 일이 즐겁습니다.

PART 03

손하빈을 춤추게하는 마케팅

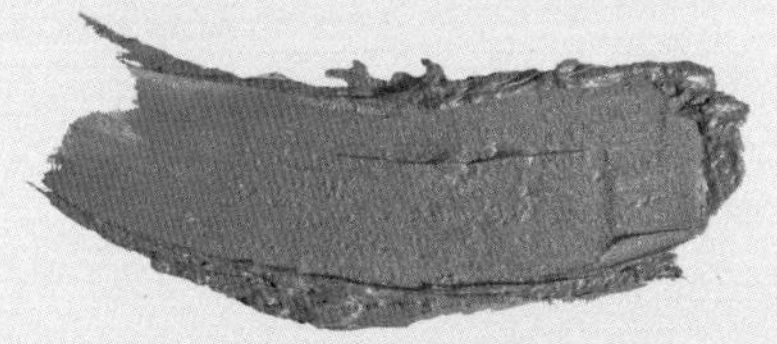

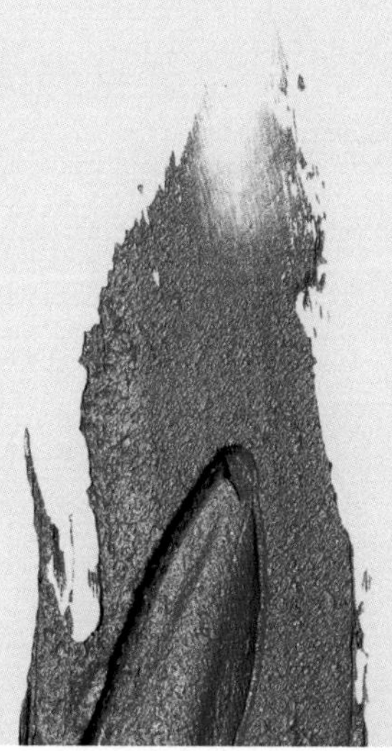

공감을 잘하는 사람에게 잘 맞는 직업, 마케터

마케팅하는 사람을 만나 이런저런 이야기를 나누다가 '근데 참, 전공이 뭐였어요?'라고 물어봤을 때, 마케팅을 전공한 사람을 찾기 쉽지 않습니다. 예상과 다른 전공에 충격을 받은 경우가 많은데, 저도 그 부류 중 한 명으로 마케팅과 참 어울리지 않는 생명과학 전공자입니다.

다양한 사람이 모이는 곳이 마케팅 분야인지, 마케팅이 다양한 사람을 원하는 건지 아직 정확한 인과관계는 잘 모르겠지만, 마케팅은 전공 불문하고 다양하고 개성 있는 사람을 만날 수 있는 분야입니다. 아마도 참신하고 다채로운 아이디어가 필요한 분야라 그런 게 아닐까요? 이 점이 제가 마케팅에 매료된 이유입니다. 저는 설사 의견이 서로 부딪치더라도 다양한 아이디어가 발산되는 자유로운 담화를 좋아합니다. 자유롭게 이야기하다 보면 몇 가지 좋은 아이디어가 추려지는데 모두가 좋다고 생각하는 아이디어를 실제로 실행하는 과정도 재밌습니다. 이렇게 아이디어를 구체화하는 과정이 마케팅과 비슷하다고 느꼈고, 제가 재미있게 할 수 있는 분야라고 생각했습니다.

마케팅을 하고 싶다는 확신이 들고 나니 '어떻게 하면 일 잘하는 마케터가 될 수 있을까?' 궁금했습니다. 좋아한다고 잘하는 건 아니니까요. 제가 무엇을 잘하는지 먼저 알아야 할 것 같아 마케터의 관점에서 제가 어떤 것을 잘하는지 찾아보았습니다. 저는 여러 산업이나 분야에서 저와 다른 삶을 살고 있는 사람과 만나는 걸 특히 좋아해요. 그들의 삶을 아주 잠시나마 살아볼 수 있기 때문입니다. 이와 비슷하게 다른 사람의 삶을 간접 경험할 수 있는 소설, 영화, 논픽션 휴먼 다큐멘터리를 좋아합니다.

전문 상담가는 아니지만, 타인의 상황이나 감정에 이입해 이야기하는 걸 좋아해 자칭 '야매 상담가'로 지인의 고민을 상담해주는 일도 저의 주요한 활동 중 하나입니다. 좋아하는 일을 적다 보니 제가 공감을 잘한다는 사실을 발견할 수 있었습니다. 누군가의 입장에서 감정과 상황을 이해하고, 주변 사람의 삶에 관심을 기울이는 것, 타인의 고민이나 사색에 참여해 해결책을 함께 찾아보는 것 그리고 무언가에 깊이 공감하는 일. 모두 제가 제일 잘하고 좋아하는 일입니다. 영화든, 책이든, 사람의 이야기든 개별적인 스토리에 빠지면 어느새 그 대상과 '통하는 순간'이 찾아와요. 전 그 순간이 너무 짜릿하고 즐겁습니다. 이 과정과 가장 흡사한 게 브랜드 마케팅 일입니다.

브랜드의 사용자 입장이 되어 360도로 그들의 삶, 취향, 호불호, 관심사 등에 안테나를 세웁니다. 그들의 입장에서 생각해보면 그들(브랜딩에선 타깃이라고 하죠)이 좋아할 아이디어가 떠오르고, 마음이 통하는 순간이 찾아옵니다. 이 과정이 재미있고 다른 사람보다 더 잘할 수 있을 것 같다는 생각이 들었을 때, 마케터가 될 수 있겠다는 자신감이 생겼습니다. 실제로 좋다고 생각한 아이디어를 실행했을 때 사람들이 제가 예상한 것보다 훨씬 좋아하거나, 비슷하게 반응하면 잘 모르는 사이라도 마음이 통한 것 같아 뿌듯하고 신이 납니다. 공감을 뛰어나게 잘하는 사람이라면 마케팅이 잘 맞을 거라 자신 있게 확신해도 됩니다.

돌고 돌아 찾은 매력적인 브랜드, 에어비앤비

저는 IBM 파이낸스 부서에서 파이낸스 플래너로 첫 직장생활을 시작했습니다. IBM의 '똑똑한 세상Smart Planet을 만든다'는 철학과 여성을 존중하는 수평적 문화에 매료되어 적성은 크게 고려하지 않았습니다. 저를 잘 아는 주변 사람들이 '네가 파이낸스 플래너?'라며 놀랄 만큼 제 성향과 어울리지 않는 엉뚱한 커리어의 시작이었습니다. 짐작하시겠지만, 쉽지 않은 신입 시절이었습니다.

저는 혼자 하는 일보단 팀플을 좋아했고, 정답이 명확한 일보단 가능성이 열린 일을 좋아했습니다. 생명과학이 전공이었지만, 전공보다 광고 동아리 활동을 더 열심히 했고, 그 외에도 호기심이 많아 바둑부와 투자분석회 동아리 활동도 열심히 했습니다. 입사하고 보니 (재무)비전공자는 저 혼자였습니다. 아마 운이 좋게도 면접관의 입장에 잘 공감하다 보니 그들의 니즈에 맞게 인터뷰를 잘한 것 같다는 생각이 듭니다. IBM 파이낸스 부서에서 요구하는 자질은 융통성이나 창의성보다 정해진 워크 프로세스에 대한 준수와 정확성이었는데 신입의 미숙함이라고 너그럽게 생각하더라도 제가 실제로 가장 못하는 부분이었습니다. 가장 못하는 걸 잘해야 하는 곳이라니! 매일 긴장과 실수의 연속이었습니다. 영업 부서나 마케팅 부서 직원에게 가이드하는 역할을 맡을 때도, 오히려 그들의 입장에 동화되어 쓸모없는 융통성을 발휘하는 등 실수를 참 많이 한 시절입니다.

'난 왜 이렇게 일을 못할까'라는 생각을 참 많이 했습니다. 운 좋게 좋은 팀장을 만난 덕에 커리어를 계속 고민할 수 있었고 2년 반이란 시간이 흐른 뒤, 마케팅 부서로 옮길 수 있었습니다. 그 당시엔 시간 낭비라고 생각했는데 파이낸스 부서에서 보낸 시간은 제게 부족했던 꼼꼼함과 분석력을 보강할 수 있는 중요한 시간이었다는 걸 마케팅 일을 하며 자주 느낍니다. 꼼꼼함과 분석력은 마케터에게도 창의력만큼 매우 중요하기 때문입니다.

마케팅 부서로 옮기면 꽃길만 걸을 줄 알았는데, 아니었습니다. IT B2B 마케팅 특성상 고객의 입장이 되어보기가 어렵습니다.

마케터가 IT 소프트웨어, 하드웨어, 솔루션을 현업의 고객처럼 사용해볼 수 없기 때문에 고객의 입장에 공감하는 게 쉽지 않았습니다.

일은 이전보다 즐거웠지만 공감하길 좋아하는 제게는 여전히 갈증과 아쉬움이 있었습니다. 답답함을 해소하기 위해 다양한 사람을 만나야겠다는 생각이 들었고, 지인 5명과 비즈니스 네트워크 모임을 만들었습니다. 2년간 100명이 넘는 규모의 네트워킹 모임을 열 번 이상 열었어요. 회사를 다니며 주말에는 모임 기획에 몰두했습니다. 다양한 현업 종사자를 직접 만날 수 있어서 아주 즐거웠어요.

이 경험을 통해 고객을 직접 대면하는 마케팅을 해야겠다는 확신이 들었고, 2년 후 IBM 컨설팅팀으로 다시 부서를 이동해 삼성전자 B2B 마케팅 프로젝트 컨설턴트로 일했습니다. 처음 고객을 만나러 삼성전자에 간 날이 아직도 기억날 정도로 즐거운 과정이었어요. 직접 고객의 이슈와 니즈를 듣고 그에 맞추어 기획과 실행안을 제안하는 컨설팅을 하며 B2C 마케팅을 향한 열망이 더 커졌습니다. 뒤돌아보니 전혀 다른 세 부서에서 일해본 경험은 하고 싶은 일을 찾는 소중한 과정이었다는 생각이 들어요. 그리고 운명처럼 에어비앤비를 발견했습니다.

에어비앤비 마케터에 도전하기

에어비앤비 웹사이트를 구경하면서 에어비앤비의 가치와 비즈니스 모델 등 모든 것에 매료되었습니다. 입사하고도 싶었습니다. 웹사이트를 구경하는 것만으로 여행하는 설렘을 느낄 수 있었고, 누구나 사용자(에어비앤비 게스트guest)와 공급자(에어비앤비 호스트Airbnb host)가 될 수 있다는 점이 공감을 좋아하는 저에게 잘 맞는 비즈니스 모델이라고 생각했습니다.

에어비앤비 조직에 관한 정보가 거의 없었지만, 한국 시장에서 브랜드 인지도가 매우 낮은 상황이 저에겐 장점으로 다가왔습니다. 마케터가 할 일이 아주 많을 테고, 마케팅이 브랜드의 성장에 큰 역할을 할 수 있기 때문입니다.

사람과 사람을 이어주는 세상을 만듭니다

창조
우리는 모두 다 함께 힘을 합쳐 에어비앤비 커뮤니티 회원들에게 최고의 경험을 만들어 드립니다.

학습
조직 내/외부 할 것 없이 영감을 얻고 하나라도 더 배우기 위해 노력합니다

놀이
인생은 열심히 일하는 과정에서 만들어지는 것입니다. 우린 그 인생을 확실히 즐겨야죠

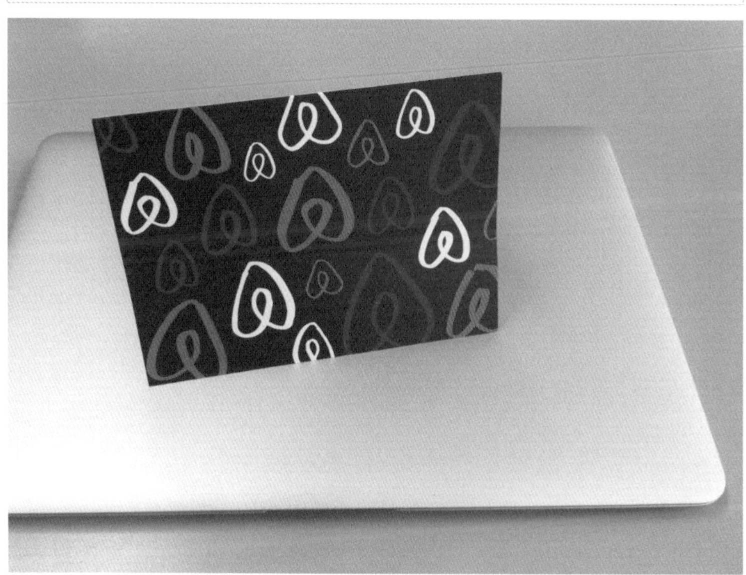

위 에어비앤비 사이트 ©Airbnb
아래 에어비앤비 입사 첫날 ©손하빈

에어비앤비의 서비스를 사용해보지도 않았고 입사 지원서도 쓰기 전이었지만, 이곳의 스토리에 빠져들어 마치 여러 번 사용해본 사람처럼 에어비앤비를 홍보했어요. 저는 어떤 것에 한번 빠져들면 그것만 하는 경향이 있어요. 에어비앤비를 발견한 이후부터 입사하기까지 두 달 동안은 에어비앤비만 생각하고, 에어비앤비에 관련된 콘텐츠를 모두 찾아봤어요. 그 과정을 통해 브랜드가 어떤 가치를 중요하게 생각하는지가 더 명확해졌습니다.

저는 주변의 추천 없이 직접 웹사이트에서 오픈 포지션을 보고 지원했기 때문에 이력서가 제 첫인상을 결정하는 중요한 채널이었습니다. 따라서 이력서로 인터뷰어의 관심을 사로잡아야 했습니다. 마케팅 포지션이기 때문에 이력서로도 마케터의 기질을 잘 표현하고 싶었습니다. 단순히 경력을 나열하지 않고, 그간 쌓아온 경력을 하나의 스토리로 구성했습니다. 저는 '경력이 중구난방이지만 마케터로 가는 여정이었다'라는 스토리를 표현하고 싶었는데, 결과적으로 잘 표현된 것 같습니다. 입사 후 "이력서 정말 좋았다"는 말을 아주 많이 들었거든요.

면접 일정이 잡힌 이후부터는 프레젠테이션을 준비했습니다. 그간 생각한 아이디어를 인터뷰어와 공유하고 싶었습니다. 깊이 고민했기 때문에 프레젠테이션은 자신 있었지만, 가장 걱정되는 부분은 '에어비앤비 안 써봤는데 어떻게 좋은지 알아요?'라는 질문에 답을 준비하는 것이었습니다. 하지만 진심을 전달하는 것이 가장 중요하다고 생각했어요. 에어비앤비를 좋아하는 개인의 감정과 에어비앤비 브랜드를 마케팅하고 싶은 마케터의 생각을 진실하게 전달하는 것에 중점을 두었습니다. 정확한 문장은 기억이 나지 않지만 두 가지 답변이 기억납니다.

"일면식도 없는 사람인데 그 사람이 쓴 글과 취향을 알고 호감이 생겨 만난 적이 있습니다. 에어비앤비가 추구하는 가치는 제 삶의 가치와도 잘 맞기 때문에 호감이 생겼고, 에어비앤비를 써보지 않고도 좋은 것을 알 수 있었습니다."

"마케팅은 서비스·제품을 아직 사용해보지 않은 잠재 고객을 사로잡는 일입니다. 에어비앤비를 사용하지 않고 입사한 사람은 제품을 사용하지 않은 사람의 마음을 더 잘 알 수 있습니다. 그리고 마케터는 경험하지 않은 것도 상상할 수 있어야 한다고 생각합니다. 입사하면 휴가를 내고 여행을 갈 예정입니다. 다녀와서 잠재 고객의 입장에서 바라본 에어비앤비와 실제 에어비앤비를 이용한 경험을 비교해 이야기해드리겠습니다."

이 답변이 좋은 답변이었는지는 따로 확인해보지 않아 모르겠지만, 입사했으니 좋았던 거겠죠? 인터뷰 때 약속한 것처럼 실제로 에어비앤비를 경험한 후 느낀 다양한 부분을 팀과 공유했고, 입사 후 바로 진행한 마케팅 프로젝트에서 고객을 이해하는 데 큰 도움이 되었습니다. 에어비앤비 취업에 관심 있는 분들이 연락해 면접 절차나 예상 질문을 묻는 경우가 많습니다. 그리고 많은 사람이 입사하기 전에 '인터뷰 관련 회사 정보'를 찾는 데 많은 노력을 기울이는 경향이 있습니다. 저는 절차에 대한 정보를 찾기보다 관심 있는 브랜드의 가치와 스토리, 브랜드 히스토리와 관련한 정보를 찾아보라고 추천하고 싶습니다. 면접을 준비하기 위해서만이 아니라 그 브랜드를 제대로 알기 위해서입니다.

면접은 대화의 과정입니다. 내가 말하고 싶은 것만 준비해서는 안 된다고 생각해요. 인터뷰어의 입장에서 그들이 궁금할 수 있는 질문을 상상해보고, 나의 진실한 이야기를 준비하면 됩니다. 나를 알고 브랜드를 알면 면접은 서로를 알아가는 대화의 현장이 됩니다. 저는 '계속 가고 싶은 방향으로 생각하면, 천천히 돌아가더라도 원하는 방향으로 간다'는 말을 믿습니다. 제 성향을 잘 파악하고 원하던 일을 향한 관심을 놓지 않았기 때문에, 현재 제가 사랑하는 브랜드 마케터로 즐겁게 일하게 되었습니다.

인터뷰에서 발휘한 제 공감력처럼 사용자의 마음에 공감하며 에어비앤비 브랜드 마케팅을 하고 있어요. 에어비앤비를 좋아하거나 좋아할 것 같은 사용자를 생각하는 건 언제나 즐거운 일입니다.

좋아하는 브랜드예요

에어비앤비 마케터로 일하며 가장 즐거운 순간은 고객에게 "에어비앤비에서 일해요"라고 했을 때 "에어? 에이? 다시 한번만 말씀해주실래요?"라거나, "그게 무슨 회사예요?"라고 되묻지 않고 "와! 저 에어비앤비 너무 좋아해요"라고 답해줄 때입니다.

누군가에게 좋아한다는 고백을 받은 것처럼 마음이 설레고 짜릿합니다. 그만큼 브랜드 인지도가 가파르게 성장하는 걸 몸으로 느끼기 때문이에요. 제가 에어비앤비 마케팅팀으로 입사한 2014년에는 많은 사람이 에어비앤비가 어떤 산업에 속한 회사인지도 모를 만큼 인지도가 낮았습니다. 그래서 에어비앤비라는 말이 카페나 길거리에서 언급되기만 해도 귀를

쫑긋 세웠고, 가끔은 (그러면 안 되는데) 엿듣기도 했습니다. 그들이 어떤 동기로 에어비앤비를 언급하는지, 어떻게 에어비앤비를 알게 되었는지 너무 궁금해 염치 불구하고 물어보았을 정도로 '에어비앤비를 어떻게 알리지?'가 제 인생 최대의 고민이자 즐거움이던 시기였습니다.

2016년과 2017년에 '여행은 살아보는 거야'라는 브랜드 슬로건과 함께 브랜드 마케팅 캠페인을 하면서 본격적으로 에어비앤비의 로컬 여행이라는 가치가 많이 알려졌어요. 개인적으로 2015년에 지드래곤과 함께 진행한 'Night At' 프로젝트가 가장 떨렸던 경험입니다. 이 프로젝트를 통해 많은 사람이 에어비앤비와 에어비앤비의 꽃인 호스트의 존재를 알게 되었기 때문입니다. 그 당시 이준규 컨트리 매니저, 김은지 브랜드 마케팅 매니저(현재 컨트리 매니저)와 모여 앉아 '누가 호스트가 되면 사람들이 좋아할까?', '어떤 호스트의 집이 취향을 잘 드러낼까?'라는 주제로 아이디어 회의를 자주 했는데 별의별 사람이 모두 등장했어요.

그러다 세 명 모두 고개를 끄덕인 사람이 지드래곤입니다. 지드래곤이 단순히 유명한 사람이어서만은 아니었어요. 에어비앤비의 얼리어답터인 디자인 · 아트 분야에 종사하는 사람들이 가장 좋아하는 연예인이고, 취향 있는 호스트가 될 거라고 생각했습니다. 또한 에어비앤비의 타깃이 좋아하는 영향력 있는 사람이었죠. 그리고 실제로 일이 성사되어 지드래곤이 호스트로 체크인, 체크아웃까지 해주리라고는 상상도 하지 못했습니다. 프로젝트는 디지털에서만 홍보가 되었음에도 파급 효과가 컸습니다. 지드래곤이 꿈을 키웠던 연습실을 제2의 집으로 꾸며 아시아 5개국에서 5명의 게스트를 초대했습니다. 체크인은 물론 호스트인 지드래곤이 좋아하는 로컬 맛집도 직접 추천해주었고, 호스트의 직장인 YG사옥에도 게스트를 초대했습니다. 힙스터 지드래곤이 소개한 서울 여행이라니, 솔직히 저도 참여하고 싶었답니다. 그리고 이를 계기로 저도 지드래곤의 광팬이 되었습니다.

보통 지드래곤처럼 파급력이 크고 개성 강한 연예인과 협업하면 그 연예인의 이미지만 남는 경우가 있는데, Night At의 경우 지드래곤이 에어비앤비의 가장 중요한 아이덴티티인 호스트가 되어 호스트와 '로컬을 만나는 여행'이라는 의미 있는 메시지를 전할 수 있었습니다. 이 컬래버레이션 프로젝트를 통해 결과적으로 한국뿐 아니라 중국, 일본에서도 브랜드 인지도를 높일 수 있었어요. 그리고 한국 시장에서 2년에 걸쳐 큰 브랜드 캠페인을 펼칠 수 있는 좋은 계기가 되었습니다. 마케팅할 때 제일 재밌는 부분은 여러 명이 함께 머리를 맞대고 생각한 아이디어가 실행되는 과정을 직접 경험하는 겁니다. 그 과정에서는 뛰어난

한 사람의 역량보다 팀워크가 더 중요해요. 지드래곤 프로젝트만 해도 한국팀뿐만 아니라 각 나라의 마케터, 싱가포르에 있는 아트 디렉터와 마케팅 매니저, 본사의 브랜드 마케팅 디렉터, 홍보 담당자 등 수많은 사람이 열정적으로 브랜드 알리기에 한 몸 한뜻으로 일했습니다. 그 당시 함께 일했던 사람들은 자주 볼 수 없고 외국에 살지만 가족처럼 친한 동료로 지내고 있답니다. 여러분도 팀워크가 빛을 발하는 순간을 마케팅에서 경험해보길 바랍니다.

PART 04

이육헌이 일당백 마케터가 되기까지

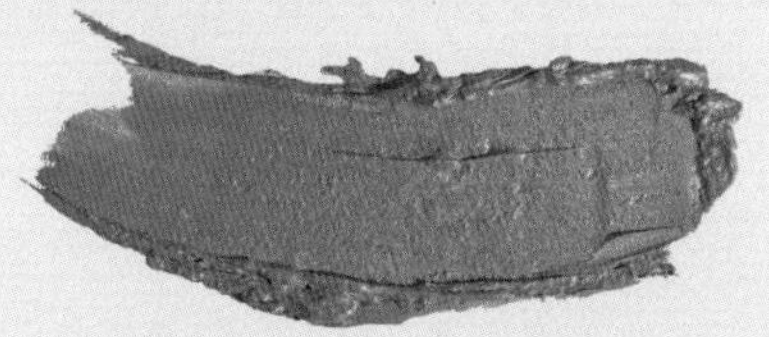

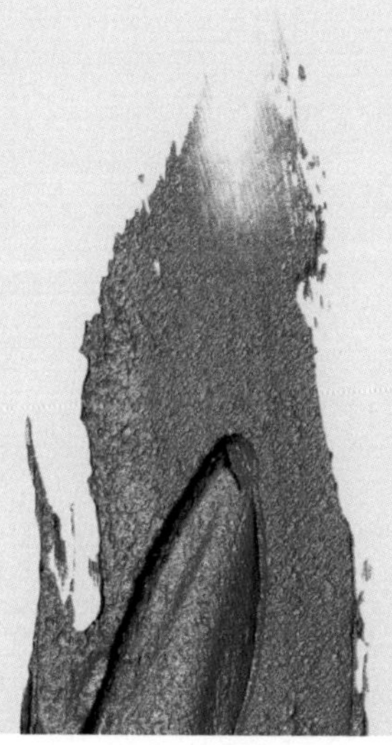

어쩌다 마케팅

설레는 마음으로 갓 입학해 정신없이 흥청거렸던 대학교 새내기 시절이 있었습니다. 그러나 2학년이 되니 언제 그랬냐는 듯 주변은 조용해졌습니다. 경영학과라는 이름이 무색하지 않게 다른 과나 전공보다 더 일찍 커리어를 계획하는 분위기였습니다. 남자들은 하나둘씩 국방의 의무를 수행하러 떠났고, 여자들은 취업이든 자격증이든 혹은 시험이든 슬슬 진로를 고민하느라 심란했습니다.

"바쁘지 않으면 공모전 같이 준비해볼래?" 당시 저는 12월 즈음으로 입대 날짜가 넉넉히 남아 있었기에 마음도 시간도 붕 떠버린 상태였습니다. 그러던 어느 날, 제게 한 선배가 솔깃한 제안을 해왔습니다. 함께 공모전을 준비해보지 않겠느냐고. 때로는 이렇게 어쩌다 일어나는 사소한 사건이 삶의 방향을 결정하는 계기가 되기도 합니다. 저 역시 대단할 것 없는 이 계기로 마케팅이라는 분야에 재미를 붙이게 되었으니 말이에요.

지금도 대학생 대상 공모전이니 대외 활동이니 하는 행사가 많다지만, 2009년 즈음에는 특히나 열풍이라 부를 정도였습니다. 취업을 코앞에 둔 4학년이 아니면 인턴에는 지원하기조차 어려웠고, 과외나 아르바이트를 하지 않으면 용돈벌이도 쉽지 않은 상황이었습니다. 그때 제 눈에 공모전은 수상만 한다면 상금도 벌고 이력서에 쓸 거리도 만들 수 있는 일석이조의 기회처럼 보였나 봅니다. 마치 수상을 따놓은 당상으로 여겼고, 그래서 별다른 고민 없이 해보겠노라 대답했습니다. 덥석 미끼를 물었던 것이죠. 글을 쓰면서도 자만했던 스스로가 부끄럽고 웃기네요.

역시나 첫술에 배부를 수는 없는 법입니다. 수상에 실패했죠. 그런데도 과정은 즐겁고 재밌더라고요. 그래서 이후에도 그 팀원들과 함께 마케팅·광고 공모전에 계속 도전했습니다. 그러다 보니 차츰 본선에 진출하고, 상장도 받고 시상대에도 서게 되었고요. 처음에는 상금과 스펙 한 줄에 눈이 멀어 시작했지만, 그 과정에서 마케팅 자체에 대한 관심이 높아지고 흥미도 생겨났어요. 지금 생각해보면 이게 가장 큰 수확이라고 생각합니다.

마케팅은 경영학에서 수박 겉핥기 식으로나마 배운 다른 분야와 달랐습니다. 무엇보다도 최신 이슈와 트렌드를 기민하게 파악하는 일, 그 정보를 내가 소개하거나 제안하고 싶은 내용에 잘 버무리는 일이 중요했습니다. 그맘때쯤 저는 늘 웹서핑으로 시간을 보냈고, 잡지와 책을 꼬박꼬박 사서 보곤 했습니다. 새로 나온 게 있으면 꼭 쫄래쫄래 가보고 사봤죠. 그래서 마케팅을 업으로 삼으면 참 재미있게 일할 수 있겠다는 마음이 들었습니다. 용돈벌이나 해보려던 처음의 마음가짐에 비해선 꽤 판이 커진 셈이었죠.

첫 번째 경험:
영화 추천 앱 서비스

제대하고 복학 후에는 학교 수업을 들으며 경영전략학회 같은 동아리 활동을 했고, 또 기회를 얻어 몇몇 대기업과 스타트업에서 인턴을 했습니다. 바쁜 나날을 보내다 보니 어느덧 4학년에 접어들기 직전이 되었는데, 그냥 졸업하기에는 아직 못다 해본 것들이 아쉬웠습니다. 교환학생으로도 가보고, 다녀와서도 한 학기 더 쉬며 어떤 일과 회사가 잘 맞을지 고민해봐야겠다고 생각했습니다. 그리하여 오스트리아 빈에 갔다 왔고, 돌아와서는 휴학을 했습니다.

어디서 일을 더 해볼까 생각하던 중 이미 일하고 있던 학회 선배의 제안을 받아 영화 추천 앱 '왓챠'에 마케터로 입사했습니다. 학회 선배들이 창업했던 회사인 데다 빈으로 떠나기 직전에도 잠시 파트타임으로 일했던 곳이라, 당시의 즐거웠던 경험을 토대로 빠른 의사 결정을 내릴 수 있었습니다. 지금 왓챠는 '왓챠플레이'라는 이름의 월정액제 기반 영상 스트리밍 서비스로 더 널리 알려졌고, 또 많은 사랑을 받고 있습니다. 하지만 제가 입사한 2014년 즈음에는 개인화 영화 추천 서비스인 왓챠가 회사의 유일한 제품이었습니다. 당시에는 회사 규모가 매우 작았고 월정액제 기반의 확고한 비즈니스 모델이 있는 것도 아니어서, 마케팅 비용엔 정말 적은 금액만 할당했죠.

적은 마케팅 예산이라는 장벽을 극복하는 방법은 단 하나, 양으로 승부하는 것이었습니다. 페이지의 유기적 도달률이 줄어드는 요즘 추세와 달리, 그땐 비즈니스 페이지의 활성화를 유도하고자 포스팅이 사용자들에게 잘 도달되었죠. 더군다나 왓챠의 경우엔 누구나 좋아하는 영화를 추천해준다는 콘셉트로 다양한 형태의 콘텐츠 제작이 가능했습니다.

돈 없이도 이런저런 콘텐츠를 제작하고 배포하며 마케팅할 수 있을 거라는 희망이 있었어요. 개봉작의 예고편을 활용한 동영상 포스팅과 추천 영화 큐레이션 카드 뉴스는 적게는 수천에서 많게는 수만의 좋아요like와 공유를 기록했습니다. 광고비 지출 없이도 높은 반응을 이끌어냈죠. 페이스북에 올린 영화 추천

포스팅을 카페와 커뮤니티에 퍼 나르는 날엔 일일 가입자 그래프 곡선이 치솟았습니다. 그걸 보니 어찌나 기쁘던지.

두 번째 전개: 글로벌 대기업

욕심이 났습니다. 넉넉한 마케팅 예산을 비롯해 일하는 방법을 나누고 배울 수 있는 선배가 많은 환경도. 1년쯤 다닌 회사에 퇴사를 선언하고 대기업 공채 시즌에 맞춰 취업을 준비했습니다. 그리고 삼성전자 영업·마케팅 직군으로 입사했죠. 주로 매장 디스플레이를 관리했고, 특히 POPPoint of Purchase·POSMPoint of Sales Material* 등 신규 제품의 특장점을 알리는 각종 연출물을 기획하는 일에 참여했습니다. 담당 지역 내 법인의 매장 디스플레이 담당자와 연락을 주고받으며 각종 요청들에 즉시 대응하기도 했고요.

---

* 판매점 주변에 전개되는 광고와 디스플레이 광고의 총칭. 구매 시점 광고, 판매 시점 광고라고도 한다.

전략적으로 중요한 국가나 거래선에서는 더 많은 일을 해야 했기에, 신규 매장 설치나 기존 매장 리노베이션 등의 프로젝트에 지원 담당자로 참여한 적도 있습니다. 동남아 지역을 맡고 나서는 최소 월 1회 해외 출장을 다녔습니다. 베트남, 필리핀, 싱가포르 등에 가서 하루 종일 매장을 돌아다니고 사진을 찍으며 자사와 경쟁사의 디스플레이 현황을 비교 분석하고, 개선점을 발굴했어요. 돌아와서는 피드백을 제공하고 각종 연출물의 디자인과 제작 샘플 등을 지원했죠.

때로는 한국에서 상상도 못 하던 포인트가 프로젝트 진행에 걸림돌이 되기도 했습니다. 이를테면, 저는 지역 담당자에게 브랜드 사이니지signage*의 색이며 글자 비율에 대한 표준 규격을 제공하고, 이를 엄격하게 준수할 것을 요구합니다. 브랜드의 일관성을 위해서죠.

하지만 막상 현장에 가보면 달라요. 디스플레이 경쟁이 치열하기 때문에, 모두가 눈이 부실 정도의 조명과 색상에 비율이 다 무너져버린 거대한 로고를 사용합니다. 이럴 때 우리는 어떻게 해야 하나 난감할 때도 있었습니다. 또 다른 나라에서는 유독 모바일 인터넷 속도가 느려 종이 브로슈어를 매장에 항상

---

* 누군가에게 특정 정보를 전달하기 위해 만든 시각적 구조물. 본 글에서는 로고 모양 설치물의 의미로 쓰였다.

위 한국의 옛 전파사를 연상케 하는 베트남 가전 매장. 현지에서 눈으로 확인해보지 않으면 모르는 것들 ©이육헌
아래 리노베이션을 마친 호찌민 가전 매장 체인 내 브랜드 존 ©이육헌

비치해두기에, 브로슈어 홀더가 필수이기도 해요. 그래서 브로슈어 홀더가 포함된 집기 디자인을 새로이 해보기도 했습니다.

저는 운이 참 좋았다고 생각해요. 왓챠에서도 삼성전자에서도 디자이너들과 짝을 이뤄 일할 수 있었거든요. 페이스북 카드 뉴스, 배너, 이벤트 이미지부터 제품 부착 POP, POSM과 집기 등의 각종 연출물과 매장 사이니지, 심지어 매장 동선에 이르기까지 온라인이건 오프라인에서건 쉽고 직관적으로 정보를 전달하기 위해 고민하는 버릇이 생겼어요. 꼭 전달해야 하는 정보와 생략해도 문제없는 부분을 꾸준히 분류하고 우선순위를 매기는 습관을 들였습니다.

또 휙휙 지나가는 페이스북 타임라인, 디스플레이 경쟁이 치열한 매장에서 어떻게 하면 남들의 시선을 더 끌 수 있을지에 대해서도 연구했고요. 전혀 다른 크기의 회사에서 전혀 다른 업무를 한 것일 수도 있습니다. 하지만 강점을 시각적으로 잘 정리하고 전달하는 일을 했다는 점에서는 비슷하죠.

세 번째 지금:
독서 모임 기반
커뮤니티 서비스

파트타임으로 일했던 회사에 다시 들어가는 경향이 제게 있는 것 같습니다. 왓챠가 그랬고, 트레바리가 또 그러네요. 제가 어딜 가나 예쁨받는 사람이기 때문이 아닐까요? 농담입니다.

2016년 1월부터 4월까지 트레바리에서 파트타임으로 일했습니다. 왓챠를 그만두고 대기업 신입사원 공채를 준비할 때였죠. 당시 트레바리는 대학교 한 학번 선배이기도 한 윤수영 대표 혼자 운영하는 1인 기업이었고, 두 번째 시즌을 진행하고 있었습니다. 스타트업을 그만두고 대기업으로 옮기면서 배우고 얻겠노라고 다짐한 것 중에 일부는 이미 이루었다는 생각이 들었습니다. 나머지 일부는 그곳에서도 얻지 못하는 것이었어요. 내가 스스로 찾아야 하는 영역이었죠. 어떤 결정을 내려야 할지

갈피를 못 잡던 시점에 윤 대표와 길고 깊게 이야기를 나누었고, 이직을 결심했습니다. 아르바이트를 하던 당시에는 화장실 청소, 맥주병 씻고 말리고 버리기, 멤버들에게 직접 문자 알림 보내기 등의 일들을 했고, 이번에는 마케팅과 브랜딩 업무를 주로 하고 있습니다. 2년 전쯤에 비하면 회사도 저도 꽤 많이 컸네요. 저와 윤 대표도 2년 만에 서로 더 멋진 모습으로 다시 만났다고나 할까요.

트레바리에서 마케팅하기

트레바리는 한 달에 한 번 읽고 쓰고 모여서 토론하는 독서 모임 커뮤니티 운영 회사입니다. 이곳에서 한 '시즌'은 4개월이에요. 한 시즌이 끝날 즈음이면 다음 시즌을 준비하는 모집 마케팅을 해야 할 시점이라 정신없이 바빠집니다. 먼저 새 시즌에 열릴 북클럽을 기획하고 각종 정보를 홈페이지에 등록합니다. 독서 모임과 커뮤니티 서비스를 즐긴 기존 회원(트레바리 안에서는 '멤버'라고 합니다.)들이 재등록을 할 수 있도록 기본적인 안내는 물론 각종 마케팅 활동을 진행합니다. 기존 회원만을 대상으로 한 재등록 기간이 끝나면 이번에는 신규 회원을 모집하기 위한 마케팅을 시작할 차례입니다. 카드 뉴스, 영상, 인터뷰, 거기에 광고도 집행하죠. 매일매일 올라가는 모집 인원 카운트에 일희일비하며 퇴근합니다. 잠재 고객층은 트레바리를, 아니 독서 모임조차 경험해보지 않은 분들입니다. 게다가 4개월에

19만 원이라는 적지 않은 가격까지 지불해야 하죠. 유료 독서 모임을 판매하는 일이란 결코 쉽지 않습니다.

트레바리에서 브랜딩하기

그런데도 트레바리는 2년이 조금 넘는 기간 동안 그야말로 폭풍 성장을 거듭해왔습니다. 하지만 빠르게 부쩍 커버려 여기저기 다듬지 못한 구석도 분명 있습니다. "왜 홈페이지에는 TREVARI로 페이스북에는 TreVari로 표기되어 있나요? 이것부터 바꿔도 되나요?" 입사하자마자 제가 윤 대표에게 던진 첫 질문이었습니다. 보이지 않는 곳에서 다듬고 맞춰가야 할 부분들도 있다고 생각하기 때문이었죠. 나무가 무럭무럭 잘 자라려면 가지치기도 적당히 하고 잡초도 뽑아야 하죠.

저는 트레바리가 내부 구성원들에게 제공하는 경험과 잠재 고객층에게 비치는 모습을 일관성 있게 디자인하려고 합니다. 비록 지금은 많이 부족할지언정, 앞으로는 트레바리가 추구하는 바를 더 명확하게 드러내고 여기저기에서 그 목소리가 들리도록 노력해야겠지요. 이렇게 트레바리에서 마케팅과 브랜딩을 한다는 것은 '세상을 더 지적으로, 사람들을 더 친하게'라는 비전이 실현되도록 돕는 일임에 틀림없다고 믿습니다. 저는 오늘도 들뜬 마음으로 출근합니다.

작은 회사의 마케터로 살아남기

왓챠라는 모바일 앱 스타트업에서 온라인 마케팅을 맛보았습니다. 삼성전자의 리테일 마케팅 부서에서 적지 않은 예산을 써가며 오프라인 경험을 개선하는 데 일조하기도 했죠.

저는 지금 온라인 마케팅에 많은 부분을 의지하는 동시에 독서 모임과 같은 오프라인 경험도 제공해야 하는 트레바리라는 회사에 당도했습니다. 지금까지 한 이야기는 여기저기 옮겨 다니며 조금씩 다른 마케팅을 맛본 경험에 비춰본 제 소개였습니다. 이제부터는 이 작은 회사와 이곳에서 마케터로 일하는 사람인 이육헌에 관한 글이 될 것입니다. 트레바리에 입사하기 전부터 독후감과 단상을 브런치에 기록으로 남겨두었던 것이 정말 다행이다 싶어요. 많은 분이 치기 어린 생각과 감상을 예쁘게 봐주고 들어준 덕에 SNS로 열심히 그리고 더 많이 트레바리를 홍보할 수 있는 기회를 얻었거든요. 또 이렇게 PUBLY 프로젝트에도 참여하게 되었으니까요. 작은 회사의 마케터로 살아남으려니 나부터 인플루언서가 되어야겠다고 생각하고 살아갑니다. 그야말로 일당백 마케터가 되려고 고군분투하는 모습을 살짝살짝 보여드리고자 합니다.

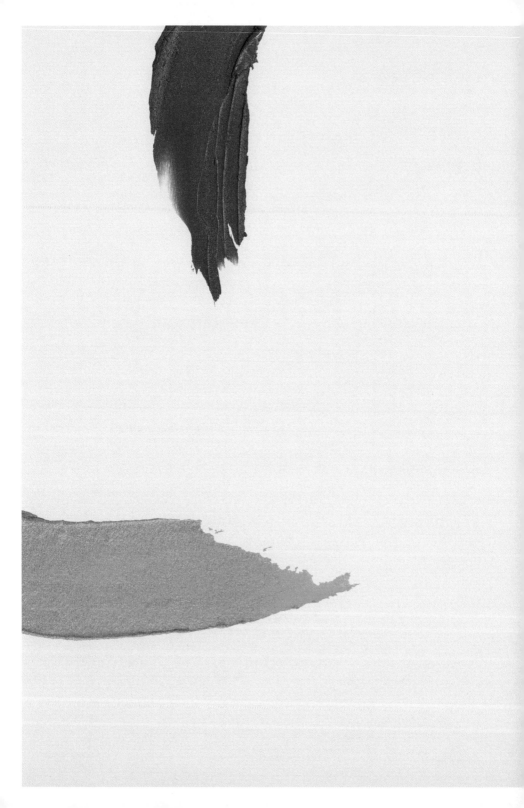

PART 05

배달의민족: 좋은 음식을 먹고 싶은 곳에서

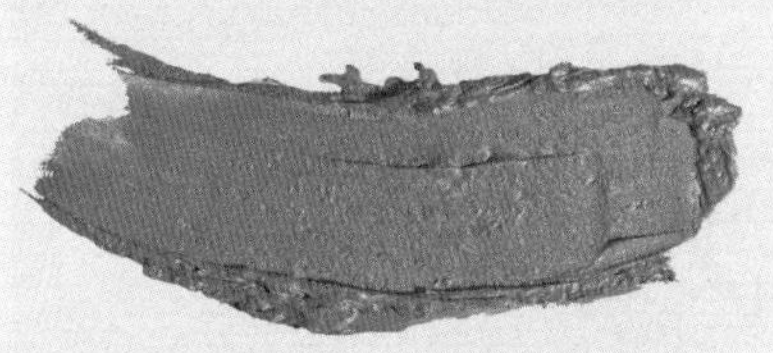

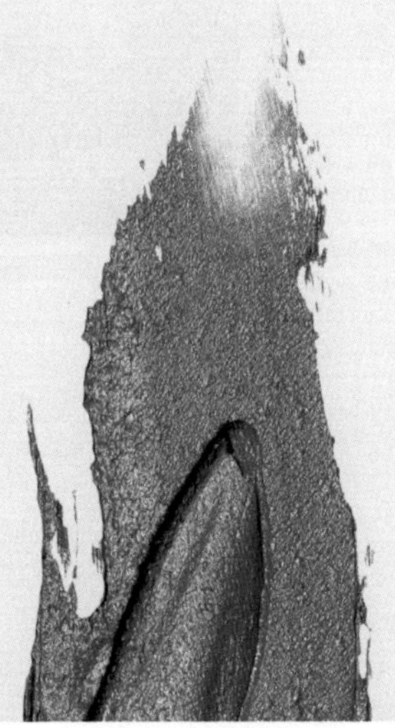

우리는 이제 앱으로 음식을 주문하는 것은 물론이고, 음성만으로도 주문이 가능한 시대를 살고 있습니다. ©배달의민족

배민,
문화를 바꾸다

배달의민족(이하 배민)이라는 서비스가 나온 지도 8년이 넘었습니다. 배민의 모든 구성원은 사람들의 주문 습관을 바꾸기 위해, 또 전혀 알려지지 않았던 앱을 국민 배달 앱으로 만들기 위해 쉼 없이 달려왔습니다. 밤낮없이 달려오면서 제가 배민에서 배운 마케팅 원칙은 세 가지입니다.

알게 하고 쓰게 하고 좋아하게 하자. 어떤 서비스가 나왔을 때 가장 먼저 해야 할 일은 사람들에게 알리는 것이겠죠. 그다음 쓰게 하고요. 그러고는 써보는 경험을 넘어 좋아하게 만들어야 합니다. 이렇게 진화하는 3단계가 브랜딩 과정이기도 합니다. 브랜딩에서는 이 3단계를 통해 브랜드가 가진 자산을 서로 꾸준히 연결해주는 일이 가장 중요합니다. 말로는 쉽게 할 수 있지만, 정말 오래 걸리는 일이죠. 배민은 어떻게 브랜딩을 해왔을까요? 그 과정을 처음부터 짚어볼게요.

배민의 창업 비전은 '정보 기술을 활용해 배달 산업을 발전시키자'는 것이었습니다. 그래서 현관문에 덕지덕지 붙어 있는 전단지들을 스마트폰 앱에 담았습니다. 터치 몇 번으로 '바로결제'가 가능하게 만들었고, 음식 리뷰도 보고 포인트도 쌓을 수 있게 구성했어요. 어떤 가게라도 적용할 수 있는 할인 쿠폰도 생겼고요. 음식을 주문하는 환경이 편리해졌고, 사람들의 주문 습관이 바뀌었죠.

당시 앱 스토어 리뷰 중 청각 장애인이 남긴 글이 가장 인상적이었어요. "전화하지 않고 쉽게 음식을 주문할 수 있게 서비스를 만들어주어서 정말 감사합니다." 이 작은 앱 하나가 사회에 얼마나 큰 파장을 일으킬지 실감한 순간이었습니다. 음식을 주문하는 사람들의 생활만 편리해진 것은 아닙니다. 음식을 파는 사람들도 마찬가지예요. 효과는 적고 돈은 많이 드는 주먹구구식 전단지 광고 대신 배민을 홍보 채널로 적극적으로 활용해 광고 효과를 높일 수 있죠.*

---

* 관련 기사: 배달의민족, 음식점이 꼽은 광고·홍보 매체 1위(지디넷코리아, 2018.4.5)

이렇게 배민은 한국 음식 문화와 떼려야 뗄 수 없는 서비스가 되었습니다. 하지만 지금 배민은 단순한 배달 음식 중개 서비스가 아닌 그다음 단계로 걸어나가야 하는 상황을 맞이했어요. 배달 음식에 대한 사람들의 관심을 끌어올리는 걸 넘어서서, 사람들이 음식을 시켜 먹는 행위를 즐길 '명분'을 만들어줄 필요가 있었죠. 브랜딩의 필요성이 대두된 것입니다.

좋은 음식을 먹고 싶은 곳에서, 배민 2.0

솔직히 말하면, 저는 음식에 관심이 없었습니다. 배가 고프면 어떤 것으로든 채우면 그만이었죠. 요리는 귀찮아서 안 했고, 다양한 맛집을 찾아다닐 필요성도 못 느꼈습니다. 그래서 배민이 좋았습니다. 끼니를 빠르게 때우려 할 때 더할 나위 없이 좋은 서비스였죠. 요리하기 귀찮은 자취생들은 모두 공감할 거라 생각합니다. 우아한형제들에 들어오고 나니 배달 음식도 종류가 정말 많다는 사실을 알았습니다. 사진 리뷰를 테스트해보기 위해 계속 시켜 먹다 보니, 지금은 웬만한 배달 음식을 다 섭렵하게 되었습니다. 입사 전에는 단순하게 치킨을 먹었다면, 입사 후에는 수십 가지의 브랜드와 각각 독특한 맛을 지닌 치킨이 있다는 걸 알고 먹게 된 것이죠. 아는 만큼 보이더라고요. 이렇게 다양한 배달 음식을 남들보다 빨리, 잘 시켜 먹는 기술을 습득하는 동안 저도 몰랐던 사실을 알았습니다. 음식 자체가 아닌 음식을 시키는 순간 그리고 사람들과 함께 먹는 순간 또한 즐겁다는 것입니다. 분명 처음에는 배민 앱을 잘 알리고 싶어 배달 음식을 먹기 시작했는데, 저도 모르게 동료들과 음식을 먹는 시간을 즐기고 있었습니다.

가장 행복한 순간은 사랑하는 사람과 밥을 먹을 때이다.

서은국, 《행복의 기원》(21세기북스, 2014)

작지만 확실한 행복, 소확행이라는 단어는 2017년에 들어와서 유행하기 시작했지만, 그 형태는 이미 일상에 깊숙이 들어와 있었습니다. 2015년 7월, 김봉진 대표는 서은국의 《행복의 기원》을 인용하면서 새로운 비전을 선포했어요. 배달 음식을 주문해 배를 채우고 저렴하게 먹었다는 사실이 중요한 게 아니라, 관계 속에서 작은 행복을 여러 번 맛보게 하는 일이 중요한 미션이 된 거죠.

사랑하는 사람들과 함께하는 행복한 시간,

그 시간을 더 가치 있게 쓰게 하기 위해 '음식'으로 가는 게 아니라

사람의 경험으로 갈 때 배민다운 푸드에 대한 경험이 나올 것 같아요.

김봉진, 우아한형제들 대표

새로운 비전, '좋은 음식을 먹고 싶은 곳에서' ©배달의민족

좋은 음식을
먹고 싶은 곳에서

그렇게 배민 2.0이 시작되었습니다. 배민 1.0이 B급 문화와 키치 정서를 소재로 삼은 막내들의 이야기였다면, 배민 2.0은 새 비전을 가지고 '음식과 사람'에 대해 이야기합니다. 이렇게 우리는 막내들의 이야기에서 음식과 사람에 대한 이야기로 진화하려 합니다.

사람들이 관계 속에서 행복을 느끼는 순간을 많이 만들어주는 것이 배민의 일입니다. 버전 업에 따라 배민의 브랜딩 전략은 투 트랙으로 진행됩니다. 막내들을 타깃으로 하는 배민스러운 마케팅 그리고 음식과 사람에 대한 이야기. 그래서 배민의 마케팅을 자세히 들여다보면, 배민신춘문예, 치믈리에 자격 시험과 같은 막내들이 열광할 만한 재밌는 캠페인과 음식 다큐멘터리 잡지 〈F〉 제작 등 음식과 사람을 향한 캠페인이 동시에 전개되는 모습을 볼 수 있을 거예요. 〈F〉는 JOH의 매거진 〈B〉와 배민이 함께 인류의 음식 문화에 유의미한 영향을 미친 식재료를 선정해 소개하는 푸드 다큐멘터리 매거진입니다. 맛집이나 레스토랑 또는 햄버거나 파스타와 같은 메뉴가 아니라 식재료를 다룹니다.

'배민 사람들이 말하는 인생 맛집*'이라는 콘텐츠도 만들고

---

* 관련 글: '이은지 님이 추천하는 배달 돼지 삼겹', '김소희 님이 추천하는 후참&빅핑거' (출처: 배달의민족 블로그)

음식 다큐멘터리 잡지 <F> 창간호 ©JOH/배달의민족

있습니다. 우아한형제들 구성원들에게 각자의 인생 맛집은 어디인지, 본인의 음식 철학은 무엇인지 등을 묻습니다. 이 인터뷰를 통해 구성원들의 삶을 들여다보게 되더라고요. 배민 2.0시대의 마케팅 활동은 우리가 사람들의 삶 속에 들어가는 시작점이 되지 않을까 싶습니다.

음식으로 자신을 표현하는 사람들

배민 앱 주요 사용자의 연령대는 20대입니다. 〈무한도전〉을 좋아하고 키치와 패러디 등의 B급 문화에 익숙하며, 직장에서 막내 자리를 차지하고 있는 사람들이죠. 우리는 이들이 좋아할 만한 감성으로 브랜딩을 시작했습니다.

하지만 저는 배민의 주요 타깃인 이들의 특성이 B급 문화에만 그치지 않는다고 생각해요. 작은 소비에도 분명한 이유가 있는 사람들이죠. 사소한 것을 사더라도 취향을 고려하며, 텀블벅 등을 통해 접점이 있는 제품을 구입해요. 즐겨 찾는 카페와 맛집 하나씩은 꼭 있습니다. SNS에서 무엇을 먹는지 보여주는 일이 곧 삶을 나타내는 방식이라고 간주해요.

당신이 무엇을 먹는지 말해준다면,

나는 당신이 누구인지 말해주겠다.

브리아 사바랭, 《미식 예찬》(르네상스, 2004)

배민이라는 서비스가 손으로 만질 수 있는tangible 방식이 아니기에 브랜딩에 어려움을 겪었지만, 다행히 취향이 또렷한 20대를 타깃으로 했기에 새롭게 시도해볼 수 있는 부분도 많았습니다. 그렇지 않았다면 차별화에 어려움을 겪었을 겁니다. 배민이 아닌 어떤 서비스를 쓰든 배달받는 음식은 동일할 테니까요. 다양한 음식들을 어떻게 포함할지, 인공지능을 주문 서비스에 적용할 수 있을지, 막내들이 좋아할 행사는 무엇일지. 이런 고민의 결과인 '배민다운' 디자인이 배민을 차별화된 서비스로 인식하게 만드는 힘이라고 생각합니다.

같은 음식이라도 "나는 배민으로 시키거든"이라고 말하게 해 주는 그런 힘. 결국 마케터가 공략해야 할 고객은 내가 먹는 음식, 내가 이용하는 서비스, 내가 좋아하는 브랜드로 자신의 정체성을 드러내는 사람들이 아닐까요?

핵심 고객 소수에서 출발해보세요.

핵심 고객을 정해놓고 찾아갈 수도 있고,

일단 팔아보고 고객을 관찰하여

핵심 고객을 정할 수도 있습니다.

핵심 고객을 나이와 성별 말고

라이프스타일로 표현해보세요.

장인성, 《마케터의 일》(북스톤, 2018)

이렇게 생각하니 타깃의 특성이 약간 바뀌었어요. 배달 앱을 사용하는 막내에서 내가 먹는 음식으로 자신의 정체성을 드러내는 사람들로 확장된 거죠. 이들을 충족시키고 끌어들이기 위해 배민 마케터들이 해야 할 일의 범주와 양이 훨씬 많아졌습니다.

배민에 열광하는 사람들

배민에는 공식 팬클럽 '배짱이*'가 있습니다. 약 700명의 팬과 함께하고 있어요. 서포터즈라고 생각하는 사람들이 많은데, 서포터즈는 아닙니다. 어떠한 미션을 수행해야 하는 것도 아니고, 활동 기간이나 가입비도 없습니다. 연예인도 아닌 기업에 팬클럽이 있는 것을 보고 많은 분이 제게 묻습니다. "팬클럽을 어떻게 만들었어요?", "우리 회사도 만들고 싶은데 어떻게 시작해야 할까요?"

배짱이는 아주 사소하게 시작했습니다. 배민신춘문예 캠페인

---

* 관련 기사: '배짱이'들은 왜 '배달의민족'에 열광하나 (이뉴스투데이, 2018.4.8)

때, 접수된 시가 5만 건이 넘었어요. 내부 인원만으론 심사조차 다 할 수 없는 지경에 이르렀죠. 그럼 우리끼리 심사하지 말고 심사위원단을 모집해보자는 의견이 나왔습니다. 페이스북에 심사위원을 뽑는다는 글을 올렸고, 100여 명이 신청했습니다.

주말도 아닌 평일 오후 2시에 100여 명이 우아한형제들 사무실에 모였습니다. 학교 수업을 빼고 온 사람, 휴가 내서 온 군인, 회사 연차를 쓰고 온 사람 등 다양했어요. 다른 행사들처럼 재밌는 레크리에이션을 하는 것도 아닌데 배민을 돕기 위해 자기 시간을 빼서 와준 거죠. 아무 말도 없이 3시간 넘게 그들이 심사하는 걸 가만히 지켜보다가, 우아한형제들에 자문을 해주는 신병철 박사의 말이 생각났어요. "브랜드의 커뮤니케이션이 결국 팬덤 커뮤니케이션으로 진화할 것"이라고. 그래서 배민처럼 "소수의 마니아층이 있는 브랜드는 빨리 팬클럽을 만들어야 한다"고요. 평소에도 계속 듣던 이야기여서 떠올랐나 봐요. 그 자리에서 팬클럽 가입신청서를 급하게 출력한 뒤에 심사 현장에서 갑자기 사람들에게 들이밀었죠. '이런 분들이라면 진짜 배민의 팬 아닐까' 싶었거든요. 그렇게 2016년 4월에 공식적으로 팬클럽을 만들었습니다. 그때는 100명도 채 안 됐어요.

배민을 만드는 사람들은 레스토랑 직원이 아니기에, 최종 소비자를 직접 마주할 기회가 거의 없습니다. O2O 서비스의 한계죠. 국내 최대 푸드 커뮤니티 '오늘 뭐 먹지?'를 운영하는 쿠캣Cookat이 푸드 페스티벌을 연 것처럼 온라인 영역의 다양한 회사들이 오프라인으로 소비자를 끌어내는 일이나, 기업에서 플래그십 스토어를 열어 고객을 직접 상대하는 일도 전부 고객의 진짜 목소리를 듣기 위해서입니다. 그런 점에서 배짱이는 서포터즈 이상의 의미를 갖습니다. 배민을 사용하는 고객을 직접 만날 수 있는 기회니까요.

물질로 구체화하기 어려운 서비스를 브랜딩하는 데 배짱이들이 큰 역할을 합니다. 이들에게 가장 먼저 서비스나 배민문방구 제품 등을 사용하게 함으로써 배민의 DNA를 전파하는 역할을 부여합니다. 마치 애플의 신제품이 나오면 가장 먼저 달려가는 애플 마니아들처럼요. 이렇듯 실용적이고 구체적인 이점도 있지만, 배짱이라는 팬클럽을 운영하면서 가장 크게 느낀 점은 따로 있어요. 모든 것은 사람과 맞닿아 있다는 사실입니다. 흔히 말하는 덕후 마케팅이나 팬덤을 배우기도 했어요. 그들을 통해서 무언가에 깊이 빠지는, 몰입하는 힘을 옆에서 지켜볼 수 있었습니다. 배민 구성원으로만 있었다면 생각하지 못했을 법한 힌트도 얻을 수 있었고요. 이렇게 사람과 만나고 교감하면서 제가 만들어가는 서비스를 더욱 사랑하게 되었습니다. 《아는 것으로부터 자유》라는 책에는 "모든 길은 진리로 통한다는 말이 있다. 그러나 진리는 길을 갖고 있지 않으며, 바로 그 점이 진리의 아름다움이다"라는 대목이 나옵니다. 저는 브랜딩도 마찬가지라고 생각합니다. 정해진 길이 있는 것이 아니라 사람들과 길을 찾아가는 과정이라고요.

브랜드입게에서 일하면서 늘 관심 있게 지켜봤던 것은 '과연 좋은 브랜드는 누구에 의해 어떻게 만들어지는가?'였습니다.

임태수, 《바다의 마음, 브랜드의 처음》(안그라픽스, 2018)

브랜드를 마케팅한다는 것은 정말 다양하고 수많은 사람과 교감해야 하는 일입니다. 저 혼자 하는 것은 단 하나도 없죠. 대표, 회사의 구성원, 팬 그리고 브랜드 자체, 이 모두가 함께 상호 작용하면서 브랜드가 만들어지고 자라나는 것 같아요. 그래서 항상 생각합니다. 이 산업 속에서 우리가 누구인지, 또 그 속에 있는 마케터인 나는 누구인지.

배민 마케터로
산다는 것은

모든 마케터가 그렇겠지만, 배민 마케터라고 음식에만 밝아야 한다는 법은 없습니다. 외려 음식과 관련된 라이프스타일을 이해하려는 태도가 먼저예요. 사람들이 어떤 음식을 언제 먹고 싶어 하는지, 어떤 사람과 무엇을 먹고 싶어 하는지, 어떤 순간에 배달 음식을 시켜 먹는지. 모든 마케터는 사람을 아주 잘 이해해야 합니다. 그들의 삶이 마케터가 속한 산업 전체에 중요한 통찰력을 주거든요.

더 구체적으로 들어가볼게요. 배민 마케터라면 배달 앱을 알리는 일뿐만 아니라 음식을 매개로 사람들이 무엇을 즐기고 어떻게 문화를 만들어가는지 보는 것도 매우 중요합니다. 그리고 음식을 즐기는 행위는 취향의 문제이기 때문에 그들의 취향에 충분히 공감하고 침투해야 하죠. 때론 우리가 취향을 만들어나가는 역할도 합니다.

트렌드를 놓치지 말고, 리딩해보기

저는 우아한형제들에 입사하자마자 막내들의 문화를 이해할 만한 경험을 채워나갔습니다. 저의 하루 일상은 이랬어요. 눈뜨자마자 인스타그램, 페이스북, 네이버, 카페, 커뮤니티를 쫙 돌아봅니다. 보는 데만 1시간 이상 걸리는 것 같아요.

퇴근 후에도 자기 전까지 돌아보며 하루를 마감합니다. 그들이 무슨 말을 하고 어떤 것에 열광하는지 보기 위해서요. 그리고 배민이 유머, 패러디, B급 브랜드의 에센스를 갖고 있다 보니 〈개그콘서트〉나 예능 프로그램도 빠뜨리지 않고 보았습니다. 마케터라면 실시간 이슈를 따라 하지는 않아도 알고는 있어야 합니다. 우아한형제들의 마케팅 분야를 담당하는 장인성 이사가 항상 하는 말이죠. 저 역시 평일에 못 본 프로그램들은 주말에라도 챙겨 봅니다.

이건 영화, 음악, 책 모든 분야에서도 동일하게 적용되는 이야기입니다. 제 취향이 아닌 영화도 막내들(또는 대중)이 좋아한다면 무조건 가서 봅니다. 왜 열광하는지, 배민 콘텐츠로 패러디할 만한 소재는 없는지 계속 생각합니다.

최근엔 팀원들과 유튜브를 공부하고 있습니다. 10~20대가 페이스북, 인스타그램보다 유튜브를 더 많이 이용하기 때문입니다. 요즘 막내들은 글보다는 영상으로 빠르게 기록하고, 정보는 네이버 포털이 아닌 유튜브에서 검색*한다고 해요. 생산 측면에서도 그래요. 최근 나온 양질의 콘텐츠는 영상으로 만들어져 선보이고 입소문을 탔죠.

저도 유튜브를 일상으로 끌어들이기 위해 제일 먼저 개인 계정을 만들었어요. 하지만 막상 하려고 생각하니 너무 어렵더라고요. 부모님 세대가 IT 기기를 어려워하듯이 30대인 제겐 유튜브 플랫폼과 영상 제작에 장애물이 많았던 거죠. 그래서 혼자 하지 않고 팀원들과 함께 시작했습니다. 이렇게 만들어진 사내 프로젝트 이름은 '수요일의 유튜브**'입니다. 매주 하면 금방 지칠 것 같아 격주 수요일 각자 자유롭게 영상을 만들고 본인의 유튜브 계정에 올린 뒤 함께 감상합니다. 감상이 끝난 뒤 본인이 느낀 유튜브라는 세계와 지금 트렌드에 대해 이야기해요. 제작한 영상을 다 같이 보니까, 제가 만든 영상의 어떤 부분에서 팀원들이

---

* 관련 글: 왜 요즘 10대들은 포털보다 유튜브에서 먼저 검색을 할까? (생각노트, 2017.12.27)

** 관련 자료: '수요일의 유튜브' 영상 모아 보기 (출처: 이승희 저자 블로그)

웃고 감동받는지 알 수 있었습니다. 계속하다 보니 배민은 어떻게 영상 콘텐츠를 만들어야 할지 기획하는 눈이 생겼어요. 그래서 저는 마케터들이 텍스트, 사진처럼 음성과 영상도 적극적으로 활용하면 좋겠다고 생각해요. 직접 제작도 해보고요. 저도 처음에는 영상 제작이 정말 더뎠는데, 시간이 지날수록 점점 속도가 붙더라고요. 최근엔 아이무비iMovie, 비모vimo 같은 모바일 앱으로 쉽게 제작할 수 있어 더 빨라졌습니다.

취향 제안하기

최근 배민 2.0 브랜딩을 시작하면서 경험의 폭을 더 넓히고 있어요. 처음 타깃으로 삼았던 막내들의 문화인 키치와 패러디에서 더 분명한 기준과 민감한 취향이 있는 사람들을 공부합니다. 김봉진 대표가 새로운 비전과 '음식과 사람' 프로젝트를 선포할 때 마케터들에게 세 가지를 이야기했어요.

- 첫째, 요리를 많이 만들어볼 것
- 둘째, 음식 분야에 있는 사람들과 대화를 자주 나눌 것
- 셋째, 음식 관련 서적이나 영화 등의 콘텐츠를 많이 볼 것

배민 마케터들의 가장 큰 강점은 즉시 실행에 옮기는 것입니다. 단순하고 무식한 방법이지만 일단 오래 고민하지 않고 움직입니다. 우리는 그 주에 바로 현대카드 쿠킹 라이브러리로

향했습니다. 현대카드는 왜 쿠킹 라이브러리를 만들었고, 사람들은 왜 이곳을 방문하는지 궁금했거든요. 그 공간에 가서 직접 보고 의견을 나눴습니다. 현대카드 쿠킹 라이브러리는 종이 책뿐만 아니라 체험을 위한 공간도 있었습니다. 1층은 베이커리와 음식을 사 먹을 수 있는 공간이고, 2층은 도서관, 3층은 셀프쿠킹 프로그램을 경험해볼 수 있는 키친입니다. 맛을 넘어 오감을 즐길 수 있더라고요. 이곳에 있으면서 음식이 우리의 삶에 큰 의미를 갖는다는 것을 느낄 수 있었습니다.

> 우리가 어떤 브랜드의 제품이나
> 서비스를 경험하는 가장 빈번한 장소는
> 역시 브랜드의 매장이다.
> 요즘 같은 시대에 웹사이트가 아니냐고
> 누군가 반문할지도 모르지만
> 그럼에도 제품이나 서비스를
> 실제로 체감할 수 있다는 점에서
> 매장의 역할은 여전히 크다.
>
> 임태수, 《바다의 마음, 브랜드의 처음》(안그라픽스, 2018)

시간이 지날수록 '사람들이 머무르는 공간'에 가보는 일이 마케팅에서 진짜 중요하다는 것을 느낍니다. 맛집, 카페, 책방 등 많은 사람이 가는 장소에서 그곳의 주인과 방문객의 취향을

현대카드 쿠킹 라이브러리에서 회의하는 모습 ©배달의민족

발견하고 경험하는 일만큼 마케팅 공부에 좋은 건 없습니다. 그들의 취향을 향유하면서 저만의 취향 역시 견고하게 만들어지기도 하고요.

요즘 저는 요리도 합니다. 음식을 만드는 셰프의 맛을 느끼기 위해, 그들의 취향이 담긴 공간을 보기 위해 부지런히 맛집을 방문한 지 4년째인데, 점점 바빠지면서 시간이 부족했거든요. 그래서 유튜브 영상을 보거나 가고 싶었던 가게의 음식 사진을 보며 따라 했습니다. 맛은 전혀 다르겠지만, 플레이팅이라도 비슷하게 해봤어요. 아직 대단한 요리는 아니고, 간단히 할 수 있는 명란 아보카도 덮밥이나 샌드위치 정도? 이조차도 음식에 관심도 전혀 없고 요리를 귀찮아하던 예전의 저를 생각하면 정말 놀라운 변화입니다. 우선 제 친구들, 우리 팀원들에게 요리를 해줬어요. 그런데 이 작은 요리도 먹는 사람들이 기대하고 행복해하고 각자 인스타그램에 인증하는 모습을 보면 저도 정말 행복해지더라고요. 《행복의 기원》에서 서은국 저자가 한 말이 딱 맞는 순간이었죠.

지인들을 회사에 초대해 파티를 열기도 합니다. 회사 2층에서 음식을 할 수 있어요. 이름은 '가평 같은 방'입니다. 키친과 테이블이 있는 펜션처럼 꾸며져 있거든요. 구성원들이 음식에 더 가까워졌으면 하는 김봉진 대표의 의도가 담긴 공간입니다. 정말

'가평 같은 방'에서 파티 ©이승희

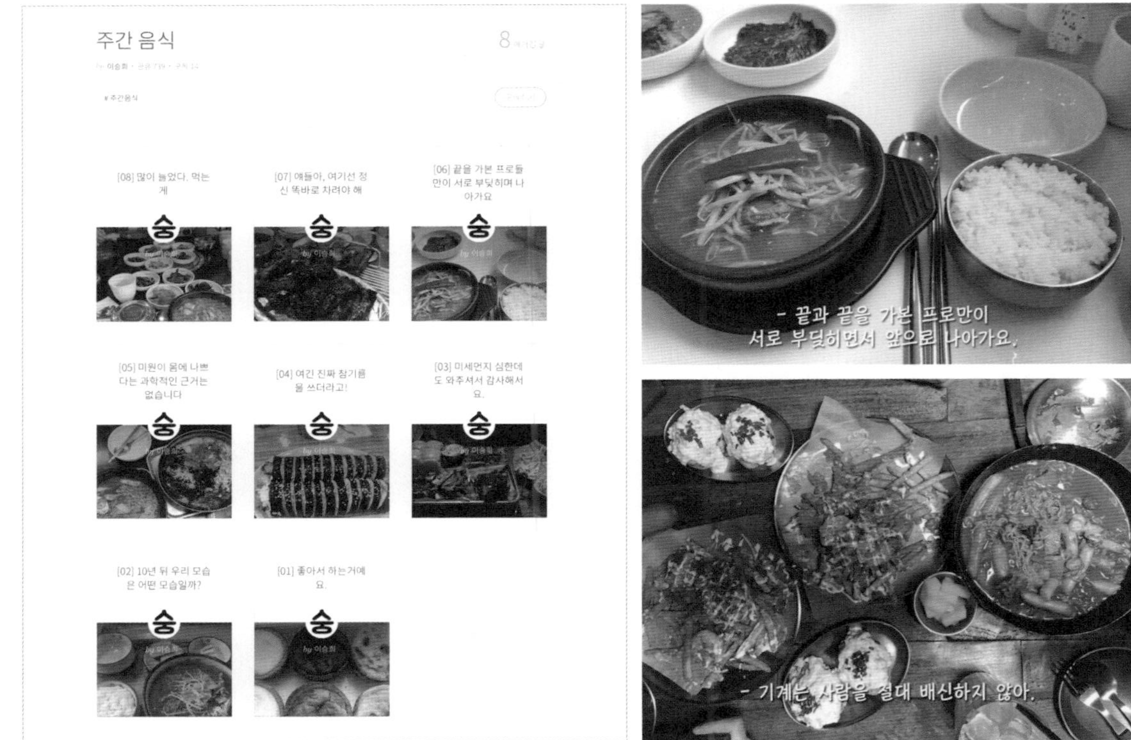

이승희 마케터가 브런치에 연재하는 '주간 음식' 프로젝트(brunch.co.kr/magazine/weeklyfood) ©이승희

많은 구성원이 점심, 저녁 시간을 활용해 요리를 하고 있어요. 요리를 아예 하지 않던 저 또한 요리의 즐거움을 깨달았습니다. 사람들이 제가 만든 요리를 기대하는 눈빛과 맛있게 먹는 모습에서 정말 큰 행복을 느낍니다.

사람들과 맛있는 음식을 먹으며 주고받는 이야기들이 흘러가는 게 아쉬워서 '주간 음식*'이라는 개인 프로젝트도 시작했어요. 일주일 동안 먹은 음식에 사람들과 나눈 대화를 영화 자막처럼 입혀 브런치에 기록하고 있습니다. 음식 앞에서는 다양한 대화가 오갑니다. 강연같이 각 잡힌 자리보다 밥 먹을 때 나오는 개인적인 이야기가 영감을 줄 때가 더 많은 것 같습니다.

이렇게 보니 배민 마케터로 산다는 일은 참 여러 가지를 요구하네요. 막내들이 좋아하는 것을 만들어내기 위해 막내들의 트렌드를 놓치지 않기, 맛집도 야무지게 다니기, 맛집과 이어져 있는 사람들의 취향과 라이프스타일 엿보기, 음식을 사랑하는 사람들과 접점 찾아내기. 이 모든 것은 배민의 고객층을 향한 일이지만, 저를 위한 일이기도 합니다. 제가 이 브랜드 속에서 행복을 느끼듯 이 시대를 사는 많은 사람이 배민 브랜드를 통해 행복을 느꼈으면 좋겠습니다.

---

* 관련 글: '주간 음식' 프로젝트 (출처: 이승희 저자 블로그)

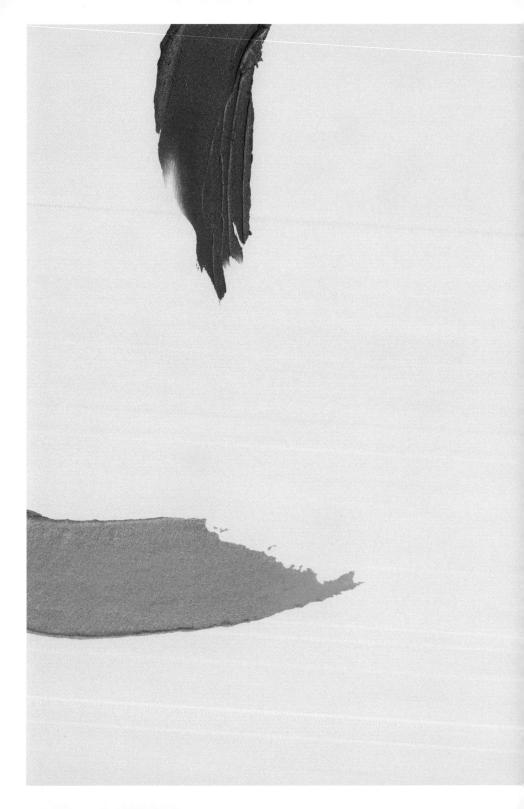

PART 06

스페이스오디티:
음악으로 세상을 이롭게

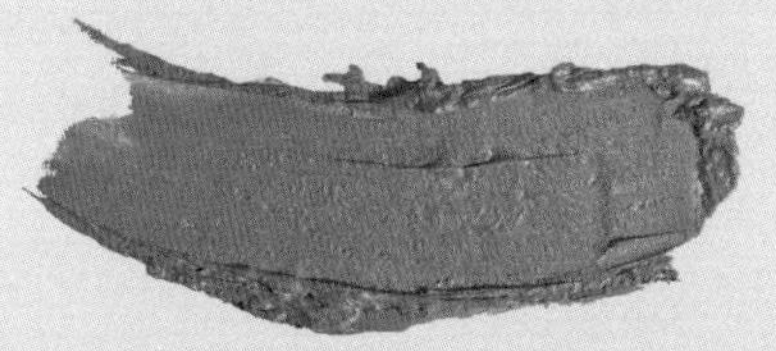

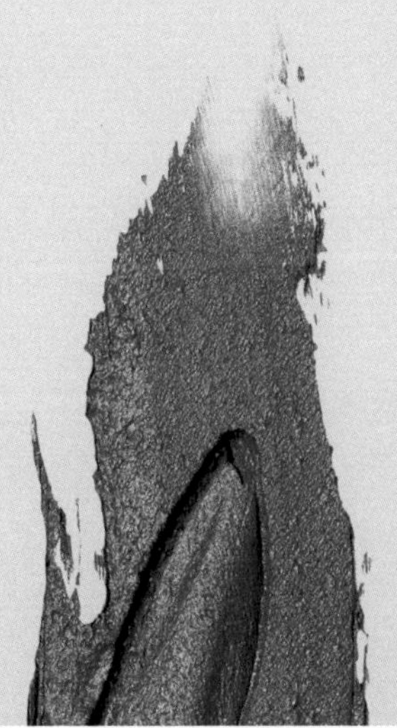

자발적 백수가 스페이스오디티 요원이 되기까지

2016년 말, 다니던 회사를 그만두고 '소속 없이 마음 가는 대로 해보는 시간을 갖겠다'는 선언을 했습니다. 그리고 실제로 해보고 싶었던 것들을 실천하는 한 해를 보냈어요. 프리랜서로 돈도 벌어보고, 디지털 노마드 프로젝트*에도 참여했습니다.

혼자서 배낭 하나 메고 동남아로 떠나 스쿠터로 시골길을 돌고, 코끼리 보호소에서 봉사 활동을 하고, 새벽에 화산 트레킹을 하고, 태국 요리와 서핑을 배우고, 타투도 하고…. 그 어느 때보다

* 디지털 노마드는 시간과 공간의 제약 없이 일한다. 국내 디지털 노마드 친구들과 함께 스페인에 위치한 회사와 원격으로 협업하며 (미국 회사를 위한) 콘텐츠를 만들었다.

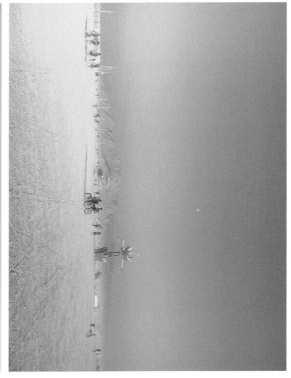

위 아무것도 없는 사막에서 일주일간 도시가 생깁니다. ©정혜윤
아래 매년 약 7만 명이 버닝맨을 방문합니다. ©정혜윤

난생처음 해보는 게 많았던 1년이었습니다. 바르셀로나에 사는 친구를 보러 유럽에 다녀왔고, 사막에 생기는 도시이자 꿈꾸고 행동하는 자들의 네트워크, 버닝맨BurningMan*에도 다녀왔습니다. 그렇게 온전히 저에게 집중하는 시간을 가졌습니다. 그리고 그간의 이야기를 브런치에 꾸준히 기록하기 시작했습니다.

글을 쓰자 저를 궁금해하는 분들이 생겼습니다. 그리고 참 신기하게도 글을 통해 맺은 인연은 다양한 기회로 이어졌습니다. 인생의 쉼표를 제대로 찍겠다는 선언을 하고 몇 달 동안 많은 분이 함께 일해보고 싶다고 제안하셨어요. 정말 감사하고 과분하게도 매력적인 기회가 많았지만, 대부분의 제안을 정중히 거절했습니다. 첫 번째 이유는 아직 스스로 다짐한 만큼 충분히 도전해보고 실험해봤다는 생각이 들지 않아서였고, 두 번째는 제가 하고 싶은 일의 방향이 음악, 문화, 콘텐츠를 가리키고 있다는 걸 알았기 때문입니다. 그러다가 스페이스오디티를 만났습니다.

스페이스오디티와의 만남

스페이스오디티 김홍기 대표와 올원에서 프로모터로 일하던 시절, 한두 번 미팅을 통해 뵌 적이 있었습니다. 그때는 서로를

---

* 미국 네바다주 블랙록 사막에서 일 년에 한 번, 일주일에 걸쳐 열린다. '페스티벌'이라기보단 버닝맨의 10가지 원칙에서 영감을 받은 실험적 공동체에 가깝다.

위 글래스톤베리, 120만 평(약 400만 제곱미터)에 달하는 서머싯 농장에서 어마어마한 규모의 축제가 펼쳐집니다. ©정혜윤
아래 크고 작은 무대만 100개가 넘고, 매년 약 15만 장의 표가 팔립니다. ©정혜윤

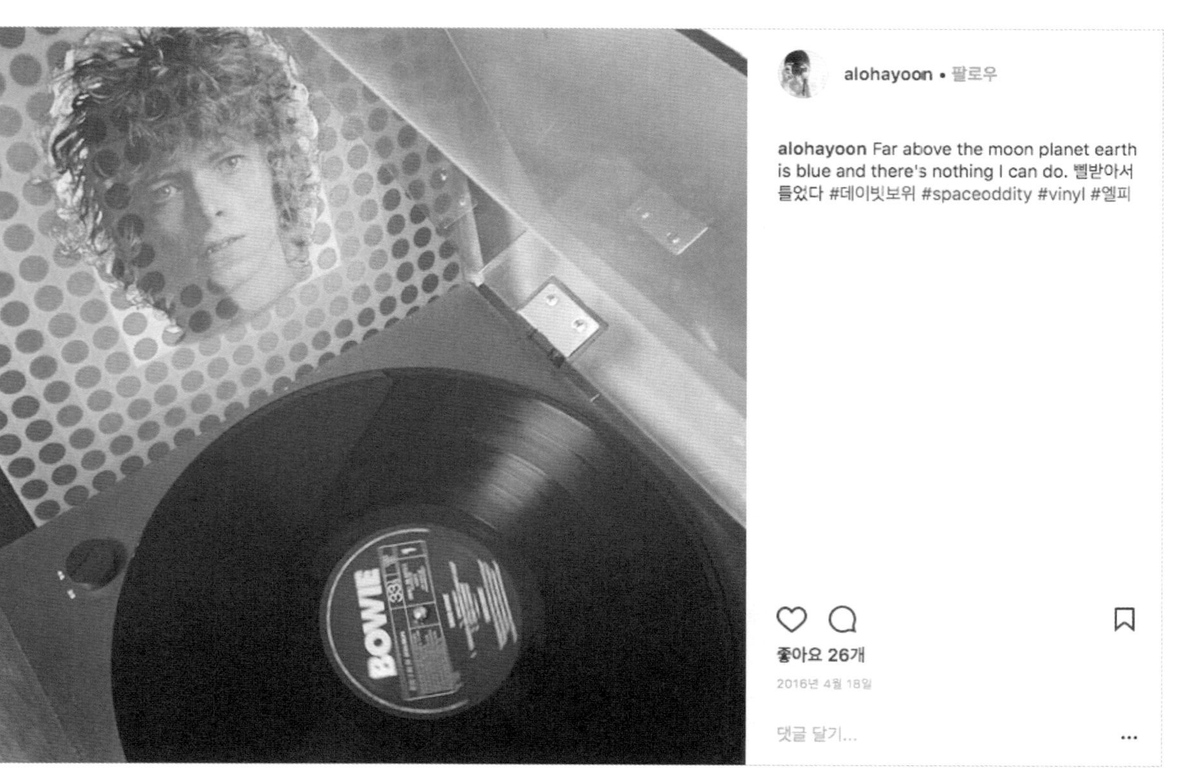

BOWIE
alohayoon • 팔로우
alohayoon Far above the moon planet earth is blue and there's nothing I can do. 삘받아서 틀었다 #데이빗보위 #spaceoddity #vinyl #엘피
좋아요 26개
2016년 4월 18일
댓글 달기...

스페이스오디티에 합류하기 전부터 데이비드 보위와 '스페이스오디티' 노래를 좋아했습니다. ©정혜윤

그렇게 잘 아는 상태는 아니었는데 각자 다니던 회사를 나온 이후에 더 많은 이야기를 나누게 되었으니 신기한 인연이에요.

김홍기 대표는 특히 제가 2014년과 2016년, 세계 최대 음악 축제 글래스톤베리에 두 번 다녀온 후 마케팅 관점으로 쓴 글을 재미있어 했습니다. '자기 돈 내고 이런 곳에 가는 사람은 어떤 사람인지 궁금했다'며, 이런 특별한 경험을 하는 게 일에도 분명 도움이 될 거라 생각한다고 했어요. 그리고 스페이스오디티 멤버들은 그런 사람들로 꾸리고 싶다며 함께 일해보자고 제안했습니다.

저 또한 스페이스오디티의 이야기가 재밌었습니다. 음악뿐만 아니라 우주를 매우 좋아하는 저에게 이 회사명은 제대로 취향 저격이었어요. 손에 꼽을 정도로 좋아하는 곡인 데이비드 보위의 '스페이스오디티'가 브랜드명인 것도, 음악을 좋아하는 사람들이 모여 있다는 것도 좋았습니다. 특히 창업자인 김홍기 대표와 창립 멤버들을 보니 신뢰가 갔어요.

서로가 서로에게 영향을 끼치는 스타트업, 작은 조직일수록 한 사람 한 사람이 정말 중요한데요. 특히 어떤 사람을 뽑는가를 보면 대표의 철학이 드러납니다. 당시엔 김홍기 대표 외에 두 명의 멤버가 있었습니다. 매거진 에디터로 일했고, 우디 앨런을 너무 좋아해 그의 재즈 공연을 보기 위해 뉴욕까지 다녀온, 또 2017년 프리마베라*에도 다녀온 멤버 그리고 직원이면서 동시에 힙합, 일렉트로니카 음악을 프로듀싱하는 아티스트인 멤버가 있었습니다.

각자의 취향과 매력을 지닌 구성원을 보면서 회사가 무엇을 중요시하는지가 느껴졌어요. 음악을 진심으로 좋아하는 사람, 특별한 경험을 한 사람이 모인 것을 보고 이 사람들과 함께 일하면 재미있겠다고 생각했습니다. 어딘가 소속될 마음이 없던 저였지만 솔직히 조금 신기했어요. 제가 좋아할 수 있는 일, 잘할 수 있는 일, 함께 일해보고 싶은 사람들, 성장할 수 있는 기회가 또 눈앞에 나타나게 될 줄은 몰랐거든요. 더 큰 권한과 책임을 가지고 일할 수 있는 스타트업이라는 점, 좋아하는 음악과 관련된 일을 할 수 있다는 점 그리고 대표와 구성원들이 가진 경험과 철학을 보며 마음이 움직였습니다. 놓치기 아까운 기회라는 생각이 들었고, 일의 재미와 성장, 의미를 모두 충족할 수 있을 것 같아 합류를 결정했습니다.

2017년 7월부터 일주일에 3일 출근하는 파트타임으로

---

* 프리마베라 사운드는 5월 말부터 6월 초 사이에 바르셀로나에서 열리는 페스티벌이다. 2001년에 시작되어 인디, 얼터너티브, 록, 팝, 일렉트로닉 등 다양한 장르와 국적의 아티스트들로 라인업을 꾸리며 매년 꾸준히 성장하며 성공적으로 개최되고 있다.

일했습니다. 8월 말에 샌프란시스코와 버닝맨을 가는 계획이 잡혀 있었거든요. 그리고 버닝맨을 다녀온 9월 중순, 저는 브랜드 마케터로 스페이스오디티에 정식으로 합류했습니다.

브랜드 스토리 - 세상의 모든 스페이스오디티들을 위하여!

브랜딩에서 창업가의 마인드는 정말 중요합니다. 창업가가 가진 철학이 구성원에게 영향을 끼치고, 브랜드에도 자연스럽게 묻어나옵니다. 브랜드 마케터는 브랜드를 만든 사람의 철학에 공감하고 깊이 이해하는 게 좋겠지요. 저는 합류하기 전부터 김홍기 대표와 스페이스오디티 이야기를 많이 나눴어요. 지금도 서로의 생각을 자주 공유합니다. 그 과정을 통해 창업가의 고민과 생각을 엿보기도 하고 배우는 게 많습니다. 스페이스오디티는 어떤 일을 하는 곳인지 말하기 전에 저를 사로잡은 스페이스오디티의 브랜드 스토리를 먼저 소개하겠습니다. 앞서 잠깐 언급했지만, 스페이스오디티는 데이비드 보위의 노래에서 따온 이름입니다. 이 이름 하나만으로도 할 수 있는 이야기가 많아요. 이름 안에서 스페이스오디티의 취향과 마음가짐, 하고자 하는 일을 모두 엿볼 수 있습니다. 스페이스오디티 브랜딩에서 항상 고려하는 키워드인 음악, 우주, 오디티 역시 모두 이름 속에 담겨 있어요. 사실 저희 멤버 케이트가 지은 이름인데 김홍기 대표가 창업할 때 영감을 받은 영화 중 하나인 〈월터 미티의 상상은 현실이 된다〉에도 이 노래가 등장합니다.

데이비드 보위의 노래 '스페이스 오디티'는 아무도 가지 않은 미지의 세계를 향해 몸을 맡겼던 우주 비행사 톰 소령의 이야기예요. 우리는 톰 소령처럼 다양한 분야의 크리에이터를 제각각의 우주를 유영하며 세상을 바꾸는 히어로인 스페이스오디티로 봅니다. 우리는 다양한 오디티와 협업하고, 때로는 오디티를 조명하는 일을 하고 있어요.

지금은 그 어느 때보다 기술이 널리 보급된 시대입니다. 손바닥만 한 스마트폰으로 누구든지 손쉽게 다양한 형태의 콘텐츠를 만들고 공유할 수 있습니다. 이 안에서 개인이 얻는 정보와 콘텐츠 또한 무궁무진합니다. 무수히 세분화된 채널로 인해 세대마다 보는 매체가 다르고, 점점 개인이 크리에이터이자 미디어, 플랫폼처럼 변화하는 시대입니다. 이런 환경은 자기만의 스토리를 가지고 콘텐츠를 만들어온 오디티에게 이전에 없던 기회를 열어줍니다. 혼자서도 기술의 힘을 빌려 원하는 콘텐츠를 손쉽게 만들고, 외부 매체를 통하지 않아도 팬과 직접 연결됩니다.

오디티는 쉽게 말하면 별종, 괴짜라는 뜻입니다. 별종과 괴짜는 튈 정도로 남과 다른 사람이죠. 누구나 콘텐츠를 만드는 시대에 경쟁력은 '다름'에서 나옵니다. 자기만의 길을 만들어가는 사람은 자연스럽게 다른 사람의 주의를 끌어요. 남이 가보지 않은 길을 앞장서며 트렌드를 이끌기도 하고요. 스스로 판을 벌이고 영역을 넓혀가는 오디티는 우리에게 영감을 주고, 때로 작은 감동과 용기를 줘요. 그래서 우리는 오디티를 주목하고 존경하며 응원합니다.

김홍기 대표가 스페이스오디티를 창업할 때 영감을 준 또 다른 영화로 〈히든 피겨스〉와 〈머니볼〉이 있습니다. 각 영화의 내용과 모티프가 브랜드 스토리에도 녹아 있어요. 〈히든 피겨스〉의 주인공 캐서린 존슨은 흑인 여성 최초로 나사NASA의 핵심 팀인 스페이스 태스크 그룹Space Task Group에 배정됩니다. 그는 이곳에서 천재적인 수학 능력으로 우주선의 궤도를 계산하며 미국이 최초로 유인 우주선을 쏘아 올리는 데 큰 공을 세우죠. 이와 비슷하게 스페이스오디티의 지향점은 정확한 계산을 통해 '오디티'가 원하는 궤도에 다다를 수 있도록 돕는 스페이스 태스크 그룹이 되는 것입니다. 우리의 데이터, 마케팅 노하우와 네트워크가 오디티에게 작게라도 도움이 되기를 꿈꾸고 있어요. 〈머니볼〉이 데이터로 야구의 편견을 깨고 숨은 보석을 발굴했듯이, 저희 역시 데이터로 음악 시장과 오디티에 의미 있는 서비스를 만들고 싶습니다.

'세상의 모든 스페이스오디티들을 위하여!'와 '음악으로 세상을 이롭게!'라는 슬로건은 스페이스오디티가 세워질 때부터 사용했습니다. 오디티와 함께 성장하고 싶다는 마음, 궁극적으로 다양하고 좋은 음악이 더 많은 사람에게 닿을 수 있도록 만드는 데 힘이 되고 싶은 마음을 담았습니다. 브랜딩은 혼자 하는 일이 아니라 함께하는 일이에요. 창업가의 마인드도 중요하지만 구성원의 생각과 행동이 모여 브랜드를 만들죠. 멤버들이 먼저 브랜드의 철학에 공감하고 아끼는 브랜드를 만드는 게 외부에서 보는 브랜드를 만드는 것보다 비교할 수 없을 정도로 중요해요. 일하는 곳에서 재미와 의미를 찾을 수 있다면 잘하고 싶은 마음이 절로 들지 않을까요.

구성원이 브랜드를 아끼는 마음은 일할 때도, 바깥에서도 어쩔 수 없이 티가 나게 되어 있어요. 브랜드에 애정을 가진 사람들은 자신의 일을 이야기할 때 표정과 목소리 톤부터 달라지거든요. 브랜드의 철학과 스토리가 구성원들에게 내재되어 있을 때, 외부에서도 억지스럽지 않고 자연스럽게 그 브랜드의 진정성을 느낄 수 있어요.

내부가 탄탄하면 포장할 필요가 없어집니다. 저는 '진짜'를 만드는 과정이 곧 브랜딩인 것 같아요. 그래서 종종 워크숍과 회의를 통해 우리가 앞으로 나아가야 할 방향을 점검하고 서로 생각을 공유하는 자리를 갖습니다. 창업가인 김홍기 대표의 생각, 동료의 생각, 제 생각이 합쳐져 스페이스오디티의 일과 브랜드는 조금씩 모양새를 갖춰나가고 있습니다.

음악을 캔버스 삼아 일하는 회사

스페이스오디티는 음악과 관련한 모든 콘텐츠를 만듭니다. 조금 특이한 부분은 소속된 가수는 한 명도 없고, 8명의 소규모 조직이라는 점이에요. 멤버 모두 하는 일이 서로 다르고 각자가 1인 팀처럼 일합니다. 소속 가수를 둔 기존의 기획사 같은 음악 회사가 아닙니다. 뮤직비디오 감독, 작사가, 작곡가, 뮤지션, 일러스트레이터 등 음악업계에 흩어져 있는 다양한 크리에이터, 즉 오디티와 협업 네트워크를 꾸려 프로젝트를 진행합니다. 그리고 내부의 음악 데이터 전문 팀이 데이터를 들여다보며 콘텐츠의 성공 타율을 높입니다. 스페이스오디티는 처음 생겼을 때부터 음악을 빼고는 설명하기가 어려운 팀이에요. 김홍기 대표는 좋은콘서트, 서울음반부터 카카오뮤직, 네이버뮤직,

메이크어스까지 음악업계에서만 20년 가까이 일했습니다. 음악 관련 글도 많이 쓰고, 페스티벌 관련 책도 썼어요. 멤버가 각자 하는 일은 영상, A&R, 음원 마케팅, 브랜딩, 서비스 기획, 음악 데이터 분석, 인사 · 회계 · 경영 등으로 모두 다릅니다.

동시에 모든 멤버가 누구보다 음악을 좋아합니다. 회사명처럼 오디티스럽고 독특한 경험을 많이 한 사람들이 모여 있어요. 앞서 말한 두 명의 멤버 외에도 몇 달간 남미로 배낭여행을 다녀온 사람, 음악이 좋아서 전 세계 페스티벌과 공연을 찾아다닌 사람들이 모여 있습니다. 또한 거의 모든 멤버가 LP를 모읍니다. 한마디로 각자의 방식으로 음악을 사랑하는 덕후들이 모인 느낌이에요. 그래서 스페이스오디티 사무실에서는 늘 노래가 흘러나옵니다. 재미있는 일, 좋아하는 일을 좇아온 사람들이라 그런지 멤버 모두가 음악과 관련한 경험과 취향, 네트워크를 가지고 있습니다. 이는 우리의 강점이자 우리가 하는 모든 일에 자연스럽게 음악을 캔버스 삼아 일하는 이유입니다. 음악을 연결하는 게 우리가 좋아하고 가장 잘하는 일이에요.

우리는 음악을 기반으로 음원, 영상, 브랜드 콘텐츠, 오프라인 행사, 데이터 진단 등 다양한 일을 진행합니다. 각자 하는 일은 다르지만 스페이스오디티에는 연령과 성별을 따지지 않고 수평적이고 자유로운 분위기가 형성되어 있습니다. 회의할 때는 활발하게 대화하면서 서로를 존중하고 신뢰하며 우리는 따로 또 같이 일하고 있습니다.

음악은 다른 콘텐츠와 결합하기 좋은 콘텐츠,
다양한 크리에이터의 데뷔 플랫폼, 이종교배 플랫폼 그리고
비어 있는 캔버스가 될 수도 있다.

김홍기, 스페이스오디티 대표

스페이스오디티의 음악 브랜딩

스페이스오디티는 업무 특성상 자연스럽게 모든 일에 음악을 중심에 두고 일하고 있습니다. 사실 음악은 콘텐츠로서 매우 강력한 힘을 갖습니다. 텍스트, 이미지, 영상이라는 다른 콘텐츠와 결합할 수 있고, 다양한 플랫폼에 쉽게 적용 가능한 확장성도 있거든요. 다른 콘텐츠는 집중하지 않으면 소화하기 힘든 경우가 많지만 음악은 집중도가 높지 않아도 되고, 동시에 여러 작업이 가능합니다. 음악은 텍스트, 이미지, 영상, 음성 중에서도 가장 반복적인 소비가 가능해요.

"100번 이상, 10년 이상 본 영화는 없지만, 음악은 100년 동안 유행하기도 한다. 눈은 새로운 걸 따라가지만, 귀는 익숙한 걸 따라간다." MBC 라디오 〈배철수의 음악캠프〉에서 나온 문장이라고 합니다. 이 문장 안에 음악의 힘이 함축적으로 담겨

있습니다. 음악은 가장 효과적으로 짧은 시간 안에 감정을 이끌어냅니다. 한번 생각해보세요. 몰입이 잘 안 될 때, 어느 순간 음악이 흘러나오면 분위기가 달라지고 감정이 잡힌 경험이 있지 않나요. 음악은 비주얼 요소와 결합할 때 시너지를 냅니다. 또한 고객에게 감성적으로 좀 더 편안하고 자연스럽게 다가갈 수 있도록 합니다.

스페이스오디티는 음악을 기반으로 하는 마케팅과 브랜딩에 전문성을 가지고 있어요. 2017년 겨울, 많은 분이 공감해준 멜론의 브랜디드 콘텐츠를 보면 스페이스오디티의 '음악 브랜딩'이 잘 드러납니다. 멜론은 점차 개인화된 데이터와 인공지능을 접목한 새로운 기능을 알리고 싶어 했습니다. 우리는 자칫 딱딱하게 느껴질 수 있는 기술을 좀 더 감성적으로 풀기 위해, 멜론이 주인공인 브랜드 필름을 만들기로 했어요.

단, 모든 것을 직접 만들지는 않았습니다. 우리가 원하는 기획을 가장 잘 표현할 수 있는 최고의 크리에이터와 드림팀을 꾸려 프로젝트를 진행했어요. 멜론의 브랜드 필름은 뮤직비디오 감독이 찍고, 카피는 작사가가 썼습니다. 여기에 멜론 시점의 이야기를 담은 노래까지 만들었어요. '데이터와 인공지능'이란 차가운 키워드 대신 "언제나 내겐 마음을 읽는 친구가 있었다", "사랑은 떠나도 음악은 남아 있다"처럼 누구나 공감할 수 있고

멜론 1인칭 시점 브랜드 필름

남자 편

주연 멜론(남), 31 남

감독 에이프릴샤워필름
(나얼 - 바람기억, 어반자카파 - 널 사랑하지 않아)

글 김이나
(그중에 그대를 만나, 박효신 숨 등등)

여자 편

주연 멜론(남), 31 남

감독 콧수염필름즈
(봄처녀 - 선우정아, 비가와 - 소유백현, 너란봄 - 정은지)

글 서지음
(태티서 Twinkle, 러블리즈 A-Choo, EXO 으르렁)

멜론 1인칭 시점 브랜드 필름 드림팀 구조 ©스페이스오디티

위 멜론 브랜드 필름을 위해 만든 노래, '곽진언 - 고스란히' ©스페이스오디티
아래 '멜론 브랜드 필름을 위해 만든 노래, '정은지 - 마니또' ©스페이스오디티

따뜻하게 와닿는 문구를 작사가와 함께 찾아냈습니다. 그리고 뮤직비디오 감독의 감성으로 영상에 담아냈어요. 한편 사람들이 공감할 만한 여러 가지 포인트를 영상 안에 녹였습니다. 두 번째 브랜드 필름 〈우리 지난날의 온도〉를 예로 들면, 싸이월드 시절이 등장합니다. 영상에는 Y의 '프리스타일', 키네틱 플로우의 '몽환의 숲', 넬의 '멀어지다' 등 싸이월드 배경음악으로 유행하던 노래들이 나와요. 회사 내부에서 협업하는 크리에이터와 함께 고민해가며 여러 후보를 논의한 끝에 선택한 노래들입니다. 이 음악만으로도 공감해주는 분들이 많았습니다.

거기에 데미소다, 스티커 사진, MP3 플레이어, 싸이월드 이벤트 당첨과 하얀 글씨로 숨겨두기 등 당시 싸이월드를 이용했던 사람이라면 공감할 수밖에 없는 그 시절의 추억거리를 추가했습니다. 나중에 얘기를 들어보니, 디테일에 강한 송원영 감독은 저희 멤버들 이름으로 된 명찰까지 준비해왔다고 해요. 영상의 전반적인 초록색 톤, 배우들이 입은 초록색 체육복까지도 멜론의 브랜드 컬러를 의식하며 만들었어요. 그렇게 세세히 디테일까지 신경 써서 나온 작품이 〈우리 지난날의 온도〉입니다.

이 영상이 공개되고 난 뒤 반응이 좋아 뿌듯했습니다. 30대 초반의 남자를 주인공으로 생각하며 만든 영상인데 신기하게도 다양한 연령대의 사람들이 '내 얘기'라며 공감해주었어요. 영상은

페이스북 채널을 통해 자연스럽게 확산되었고, 통합 700만 뷰 이상을 기록했습니다. 이후 브랜드 필름과 노래, 뮤직비디오는 팬들이 자발적으로 올린 해석 콘텐츠와 팬 아트로도 파생되었습니다. 이 영상을 보고 멜론의 팬이 되었다는 얘기를 접했을 때, 가장 뿌듯했어요.

스페이스오디티의 음악 브랜딩은 단편적인 광고에 그치지 않고 멜론의 아이덴티티를 담은 브랜드 필름, 음악, 뮤직비디오, 마케팅 콘텐츠로 입체적으로 묶여 있습니다. 브랜드 필름을 통해 멜론을 경험하고, 멜론의 이야기를 직접 멜론 앱에서 노래로 찾아 들을 수 있도록 했습니다. 뮤직비디오를 통해 다시 한번 간접적으로 이야기를 전달하고, 아티스트의 인스타그램 라이브Instagram Live, 리릭 비디오lyric video* 등 마케팅 콘텐츠로도 확장시킵니다. 음악을 통해 다양한 접점에서 브랜드 스토리를 전달한 프로젝트입니다.

* 가사 전달을 주목적으로 하는 뮤직비디오. 뮤직비디오 제작비도 줄이고 노래방처럼 가사 전달을 확실히 합니다.

스페이스오디티 브랜드 마케터의 덕업일치

저는 이곳에서 '스페이스오디티'라는 브랜드를 만드는 모든 일을 담당합니다. 웹사이트와 페이스북을 관리하고, 뉴스레터를 보내고, 오프라인 행사도 진행합니다. 아직 작은 조직이기에 고민인 부분과 쉽지 않은 점도 있지만, 스스로 권한과 자율성을 갖고 일할 수 있어 성취감과 만족도가 높은 편입니다. 지난 경험을 돌이켜보니 신사업에서 일하거나 새로운 서비스를 담당하는 경우도 많았어요. 그래서 이미 완성된 것을 담당하기보다 0에서 무언가를 함께 만들어나가는 과정을 좋아합니다. 스타트업 마케터로서 제가 했던 고민과 구체적으로 어떤 일을 어떻게 하는지는 'PART 10 음악을 위한 브랜딩, 브랜딩을 위한 음악'에서 자세히 다루겠습니다.

가끔 스페이스오디티의 브랜드 전략이 무엇이냐는 질문을 받습니다. 저는 조금 고민해본 후 솔직하게 아직 그런 건 없다고 말합니다. 하지만 대단한 브랜드 전략은 없을지 몰라도, 제가 브랜딩을 하며 가장 중요하게 보는 지향점은 있습니다. 복잡한 전략이나 경쟁사 분석 없이도 이런 방향이 결국은 큰 그림 안에서 브랜드 전략이 될 수도 있겠지요. 브랜드 마케팅을 할 때, 브랜드만의 키워드를 뽑아보면 노움이 됩니다.
스페이스오디티의 경우, 그 키워드가 매우 명확합니다. 음악, 우주 그리고 오디티(괴짜). 이렇게 키워드가 있으면, 디자인 작업부터 온라인 마케팅, 오프라인 행사까지 연관성을 갖고 일을 확장해나갈 수 있습니다. 이름을 짓거나 디자인을 할 때도 키워드를 모티프로 가져갈 수 있고, 자연스럽게 방향이 잡힙니다. 간단하게 예를 들어볼게요. 2017년 저희의 개업식 겸 콘퍼런스는 우주선 발사를 뜻하는 '리프트 오프Lift Off'였습니다. 최근에 시작한 뉴스레터의 이름은 라디오 방송국과 우주 정거장을 뜻하는 스테이션의 이중적 의미를 담아 '오디티 스테이션oddity station'으로 지었습니다.

또 다른 지향은 우리에게 집중하기보다 흩어져 있는 크리에이터 개개인, 즉 '오디티를 브랜딩'하는 겁니다. 스페이스오디티에 와서 느낀 점은, 업계에서는 유명하지만 외부인은 잘 모르는 숨은 고수가 많다는 사실이에요. 우리는 오디티와 협업해 콘텐츠를

space oddity
* Creative Contents & Marketing Conference *
* Space Oddity Opening Ceremony / 1pm-7pm *
LIFT OFF!*
서울시 중구 삼일대로 343
위워크 을지로 10층 라운지
2017.09.27-28

위 리프트 오프 포스터 ©스페이스오디티
아래 스페이스오디티 개업식 겸 크리에이티브 콘텐츠 콘퍼런스 '리프트 오프' ©스페이스오디티

만드는 일도 하지만, 한 달에 한 번씩 오디티를 연사로 섭외해 그들의 이야기를 깊이 있게 들어보는 '오디티 토크'도 진행합니다. 오디티를 조명하는 일은 좋아서 시작했습니다. 이런 작업이 차곡차곡 쌓이면, 결국은 스페이스오디티의 브랜딩이 되어줄 거라 생각합니다.

저는 예전에 열린 〈ECM: 침묵 다음으로 가장 아름다운 소리〉 전시와 대림미술관 〈How to Make a Book with Steidl: 슈타이들展〉을 보며, 음반사 ECM의 설립자인 만프레드 아이허Manfred Eicher와 출판의 거장 슈타이들Steidl의 공통점을 발견했습니다. 두 사람은 대중과 아티스트를 연결하는 역할을 수행하는 동시에 아티스트들의 친한 친구이자 최고의 파트너입니다. 아티스트들과 작업할 때, "왜 ECM과 슈타이들의 손을 거치면 특별한 결과물이 나오는가?"라는 질문에 두 사람은 놀라울 만큼 비슷하게 답변합니다. "지시하지 않고 함께 고민해볼 뿐." 그들의 겸손한 대답에서 최고의 파트너란 무엇인가에 대한 생각, 우리가 가야 할 방향과 미래를 고민해봅니다. 스페이스오디티 역시 시너지를 내는 좋은 친구이자 파트너로서, 크리에이터와 음악 시장에 좋은 의미를 만들 수 있기를 바랍니다. 우리 삶에 음악이 없다면 얼마나 재미없을까요. 스페이스오디티에서 일하며 가장 즐겁고 감사한 점 하나는 개인적으로 좋아하는 것을 일과 연결할 수 있다는 겁니다.

한마디로 덕업일치가 된 것 같아요. 제 나름대로 예전부터 좋아하며 푹 빠졌던 음악, 우주, 남다른 사람들에 관한 생각이 제가 의도하지 않아도 자연스레 스페이스오디티 브랜드에도 묻어나리라 생각합니다.

평소에 좋아하고 궁금하던 사람을 일로 만날 수 있어 좋고, 팀원과 일 외적으로도 음식, 음악, 영화, 책 등의 취향을 나눌 수 있어 즐겁습니다. 배우고 싶은 사람을 곁에 두는 게 개인이 빠르게 성장할 수 있는 지름길이라고 생각합니다. 저는 참 인복이 많다는 걸 여러 번 실감합니다. 교세라 그룹의 이나모리 가즈오 명예회장은 책《카르마 경영》,《왜 일하는가》를 통해 일은 단순히 돈을 벌기 위한 수단이 아니라 개인을 성장시키는 최고의 수단이라고 말합니다.

책임감을 갖고 주체적으로 한 일의 결과가 좋을 때, 저는 더 큰 성취감을 느낍니다. 스스로 기획한 일을 추진할 수 있는 권한, 일의 의미와 재미, 주변에 좋은 자극을 주는 사람과 함께할 수 있어 스페이스오디티는 제가 신나게 성장할 수 있는 베이스base가 되어줍니다. 제게 찾아온 이 기회를 감사하게 생각하며, 저는 오늘도 음악이 흘러나오는 사무실에서 음악을 좋아하는 사람들과 함께 스페이스오디티라는 브랜드를 조금씩 만들어가고 있습니다.

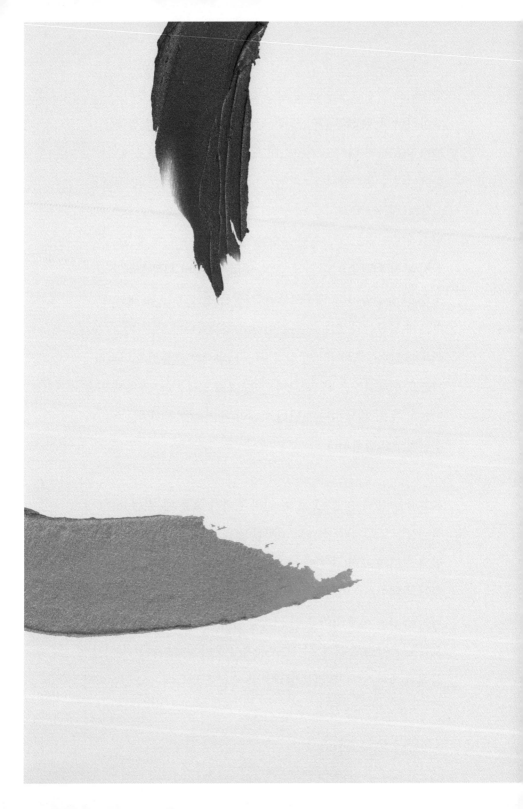

PART 07

에어비앤비:
여행은 살아보는거야

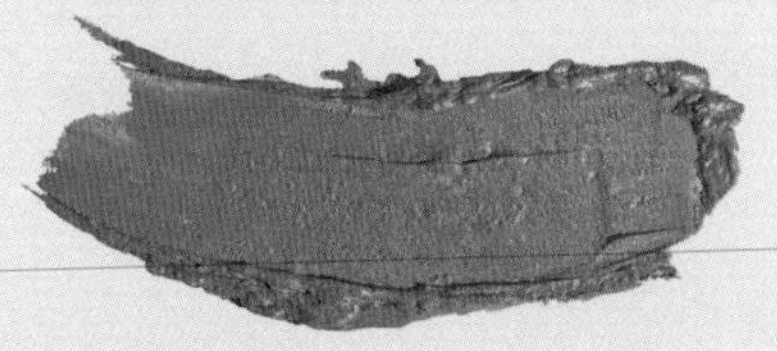

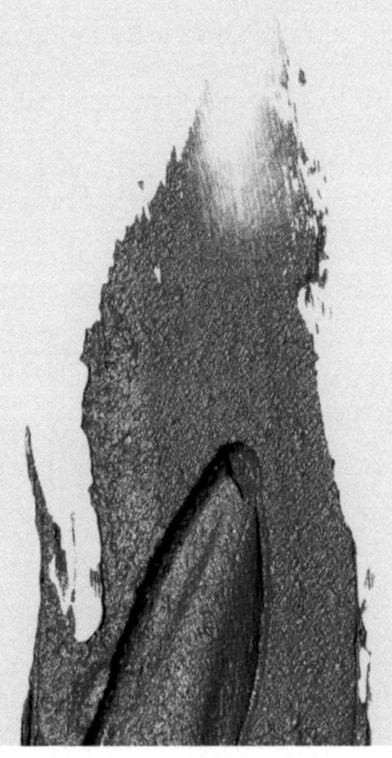

일 년에 몇 번이나 여행을 가나요?

누군가 해외여행을 간다는 소식을 들어도 놀랍지 않을 만큼 해외여행은 흔해졌습니다. 누구나 쉽게, 자주 해외여행을 가게 되었죠. 우리가 언제부터 해외여행을 자주 하게 되었을까요? 사실 한국에서 자유 여행의 역사는 매우 짧습니다. 1988년 서울 올림픽을 개최하면서 세계화 흐름에 맞춰 정부에서 처음으로 개인에게 해외여행을 허용했습니다. 1988년에 태어난 사람은 태어나자마자 여행의 자유를 얻은 첫 번째 세대인 셈입니다.

한국은 모든 면에서 로켓과 같은 속도로 성장하는 나라입니다. 여행 산업도 예외는 아닙니다. 한국은 해외여행 자유화가 된 지 30년 만에 세계에서 여행을 많이 하는 나라 중 하나가 되었습니다. 2017년을 기준으로 한 문화체육관광부 지표에 따르면 약 2000만 명이 넘는 사람들, 즉 인구의 절반이 해외여행을 다녀왔습니다. 체감상으로도 그렇지만, 수치를 보더라도 한국에서 해외여행은 보편적인 일이 되었습니다.

여행의 빈도뿐 아니라 여행의 형태도 많이 바뀌었습니다.* 예전에는 많은 여행자가 자신의 취향을 고려하기보다 뉴욕에 가면 자유 여신상을, 파리에 가면 에펠탑을 보는 관광지 중심의 여행을 선호했습니다. 하지만 지금은 개인의 취향과 관심사에 따라 자신만의 여행 경험을 설계하는 자유 여행자의 수요가 훨씬 커졌습니다. 관광지만 찍고 오는 패키지, 그룹 투어 여행, 유명 관광지를 방문하는 여행보다 머무는 여행 또는 스테이케이션**, 솔로 트래블(혼자 떠나는 여행)이라 불리는 새로운 여행을 향한 니즈가 높아지고 있습니다.

이런 변화 뒤에는 두 가지 동인이 있다고 생각합니다. 첫 번째는 여행에 대한 사회적 인식의 변화입니다. 예전에는 해외여행이 마치 비싼 명품 가방을 구입하는 것처럼 소비지향적인 행위에 가까웠습니다. (자주 할 수 없는) 특별한 이벤트였기 때문에 한 번 갔을 때 최대한 많은 걸 보는 게 중요했고, 많이 쇼핑하는

---

* 관련 기사: 우리들의 일그러진 로망, 해외여행 (프레시안, 2007.7.6)

** Stay+Vacation, 집에서 머무는 여행

소비지향적인 여행을 선호했습니다. 실패할 확률을 최대한 낮출 수 있도록 미리 잘 설계된 관광 상품의 수요가 높을 수밖에 없었습니다. 이런 인식이 서서히 변화하면서 지금은 많은 사람이 개인의 취향과 선호도에 따라 직접 여행을 설계합니다. 점점 보편화된 세계에서 그 나라에만 있는 고유함local이 더 희소해졌고, 소비 만능주의 시대에 지친 사람들은 경험지향적인 여행에 가치를 느끼고 있습니다. 오히려 남들이 잘 모르는 곳에 간다거나 현지인을 만나는 경험이 더 소중해진 것이죠.

두 번째는 테크놀로지의 발전*입니다. 기술이 발달하지 않은 시절에는 자신의 취향이 명확하더라도 정보를 찾는 것이 쉽지 않았습니다. 정보 불균형으로 여행을 미리 다녀온 사람들의 정보가 효용성이 컸습니다. 인터넷이나 스마트폰이 보급되지 않은 상황에서 현지 정보에 직접 접근하는 건 어려운 일이었습니다.

스마트폰이 등장하면서 여행자의 모습은 급격히 달라집니다. 여행업계는 FITFree, Independent Traveler 시장이 커지고 있다고 말합니다. FIT는 자유롭고 독립적인 여행자를 의미하는데, 자신만의 속도와 스타일로 여행하는 사람입니다. 스마트폰은

---

* 관련 자료: How technology is boosting free independent travel (ejinsight,2017.11.13)

'내가 원하는 여행은 내가 기획할 거야'란 갈증이 있던 자유 여행자의 니즈를 충족해주었습니다. 기술이 발전하면서 온라인 앱으로 쉽게 여정을 정하고, 항공 및 숙박도 그때그때 상황에 맞춰 예약할 수 있게 되었습니다. 시간에 덜 쫓기며 천천히 머무는 여행이 가능해진 겁니다.

여행 산업의 이러한 흐름 속에서 2007년 에어비앤비가 숙박 공유 플랫폼이라는 새로운 비즈니스로 여행업계에 등장합니다. 스스로 '에어비앤비가 10년 전 혹은 그 이전보다 일찍 등장했더라도 지금처럼 성공했을까?'라는 질문을 가끔 던져보는데 이에 답을 하자면, '이르지 않았을까'라고 생각합니다.

지금은 에어비앤비로 여행하는 사람이 많지만, 2013년 에어비앤비가 한국 시장에서 본격적으로 비즈니스를 시작했을 때만 해도 현지인의 집에 머문다는 개념은 보편적이지 않았고, 위험하다는 인식이 많았습니다. 특히 미국에서 탄생한 브랜드였기 때문에 언어적, 문화적 장벽이 컸습니다. 에어비앤비라는 브랜드를 알리기 위해서는 현지인의 집에 머무는 경험 자체를 친숙하게 받아들이도록 해야 했습니다.

마케터로서 브랜드가 속한 산업의 전체적인 흐름을 파악하고, 그 속에서 사람들의 니즈를 파악하는 것이 매우 중요합니다. 특히 글로벌 브랜드를 현지화하는 마케터라면 한국 사람의 정서를 이해하고, 브랜드의 친숙도를 높이는 것이 첫 번째로 풀어야 할 숙제입니다. 현재 마케팅을 하고 있거나, 마케팅을 생각하는 분은 브랜드를 파악하기 전에 꼭 산업 동향을 살펴보기를 추천합니다.

저는 회사 내부적으로 글로벌 여행 산업 동향을 듣고, 글로벌 리서치 회사 유로모니터Euromonitor의 정보를 많이 참고합니다. 한국 시장의 트렌드를 더 깊이 들여다보려면, 여행 관련 스타트업이 주최하는 네트워킹 모임이나 조금 큰 규모의 콘퍼런스에 참여하는 것도 추천합니다. 최근 WIT Seoul이라는 여행 콘퍼런스에 다녀왔는데 산업 동향을 엿보는 데 큰 도움이 되었습니다. 많은 여행 관련 회사가 자체 리서치 자료를 발행하는 경우가 많아, 다른 브랜드의 자료도 많이 찾아봅니다. 꼭 이렇게 하지 않더라도 여행 관련 리얼리티 프로그램이나 콘텐츠는 따로 골라서 보는 편입니다. 가장 중요한 건 하나의 자료나 채널만 편식하지 않고, 여행과 관련한 모든 것에 촉을 세워 관심을 갖는 자세입니다.

새로운 여행 플랫폼:
집으로 떠나는 여행을 제안하다

에어비앤비 마케팅 이야기를 하기에 앞서, 에어비앤비의 본질을 엿볼 수 있는 창업 스토리를 간단하게 소개할게요. 에어비앤비는 샌프란시스코에서 디자이너 출신 공동 창업자 브라이언과 조의 작은 아이디어로 시작되었습니다. 매년 샌프란시스코에서 열리는 디자인 콘퍼런스 기간에 방문객이 몰려 호텔이 부족하다는 소식을 접한 이들은 '우리가 뭔가 할 수 없을까'라고 생각했고, 2007년 자신들이 살던 아파트의 일부 공간을 빌려주자는 아이디어를 떠올렸습니다. 말 그대로 일부 공간이었습니다. 에어베드airbed*를 거실의 빈 공간에 두고 에어베드만으로는

* 바람을 넣어 채우는 침대

매력도가 떨어지니 아침breakfast을 함께 제공해 AirBed and Breakfast(초창기 에어비앤비 이름)란 이름으로 한 웹사이트에 방을 빌려준다는 게시물을 올렸습니다. 실제로 여러 지역에서 온 게스트가 그들의 집에 머물게 되었고, 브라이언과 조는 관광객은 알기 힘들지만, 그들이 좋아하는 현지의 장소에 게스트를 데리고 갑니다. 게스트는 집만 빌린 게 아니라 브라이언과 조 덕분에 특별한 로컬 경험을 하게 된 겁니다. 이 경험을 통해 브라이언과 조는 집에 남는 공간으로도 게스트에게 좋은 경험을 전달할 수 있다는 사실을 발견합니다. 이런 시도가 초석이 되어 그들은 또 다른 공동 창업자 네이트와 함께 '현지인의 집을 여행자에게 빌려주는 것'을 아이디어로 창업을 결심합니다. 처음부터 성공적이진 않았고, 많은 투자자가 말도 안 되는 아이디어라며 투자를 거부했지만, 현재 에어비앤비의 브랜드 가치이기도 한 'Belong Anywhere'를 끝까지 믿고 매달린 결과, 아이디어 자체보다 끈질김과 꾸준함을 인정받아 투자를 받았습니다.

'Belong Anywhere'는 에어비앤비가 추구하는 브랜드 가치*이자 아이덴티티입니다. 직역하자면 '어디서든 소속감을 느끼는'이고, 한국에서는 '어디에서나 우리 집처럼'으로 현지화해 표현합니다. 직원뿐만 아니라 유저 역시 에어비앤비가 추구하는 가치를

---

* 참고 자료 : 에어비앤비 책《에어비앤비 스토리》

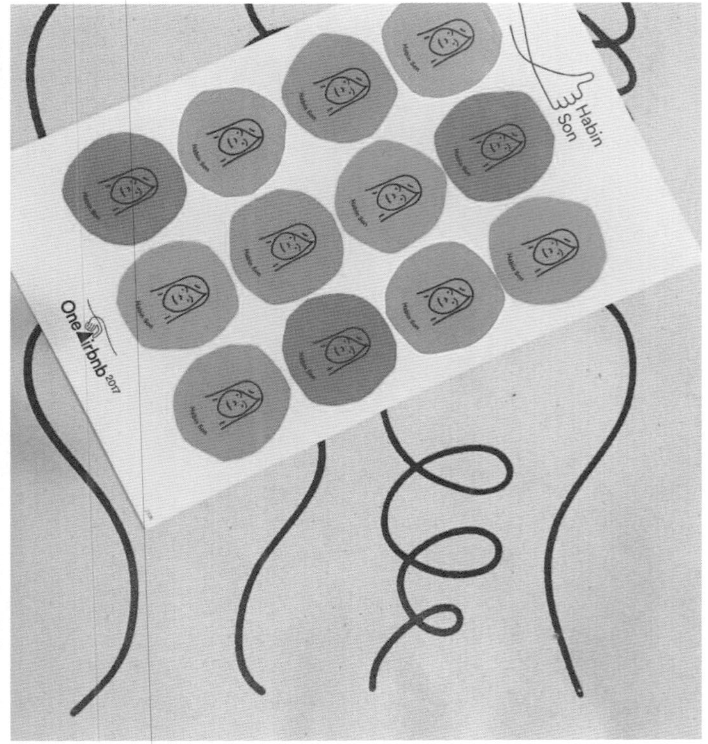

위 에어비앤비 행사 때 모든 직원을 개별적으로 그린 일러스트레이션 스티커 ©Airbnb
아래 샌프란시스코에서 직원이 호스팅한 밋업 ©손하빈

여행과 직장에서 모두 경험합니다. 그래서 브랜드 가치는 제 일상생활에도 영향을 미칠 만큼 중요해졌습니다.

처음 낯선 곳에 도착해 현지인의 집을 찾아가는 과정은 두렵기도 합니다. 하지만 현지인의 집에 도착하고 나면 몇 시간도 지나지 않아 우리 집 같은 편안함을 느끼게 됩니다. 짐을 풀고 동네를 거닐며 주변 풍경과 친해질 때, 호스트가 남긴 동네 추천 맛집 메모를 읽을 때, 부엌에서 간단한 음식을 준비할 때 – 이 모든 순간은 한 번도 만난 적 없는 현지인의 집을 중심으로 일어나는 일입니다. 집은 다른 공간보다 빠르게 긴장을 풀어주는 곳입니다. 저는 이런 감정과 느낌이 소속감과 편안함이라고 생각합니다. 에어비앤비의 가치는 여기서 시작됩니다. 사실 에어비앤비가 완전히 새로운 비즈니스 모델은 아닙니다. 예전에도 현지인의 집에 머무는 형태의 서비스나 숙박 시설이 있었습니다. 하지만 에어비앤비가 새로운 비즈니스 모델로 인식되는 이유는 명확한 브랜드 가치인 소속감을 기반으로 현지인의 집에 머무는 경험을 여행의 가치로 재정의하기 때문입니다.

직원으로서 겪은 경험도 사용자일 때 느끼는 브랜드 경험과 일치합니다. 에어비앤비는 직원들이 조직 어디에서든 소속감을 느끼도록 다양한 경험을 제공합니다. 전 세계 직원들이 샌프란시스코에 모여 서로를 알아가고, 회사의 방향을 공유하는

원 에어비앤비One Airbnb라는 행사가 있습니다. 외부 행사라고 해도 될 만큼 행사장의 디자인과 인테리어도 멋지지만, 행사 프로그램, 직원 선물, 참여 이벤트 등 모든 접점에서 직원들이 로컬의 경험과 소속감을 느낄 수 있도록 진행됩니다. 각 나라별 공간을 따로 만들어 여러 나라의 오피스 직원들이 직접 로컬 문화를 공유하는 공간도 있고, 행사장의 분위기도 누군가의 집에 온 것처럼 꾸며집니다. 행사 전날에는 샌프란시스코 공항에서부터 샌프란시스코 직원들이 나와 환영해주니, 어찌 소속감을 느끼지 않을 수 있을까요?

이뿐 아니라 프로그램 중 하나로, 샌프란시스코 본사에서 일하는 직원이 자원해 다른 지역에서 온 직원을 호스팅하는 밋업meet up 이벤트가 있습니다. 요리를 좋아하는 직원은 집에서 저녁을 함께 요리하는 밋업을, 하이킹을 좋아하는 직원은 같이 자전거를 타거나 산책하는 밋업을 기획합니다. 행사 기간 중 2000명 넘는 직원들이 10명 내외의 소그룹에 참여하는 기회를 한 번 이상 가질 수 있기 때문에 매일 저녁 외로울 틈 없이 현지 직원과 즐거운 시간을 보내고, 여행하는 느낌으로 직원들과 친구가 됩니다. 이처럼 브랜드가 추구하는 가치를 회사 내부 행사의 모든 접점에서 느낄 수 있기 때문에, 자연스럽게 직원들은 회사의 미션과 가치를 소중히 생각하게 됩니다.

에어비앤비 집 사진 ©Airbnb

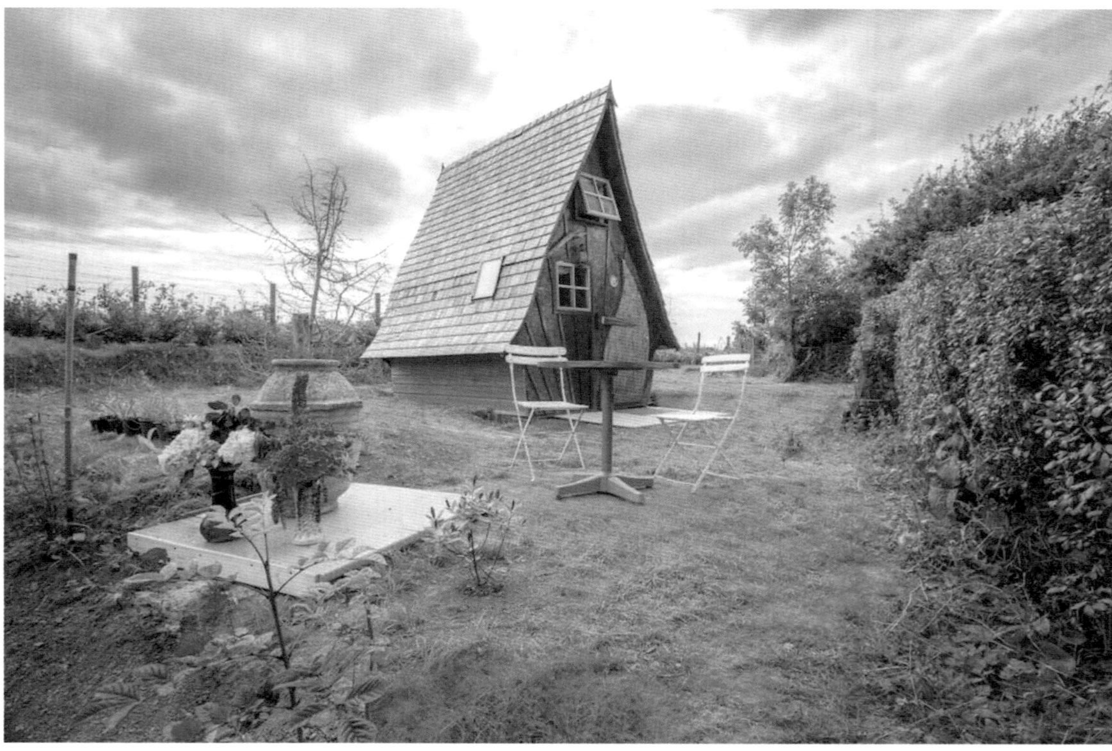

이런 면에서 직원을 위한 브랜드 경험은 사용자를 위한 브랜드 경험만큼이나 중요합니다. 일관성과 진정성 있는 브랜딩을 통해 직원이 브랜드의 가치를 진심으로 따르고, 회사의 미션을 자발적으로 수행하기 때문입니다.

이처럼 명확한 브랜드 가치는 에어비앤비의 마케팅 커뮤니케이션 전략과도 밀접하게 연결됩니다. 에어비앤비는 브랜드 광고나 브랜드 콘텐츠에서 기능적인 측면의 장점이나 가격 대비 만족도를 직접적으로 이야기하지 않습니다. 우리가 전달하려는 가치는 기능적인 편리함이나 효용성보다 현지인의 집에 머무는 특별한 경험과 소속감에 관한 것이기 때문입니다. 마케팅을 기획할 때 브랜드의 철학이나 가치를 명확히 인지하는 것이 의사 결정을 하는 데 중요한 기준이 됩니다.

사진 한 장으로 푹 빠져든 에어비앤비 그리고 입사

저는 에어비앤비를 사용해보지 않고 입사한 몇 안 되는 직원입니다. 어디에서도 보기 힘든 독특한 현지인의 집 사진을 보고 나서 에어비앤비에 빠져들었습니다.

2013년에 에어비앤비 이미지는 숙박 비즈니스를 하는 작은 스타트업 정도였습니다. 2014년 초에 스타트업에서 일하던 친구가 정말 잘 어울릴 거 같은 회사가 있다며 에어비앤비 이야기를 꺼냈습니다. 그 친구 덕분에 호기심이 생겨 에어비앤비 사이트에 들어갔는데 시간 가는 줄 모르고 구경했습니다. 그리고 이 귀여운 오두막집을 보는 순간, 들어본 적도 없는 영국 마을로 여행을 떠나야겠다고 생각했습니다.

한국에서 본 적 없는 특이한 집들은 제게 작은 충격을 안겨주었습니다. 매일 집 구경하는 재미로 에어비앤비 사이트에 들어가다 보니 마치 운명의 연인을 만난 것처럼 에어비앤비라는 브랜드에 빠져들었고, 에어비앤비가 여행의 패러다임을 바꿀 게임 체인저game changer가 될 거라는 확신이 들었습니다. 마케팅의 가장 좋은 재료는 좋은 제품과 서비스입니다. 제품이나 서비스 자체가 매력적이고 좋으면 특별한 스토리나 콘텐츠를 만들지 않더라도, 그 자체가 좋은 재료가 될 수 있습니다. 제게 에어비앤비가 그랬습니다.

독특한 집과 취향 있는 호스트 그리고 멋지게 디자인한 집으로 가득한 에어비앤비를 마케팅하는 일은 가장 좋은 유기농 재료로 맛있는 음식을 만드는 것과 같습니다. 실제로 에어비앤비의 집 사진만으로도 여행을 떠나고 싶게 하는 콘텐츠를 바로 만들 수 있습니다. 원래 성격도 급하게 빠져드는 경향이 있는데, 매일 에어비앤비 사이트를 방문하면서 마케팅 부서의 오픈 포지션*을 보게 되었습니다. 그리고 입시 준비하는 학생처럼 에어비앤비의 비즈니스 모델, 한국 시장의 현재 상황, 가야 할 방향 등을 생각해보며 마케팅 아이디어를 기획했고 면접에서 이를 프레젠테이션했습니다. 총 일곱 번의 인터뷰를 진행했으니

---

* 에어비앤비는 채용 포지션이 열리면 그게 인턴이든 계약직이든 웹사이트에서 먼저 게시되기 때문에 가장 정확한 정보라고 생각하면 됩니다.

에어비앤비 방콕 ©Airbnb

짧은 과정은 아니었지만, 제게 인터뷰 과정은 마치 몸에 꼭 맞는 옷을 입은 것처럼 힘들지 않았습니다. 화상 통화로 면접을 네 번 보았는데 마케팅 디렉터와 화상 인터뷰를 앞두고 긴장하던 중, 그가 참으로 귀여운 미키마우스 티셔츠를 입고 화면 속에 등장했습니다. 그때 모든 긴장이 풀렸던 기억이 납니다.

인터뷰에서도 직원 모두 호스트가 게스트를 대하듯 친절하게 대해주어, 다른 어떤 면접보다 환영받는 듯한 느낌을 받았습니다. 나중에 입사하고 보니 'Be a host'가 직원의 중요한 핵심 가치 중 하나였습니다. 에어비앤비의 핵심 가치는 총 네 가지인데 이 가치는 모든 직원이 사람과 일을 대할 때 중요한 기준이 됩니다.

에어비앤비의 핵심 가치

- **호스트 되기**Be a host
  모든 사람이 소속감을 느낄 수 있도록 따뜻하게 대하고, 어려움 없이 참여할 수 있도록 오픈 커뮤니케이션한다.
- **에어비앤비 비전을 몸소 실천하기**Champion the mission
  회사가 미션을 성취하는 데 도움 되는 일을 우선적으로 하며, 장기적인 관점으로 일한다. 무엇보다 에어비앤비 커뮤니티에 긍정적인 영향을 주는 일을 한다.
- **도전하기**Embrace the adventure
  호기심을 가지고 새로운 것에 도전하며, 실수를 두려워하지 않는다. 항상 즐거운 마음과 긍정적인 생각으로 일에 도전한다.
- **창의적인 사업가 되기**Be a cereal entrepreneur
  창의적으로 생각하고, 이상적인 결과를 상상한다. 상상이 현실이 될 수 있도록 가능한 한 자원을 최대한 활용한다.

입사 후 에어비앤비를 처음 사용한 곳은 방콕입니다. 방콕을 세 번째로 방문했던 터라 저는 이곳을 꽤나 익숙하고 잘 아는 동네라고 생각했습니다. 예상과 달리 에어비앤비로 여행한 방콕은 완전 달랐습니다. 제가 머물렀던 집은 알고 보니 방콕에서 꽤 유명한 에어비앤비로 아트 갤러리를 운영하는 프랑스인 호스트의 아티스틱한 집이었습니다. 남자가 호스트라 처음 예약할 때는 약간 무십기도 했지만 친절한 호스트를 직접 만나고, 동네 주변 이야기와 그의 에어비앤비 운영 이야기를 들으며 방콕에 제가 생각했던 것보다 많은 아티스트가 살고 있다는 사실을 알게 되었습니다. 그리고 제가 머문 동네에 작은 갤러리와 핸드메이드 소품 숍이 많다는 것도 새롭게 발견할 수 있었습니다.

그동안 제게 방콕은 타이 마사지와 팟타이의 도시였는데 호스트가 추천해준 레스토랑과 카페 그리고 로컬 숍에서 전혀 다른 태국을 보았습니다. (제가 생각한) 에어비앤비의 가치를 다시 확인한 순간이었습니다. 저는 일이 고되거나 힘들다고 느낄 때 에어비앤비에 들어가 가고 싶은 집을 구경합니다. 그리고 실제 여행에서 좋은 호스트와 멋진 집을 경험하면, 배터리가 채워지듯 브랜드를 사랑하는 마음이 다시 꽉 차오릅니다.

브랜드 마케터라면 그 브랜드를 자주 사용해보고, 사용자를 다각도로 직접 많이 만나보는 게 중요합니다. 마케팅 이론서나 브랜딩 책을 읽는 것만큼 브랜드를 이해하는 데 도움이 되기 때문입니다.

에어비앤비와 잘 맞는 타깃 찾기

'어떻게 브랜드 인지도를 높일 수 있을까?' 2014년 에어비앤비에 입사한 후 가장 많이 했던 고민입니다. 어떻게 하면 여행을 계획하는 사람들이 에어비앤비를 자연스럽게 떠올리고, 나아가 주변 친구나 지인에게 에어비앤비를 화두로 던질 수 있을지 집중적으로 생각했습니다.

에어비앤비가 한국 시장에 공식적으로 소개되었을 때 시장 분위기는 어땠을까요? 초기에는 한국 시장에서 공유 경제sharing economy의 대표적인 스타트업으로 마치 샴쌍둥이처럼 우버와 늘 함께 소개되었습니다. 공유 기업 포지셔닝은 브랜드의 인지도를 높이는 데 도움이 되지만, 장기적으로 브랜드 가치와 잘 연결되지 않는 메시지였습니다. 공유 경제는 여행과는 동떨어진 이야기라 여행을 떠나고 싶게 하진 않았기 때문입니다. 다시 말해 브랜드를 알린다는 관점에서 공유 경제는 달콤한 소재일 수 있지만, 장기적으로 브랜드 가치를 전달하고 이야깃거리를 만들기에 한계가 있었습니다. 이런 맥락에서 마케팅 커뮤니케이션 전략으로 '공유 경제'라는 단어를 의도적으로 사용하지 않았습니다. 이보다 에어비앤비 여행의 주요 가치인 현지인의 문화에 스며드는 여행Travel like a local을 전달하는 데 집중했습니다. 시장의 성숙도나 트렌드를 보았을 때, 당시 현지인의 집에 머문다는 개념이나 현지인처럼 하는 여행이 생소할 수 있지만 한국의 자유 여행자도 충분히 매력적으로 느낄 수 있는 가치라고 생각했기 때문입니다.

당시 에어비앤비는 생소한 브랜드였기 때문에 어찌 보면 브랜드 인지도가 낮은 것이 당연했지만, 마케터로서 제가 풀어야 할 숙제는 그보다 컸습니다. 에어비앤비 브랜드뿐만 아니라 비즈니스 모델과 에어비앤비가 사용하는 용어(호스트, 숙박 공유 플랫폼, 사용자 인증)도 한국인에게 친숙하지 않았어요. 예약 과정도 기존에 숙박 플랫폼에서 하는 예약 시스템과는 완전히 달랐습니다. 호스트와 게스트가 서로 후기를 남기는 쌍방향 후기 시스템도 생소했지요. 처음 에어비앤비가 한국 시장에 들어왔을 때, 호스트host라는 단어는 사람들에게 익숙하지 않았고, 부정적인 느낌마저 지니고 있었습니다. 지금은 많은 사람이 호스트라는 용어를 일반적으로 사용하고 있는데 참 신기한 광경입니다.

또 다른 장벽은 외국계 브랜드라는 점입니다. 외국계 브랜드가 한국에서 비스니스를 시작할 때는 한국 브랜드보다 여러 면에서 훨씬 섬세하게 접근해야 할 부분이 많습니다. 우리와 전혀 다른 문화권에서 온 외국인이 한국말도 잘하고, 한국 문화를 잘 알면 흐뭇하지 않나요? 외국인이 한국인보다 된장찌개를 잘 먹고, 한국어로 농담도 척척 잘하면 호감이 가지요. 반대로 한국 문화를 이해하려 하지 않고 자기 나라 스타일로만 커뮤니케이션하면 건방진 브랜드로 오해받을 수도 있습니다. 에어비앤비는 '한국어도 잘하고, 한국 문화도 잘 이해하는 쿨한 브랜드'란 인식을 쌓아가야 했습니다. 마케팅 커뮤니케이션에서 가장 중요하게 생각한 부분입니다. 미국에서 온 에어비앤비 용어를 한국인도 잘 이해할 수 있고, 입에 착착 달라붙게 하는 것이 중요했습니다.

어떤 이야기를 해야겠다는 생각이 들면, 우리 이야기를 귀 기울여 들어주고 공감할 수 있는 사람을 찾아야 합니다. 공감하고 좋아하면 사람들은 소문을 내기 시작하니까요. 사람과 사람 사이의 관계가 그렇듯 브랜드와 사람도 잘 통하고, 궁합이 맞는 관계가 있습니다.

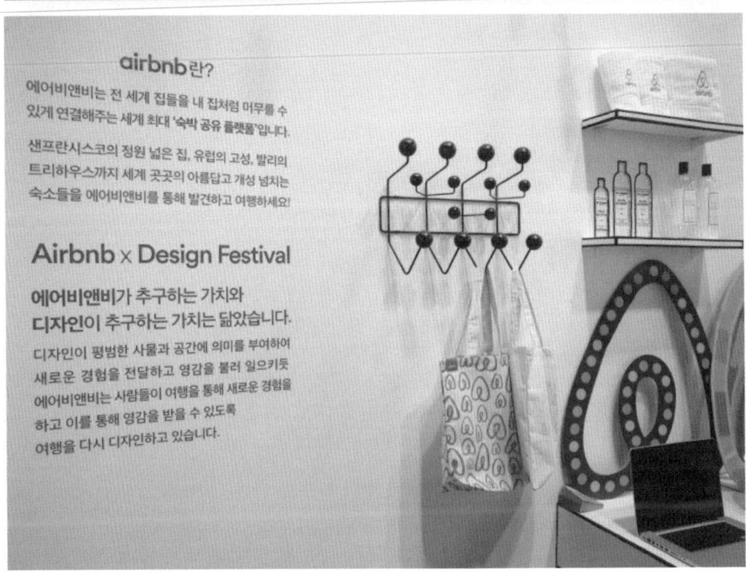

위 2014년 '서울 리빙 디자인 페어' 에어비앤비 부스 (에어비앤비 리브랜딩 전 로고) ©Airbnb
아래 2014년 '서울 디자인 페스티벌' 내 에어비앤비 부스 ©Airbnb

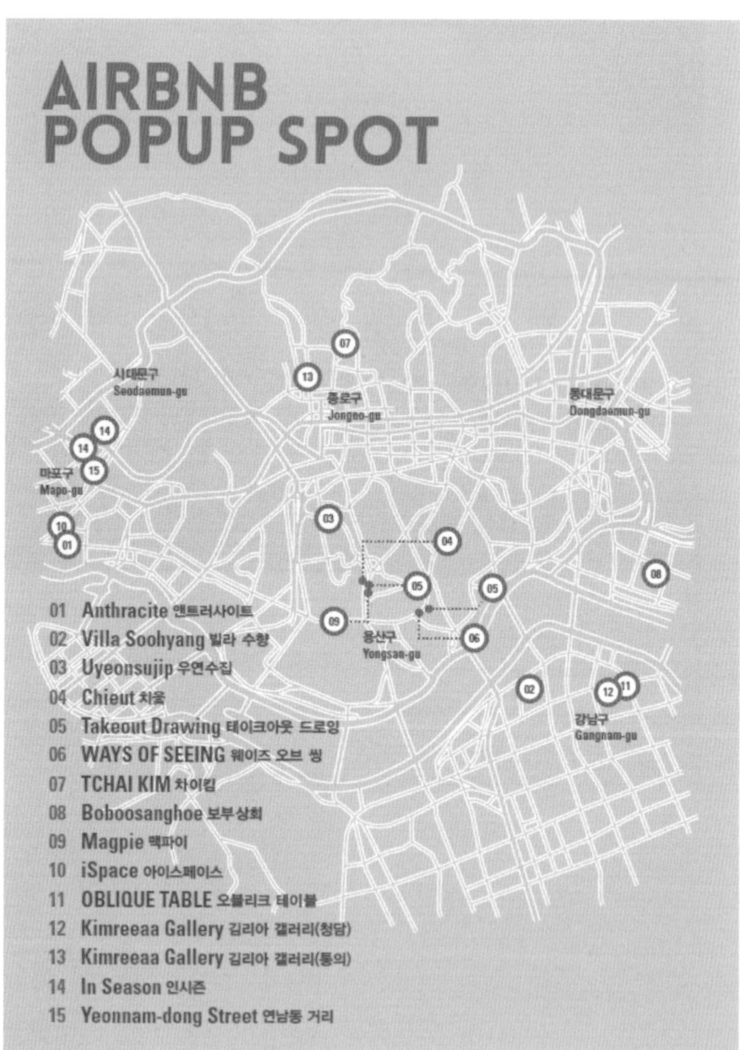
AIRBNB
POPUP SPOT
서대문구
Seodaemun-gu
종로구
Jongno-gu
동대문구
Dongdaemun-gu
마포구
Mapo-gu
용산구
Yongsan-gu
강남구
Gangnam-gu
01 Anthracite 앤트러사이트
02 Villa Soohyang 빌라 수향
03 Uyeonsujip 우연수집
04 Chieut 치읓
05 Takeout Drawing 테이크아웃 드로잉
06 WAYS OF SEEING 웨이즈 오브 씽
07 TCHAI KIM 차이킴
08 Boboosanghoe 보부상회
09 Magpie 맥파이
10 iSpace 아이스페이스
11 OBLIQUE TABLE 오블리크 테이블
12 Kimreeaa Gallery 김리아 갤러리(청담)
13 Kimreeaa Gallery 김리아 갤러리(통의)
14 In Season 인시즌
15 Yeonnam-dong Street 연남동 거리

2014년 '서울 디자인 페스티벌' 중 에어비앤비 스폿 ©Airbnb

에어비앤비가 한국에 진출한 2014년부터 2015년, 초기 2년간은 에어비앤비가 대중적으로 알려지지 않았기 때문에, 대중을 대상으로 하기보다 에어비앤비와 가장 잘 맞는 특정 커뮤니티를 찾았습니다. 우리는 커뮤니티와 먼저 소통하고, 그들이 에어비앤비의 팬이 되도록 만드는 일에 집중했습니다. '어떤 사람들이 우리를 좋아할 수 있을까?'를 고민하던 중 에어비앤비를 이미 사용한 사람들의 라이프스타일을 분석해보았습니다. 한국에서 특별히 마케팅을 하지 않았지만, 에어비앤비에 열광하는 타깃이 이미 존재하고 있었지요.

에어비앤비는 공간과 경험의 가치를 전달하는 브랜드이고, 프로덕트 디자인이나 웹 경험이 매력적이었기 때문에 디자인, 아트, 건축 분야 종사자, 공간이나 인테리어에 관심 있는 사람, 외국 생활이나 여행 경험이 많은 교포, 유학생, 여행작가들이 에어비앤비의 대표적인 초기 사용자였습니다. 또한 스타트업 업계에서도 에어비앤비는 유명한 유니콘*이었습니다. 그래서 새로운 기술이나 경험을 미리 접해보는 얼리어답터와 스타트업 종사자들도 에어비앤비의 초기 사용자 그룹 중 하나였습니다. 그중에는 에어비앤비 호스트도 있었어요. 우리는 그들을 더 잘 이해하기 위해 이들이 자주 가는 커뮤니티, 채널, 오프라인 행사

---

* 기업 가치가 10억 달러 이상인 스타트업을 유니콘이라고 부른다. 이는 많은 스타트업 중 크게 성공하는 스타트업이 드물어 상상 속에 존재하는 유니콘 같다는 의미다.

그리고 좋아하는 브랜드, 장소, 공간을 찾아보고 할 수 있는 파트너십을 구상했습니다.

인터넷에서 자료를 검색하거나 내부 사정을 잘 아는 인사이더와의 인터뷰를 통해서도 알아낼 수 있지만, 저희는 직접 타깃층이 갈 만한 오프라인 공간을 방문해 그들을 관찰했습니다. 그때는 전체가 10명 남짓한 팀이었기 때문에 마케팅팀뿐 아니라 모든 직원이 주말도 없이 에어비앤비 관련 정보를 자발적으로 공유했습니다. 하나의 예시로, 낮 시간에 힙스터와 얼리어답터가 선호하는 카페에 가서 앉아 있었습니다. 그중 하나인 카페 앤트러사이트Anthracite는 지금은 누구나 알지만, 그 당시엔 홍대 중심지에서 멀리 떨어져 숨어 있는 카페였습니다.

우리가 타기팅하고 싶은 사람이 그곳에 모두 모여 있다는 느낌을 받았습니다. 맥북으로 혼자 일을 하고, 조용히 이야기를 나누거나 개인 작업에 집중하는 사람들, 무엇보다 그 공간과 커피를 매우 좋아하는 사람들이 많았습니다. 취향이 명확하고, 공간 경험을 중요시하는 사람이 좋아할 만한 장소였어요. 이런 식으로 타깃의 라이프스타일을 판단해 페르소나를 구성했습니다. 예를 들어 28세 여성으로 캔버스화를 신고 한국 신진 디자이너 옷을 주로 입는다. 앤트러사이트 카페를 즐겨 찾고, 그래픽 디자이너이며, 맥주를 좋아한다 등등 실제 인물을 그리듯 구체적으로 여러

페르소나를 구성했습니다. 타깃을 입체적으로 분석한 결과, 공간과 디자인이 주는 경험을 좋아하는 사람이 에어비앤비의 초기 사용자라는 판단을 내릴 수 있었습니다. 그리고 2014년 '서울 리빙 디자인 페어'에 브랜드 부스로, 그해 겨울에는 '서울 디자인 페스티벌'의 공식 스폰서로 참여했습니다.

공식 스폰서로 브랜드 로고를 노출하는 것보다 '서울 디자인 페스티벌'에 참여하는 사람들에게 에어비앤비를 알리고, 디자인 스폿(숍, 카페, 갤러리)과의 접점을 만드는 게 중요한 목표였습니다. 그렇기 때문에 100개가 넘는 디자인 스폿을 직접 방문해 스폿 담당자에게 에어비앤비를 소개했습니다. 디자인 스폿 중 에어비앤비랑 잘 맞을 것 같은 공간은 브랜드 컬래버레이션 스폿으로 함께 기획했는데 저희가 직접 가본 앤트러사이트를 포함했습니다.

이때 일러스트레이션 작가와 함께 〈여행을 부르는 마법〉 전시를 기획했습니다. 에어비앤비 브랜드 로고를 활용해 네 명의 일러스트레이터가 각자의 개성을 살려 작품을 창작하고 카페 내에 전시했습니다. 공간의 특성상 지나치게 브랜디드된 콘텐츠는 오히려 반감을 살 수 있다고 판단해 작가에게 자유를 부여해 다양한 그림이 나올 수 있도록 하고, 기존 앤트러사이트 공간과 잘 어우러지는 형태로 전시했습니다.

직접적으로 사이트나 앱 다운로드 등 기능적인 부분을 드러내지 않았지만, 관심 있는 사람은 도록을 보고 에어비앤비를 알 수 있도록 했습니다. 2015년까지는 대중을 상대로 하는 브랜드 캠페인보다 이런 식으로 조금 더 특화된 채널 전략과 파트너십을 통해 우선 에어비앤비의 팬이 모여 있는 커뮤니티와의 접점을 쌓아나갔습니다.

'여행은 살아보는 거야' 브랜드 캠페인

우리가 생각했던 초기 타깃 그룹을 모두 사로잡았다는 자신감이 생기기 시작했을 때, 브랜드 마케팅 캠페인을 진행했습니다. 한국팀에서 2년 동안 진행한 마케팅 활동이 특정 타깃의 브랜드 인지도를 높이는 데 기여했고, 무엇보다 얼리어답터 커뮤니티가 생겨났습니다. 에어비앤비의 가치를 우리 대신 전달하는 커뮤니티와 허브가 있었는데 그들이 에어비앤비를 화제로 이야기하면서 자부심을 느끼는 걸 볼 수 있었습니다. 그래서 2016년부터는 타깃을 넓히기 위한 브랜드 캠페인을 시작하기에 적절한 타이밍이라고 생각했어요. 여기서 말하는 캠페인은 대중을 상대로 하는 미디어 전략을 포함한 통합 마케팅 활동을 말합니다. TV 채널뿐만 아니라 다양한 미디어와 오프라인 채널을 통해 브랜드 광고를 집행했어요. 매스미디어에 해당하는 채널과 인플루언서, 일반 여행자의 참여를 통해 에어비앤비의 실제 사용자가 소셜 미디어에 공유한 스토리(UGCuser-generated content)를 다양한 채널을 통해 공유했습니다.

에어비앤비 브랜드 호감도가 높더라도 에어비앤비를 실제로 사용하기까지는 심리적 장벽이 높다고 생각했기 때문에, 그들이 공감할 수 있는 사람들의 이야기를 많이 알렸습니다. 2016년에는 첫 브랜드 캠페인을 통해 '여행은 살아보는 거야'라는 슬로건으로 브랜드 캠페인을 진행했습니다. 이 슬로건은 단순히 브랜드 캠페인 슬로건에서 그치지 않고, 사람들이 자발적으로 공유하는 여행 슬로건으로 퍼져나갈 수 있었습니다. 광고에서 전달한 메시지는 브랜드 가치인 '소속감Belong Anywhere'과도 일관성 있게 연결됩니다. 처음에는 이 영상이 한국인의 공감을 이끌어낼 수 있을까 걱정을 많이 했습니다. '한국의 문화에 친숙하고 한국어를 잘하는 에어비앤비'로 다가가기 위해 단순히 언어적 접근이 아니라, 문화와 감성을 고려해 다시 카피를 창조하는 것이 브랜드를 현지화하는 과정에서 가장 중요하기 때문입니다.

에어비앤비의 비즈니스는 로컬 문화를 중요하게 생각합니다. 그래서 다른 글로벌 회사에 비해 로컬팀의 의견과 아이디어를 매우 존중하는 조직 문화를 지녔습니다. 글로벌 영상을 제작할

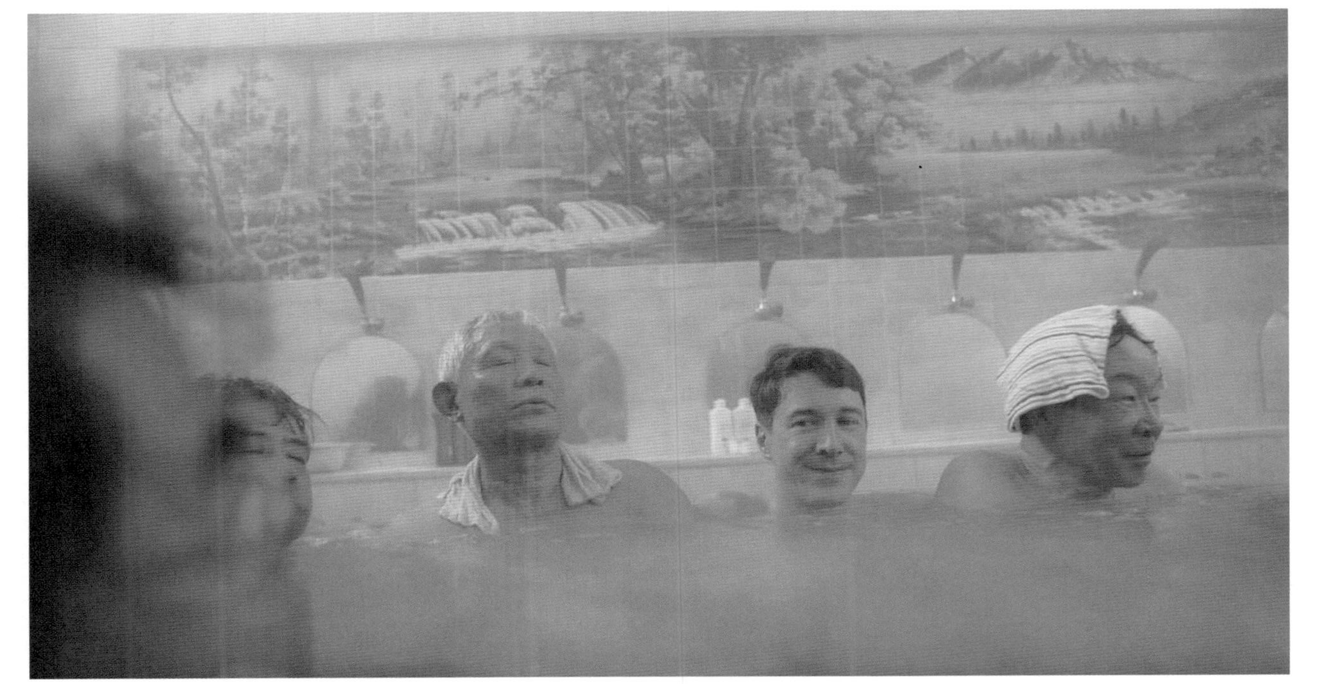

2016년 〈여행은 살아보는 거야〉 광고 영상 중 한 장면 ©Airbnb

당시, 한국인들이 좋아할 만한 장면과 느낌을 고려해 촬영했고, 결과적으로 미국과 유럽에서 사용한 버전과는 다른 한국인만을 위한 광고 영상을 만들었습니다.

로컬리제이션 팀localization team, 크리에이티브 에이전시creative agency 그리고 저희 에어비앤비 직원들의 피드백을 모두 고려해 한국인이 들었을 때 가장 공감할 수 있는 카피를 창작했습니다. 영어를 한국어로 현지화할 때 가장 어려운 부분이 영어가 전달하는 캐주얼하고 친밀한 느낌을 한국어 스타일로 살리는 거예요. 존댓말을 쓰면 너무 무거워지고 반말을 쓰면 건방져 보일 수 있어 이 부분도 고려해 스토리를 제작했어요. 이러한 과정을 통해 캠페인 슬로건인 '여행은 살아보는 거야'가 탄생했습니다.

'여행은 살아보는 거야'라는 카피의 영어 버전은 'Live there, even if just for a night'입니다. '살아봐, 하룻밤이라도'가 가장 정확한 번역이었고, 본사에서도 이를 추천했습니다. 하지만 한국인과 한국어의 특성 그리고 슬로건의 전파력을 고려해 한국팀은 강력하게 '여행은 살아보는 거야'를 주장했습니다. 그 당시 CMOChief Marketing Officer였던 조너선은 재번역된 'Travel is to live'를 보고 원래 의미와 다르지 않느냐며 완강히 반대했습니다. 언어적 차이와 한국인의 정서를 잘 모른다고 생각해 로컬리제이션 전문가의 도움을 받아 한 시간 동안 언어

2016년 에어비앤비 브랜드 캠페인 옥외 광고 ©Airbnb

구조의 차이와 뉘앙스의 차이를 설명했어요. 글로벌 버전을 그대로 번역하면, '조금 더 오래 살아봐'로 잘못 해석할 수 있다고 강조했습니다.

가장 중요한 부분은 영어가 가진 뉘앙스와 영감을 전달하는 것이라 생각했기 때문에 다소 공격적인 설득 과정을 거친 후, '여행은 살아보는 거야'가 세상 밖으로 나올 수 있었습니다. 그 결과, 글로벌 마케팅 캠페인 중 한국이 가장 성공적인 결과를 얻을 수 있었는데 로컬 인사이트의 좋은 사례로 선정되어 글로벌 팀 전체와 공유하기도 했습니다.

한편 광고 스타일 또한 한국인이 좋아할지 걱정이 많았습니다. 하지만 광고의 톤 앤 매너tone and manner가 에어비앤비가 추구하는 브랜드 가치와 잘 어울렸기 때문에 익숙하지 않은 광고 스타일이었지만 공감을 이끌어낼 수 있었어요.

광고 어디에도 에어비앤비에 관한 자세한 설명은 없습니다. 그 대신 감성적이고 자연스러운 광고 메시지는 현지인의 집에 머무는 여행을 꿈꾸게 하고, 여행자의 '마음'을 움직입니다. 브랜드 캠페인을 통해 생소하지만 현지인처럼 살아보는 여행의 가치에 공감하는 여행자들이 생각보다 많다는 사실을 확인할 수 있었어요. 또한 실제로 브랜드 인지도가 급격히 상승했습니다.

여행 시장에서 에어비앤비는 '휴머니즘을 자극하는 광고'와 '현지의 문화를 이야기하는 광고'의 장을 열었다는 평가를 받습니다. 실제로 2016년 에어비앤비의 'Live There'(한국에서는 여행은 살아보는 거야) 캠페인 이후로 다른 경쟁 업체에서 비슷한 메시지로 마케팅을 하고 있습니다. 에어비앤비 이전에는 장소를 프로모션하는 광고나 서비스의 특징과 가격 경쟁력을 전달하는 광고가 많았지만, 현재는 숙박뿐 아니라 많은 여행 관련 브랜드가 현지 경험의 가치를 이야기하는 걸 쉽게 발견할 수 있습니다.

이 장에서는 여행 시장의 전반적인 흐름과 변화하는 여행자의 니즈를 살펴보고, 에어비앤비 브랜드가 시장에서 갖는 의미와 위치를 이야기했습니다. 창의적인 아이디어를 생각하기 위해 마케터는 맥락을 이해해야 합니다. 이는 매우 중요한 부분이에요. 전체적인 맥락에서 브랜드를 볼 수 있어야 누구에게 어떤 이야기를 할지가 더 선명해지기 때문입니다. 제가 구체적으로 어떤 일을 어떻게 했는지는 'PART 11 살아보는 여행을 브랜딩하기'에서 나누겠습니다.

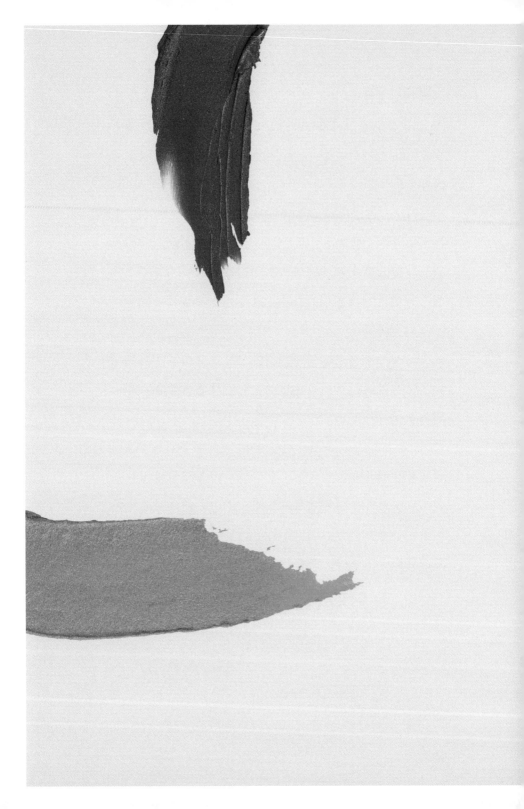

PART 08

트레바리: 세상을 더 지적으로, 사람들을 더 친하게

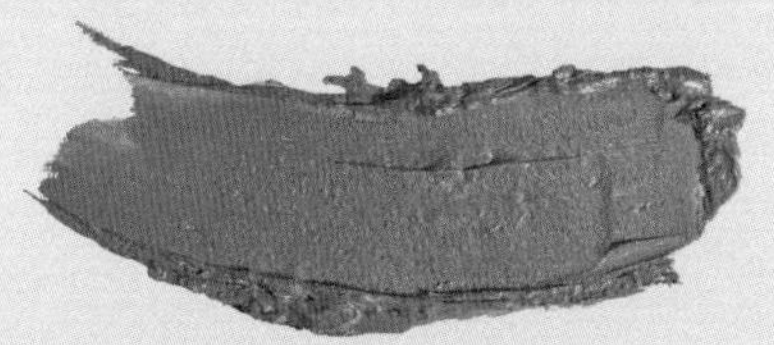

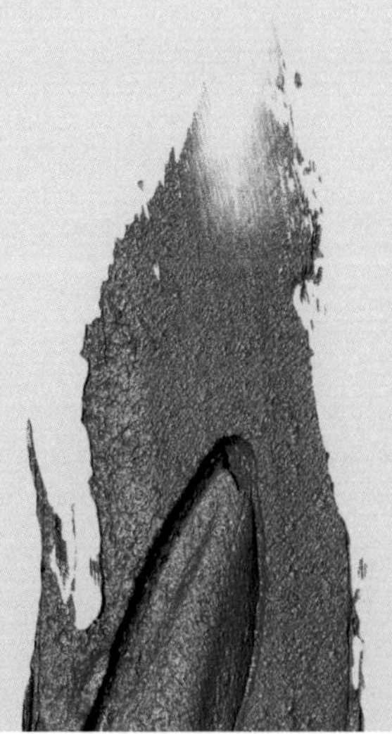

생각하는 대로 살지 않으면, 사는 대로 생각하게 된다

혹시 필터 버블filter bubble이라는 말을 들어보셨나요? 인터넷 정보 제공자가 사용자 맞춤형 정보를 제공해 필터링된 정보만 사용자에게 도달하는 현상을 일컫는 말입니다. 우리에게 이미 너무나도 친숙한 페이스북의 뉴스피드를 떠올리면 이해하기 쉽습니다.

저는 진보적 정치 성향을 가지고 있습니다.
놀랄 만한 일인가요.
하지만 저는 늘 보수적 성향의 사람들을 만나려고 노력했습니다.
그래서 어느 날 보수주의자들이 제 페이스북 피드에서
사라졌다는 것을 알았을 때 깜짝 놀랐습니다.

페이스북이 제가 어떤 링크를 클릭하는지 살펴보고 있었고,
제 의견을 묻지도 않고 페이스북은 그것을 편집해버렸습니다.
그들은 사라졌죠.

엘리 프레이저, 미국 시민단체 무브 온 이사장

개인화 추천 기술의 집약체인 페이스북의 알고리즘은 내가 '좋아요'를 누른 글과 사진, 영상과 비슷한 게시글을 찾아다가 예쁘게 상을 차려줍니다. 진보적인 뉴스를 자주 읽고 좋아요를 누르는 이용자에게는 진보 성향의 게시글이 추천되고, 반대로 보수적인 뉴스를 자주 읽고 좋아요를 누르는 이용자에게는 보수 성향의 게시글이 추천되는 식으로요.

하지만 그렇게 내가 좋아할 만한 정보들만 떠먹다 보면, 어느새 우리는 필터 버블에 갇혀 비슷한 관점의 정보를 편식하다가 확증 편향에 빠지게 마련입니다. '생각하는 대로 살지 않으면, 사는 대로 생각하게 된다'는 말이 떠오르네요. 그저 페이스북 뉴스피드를 넘겼을 뿐인데 나도 모르게 배타적이고 편향적인 사고를 하게 될지도 모른다는 사실, 정말이지 무서운 일 아닌가요.

트레바리, 독서 모임 기반 커뮤니티 서비스

'세상을 더 지적으로, 사람들을 더 친하게'라는 비전을 내세우며 빠르게 성장하는 회사가 있습니다. 어지간히 책 안 읽는 우리나라에서 독서 모임이라는 고색창연한 아이템을 들고 나왔다고 합니다. 책을 읽고 모여 독후감을 쓰고 토론하고 친해지자고 합니다. 혼자였다면 읽지 않았을 책을 읽고, 평소라면 듣지 않았을 이야기를 듣자고 합니다. 빠르고 복잡하게 변하는 세상에서 독서 모임을 통해 다양한 분야의 지식을 습득하고 나름의 인사이트를 도출할 수 있다면, 그리하여 앞서 이야기한 필터 버블을 터뜨릴 수 있다면, 이 얼마나 의미 있는 일일까요. 제가 일하고 있는 회사이기도 한 독서 모임 기반의 커뮤니티 서비스 트레바리는 그렇게 탄생했습니다.

"독서 모임을 하는 데 돈을 내야 한다고?"

"응."

"4개월에 19만 원이라니 너무 비싸지 않아? 책은 사줘? 뒤풀이 비용은 포함인 거지?"

"아니."

트레바리를 설명할 때면 자주 받는 질문과 대답입니다. 트레바리는 4개월을 한 시즌 단위로 묶어, 월 1회씩 총 4회에 걸쳐 독서 모임을 진행합니다. 이 서비스를 누리는 '멤버'가 되려면 한 시즌당 회비 19만 원을 지불해야 합니다. '클럽장'이라 불리는 전문가와 같이 활동하는 클럽의 회비는 29만 원입니다. 독서 모임을 하기 위해 내는 것치고 결코 저렴하지 않은 가격처럼 보입니다. 더군다나 독서 모임이 전에 없다가 갑자기 세상에 나타난 새로운 형태의 커뮤니티도 아닐 테고요. 아마 많은 사람이 던지는 질문들 또한 그런 의구심에서 나온 것이겠지요.

그동안 독서 모임 커뮤니티는 대개 의욕적인 소수의 희생과 헌신을 발판 삼아 이어졌던 것이 현실입니다. 독서는 그저 허울이고, 친목에 훨씬 더 무게를 두는 주객전도 현상이 발생하기도 합니다. 트레바리의 윤수영 대표 또한 그렇게 독서 모임을 운영하던 열정적인 운영자 중 한 명이었죠.

친구들이랑 술자리 한번 모으려고 해도 매니징을 해야 하잖아요. 모인 친구들에게 한 달 후에 또 술자리를 열 테니 오라고 말하면, 다음 모임 때 인원은 줄어들 거예요. 술 마시는 것도 힘들어 죽겠는데, "넌 이런 생각할 거리를 가지고 오고", "넌 글을 써봐" 이러면 당연히 안 오겠죠. 독서 모임이 재밌고 좋긴 한데, 보통은 열정적인 운영자 한두 명의 헌신으로 지속되다가 2년을 가지 못하고 없어집니다.

윤수영, 트레바리 대표

애초에 독서 모임에 참여할 멤버를 꾸리기도 쉽지 않습니다. 더군다나 장소며, 책 선정이며, 발제며, 각종 공지까지. 독서 모임을 꾸리기 위해 어떤 공수가 들어가는지 상상해본 적 있나요? 트레바리는 독서 모임을 하기 위해 필연적으로 감수해야 하는 귀찮은 일들을 대신하는 회사입니다. 사람들이 온전히 즐기기에만 몰입할 수 있게 말이죠. 트레바리는 2015년 5월 즈음 윤수영 대표와 그의 지인들이 모여 일종의 오픈 베타테스트를 진행하며 시작했습니다. 저는 그때부터 약 2년간 일반 회원인 '멤버'로, 입사하기 전 6개월 동안은 모임 한 개의 총무 역할인 '파트너'로 함께했어요. 이제는 이 회사의 직원인 '크루'가 되었네요. 베타테스트를 하던 두세 달간, 멤버들로 하여금 모임 한 번에 3만 원을 내고 참여하도록 했습니다.

여기에 참여한 멤버들의 반응이 뜨겁자, 아예 4개월 19만 원의 시즌제 독서 모임으로 정식 론칭을 한 것이었죠. 가격은 공급자의 관점에서 모임을 준비하기 위해 드는 기획·운영비와 임대료 그리고 인건비를 고려해 책정되었습니다. 다소 비싸게 느껴지는 가격대지만, 멤버들은 서비스에 만족하며 기꺼이 비용을 지불하고 재등록을 하기도 합니다. 2018년 5~8시즌의 재등록률은 50%를 웃돌았습니다.

베타테스트 때부터 한동안은 평일 늦은 밤 스타트업 얼라이언스의 텅 빈 공간을 빌렸어요. 그러다 2016년 1월에 압구정역 근처 오래된 건물의 4층 방 하나를 빌릴 수 있었습니다. 차츰 옆방으로, 또 아래층인 3층으로 확장하더니 같은 건물의 지하 1층도 사용하면서 간단한 음료와 주류를 판매하는 F&B 공간도 함께 운영하게 되었습니다. 2018년 1월에는 안국역 근처에도 새로운 모임 공간을 마련해 점점 아지트*를 넓혀나가고 있습니다. 2년 반 전엔 한 손에 꼽을 수 있었던 독서 모임의 숫자가 2018년 초에는 150개로 불어났어요. 이 글을 쓰고 있는 2018년 5월에는 180개가 넘는 독서 모임에서 약 3200명의 멤버가 함께하고 있습니다. 속도가 참 빠르죠.

---

* 트레바리에서는 모임 공간을 아지트라고 부른다.

스타트업에도 브랜딩이 필요한 이유

처음 트레바리 페이스북 페이지가 개설된 이래, 트레바리는 2년이 넘도록 프로필 사진 한 번 바꾼 적이 없었다고 합니다. 영문 스펠링 또한 여기서는 TREVARI로, 저기서는 Trevari로, 또 다른 곳에서는 TreVari로 적혀 있었고요. 페이스북 프로필 사진이니, 영문 스펠링의 통일성이니, 그간은 중요하거나 급하지 않게 여겼을 수도 있습니다. 지인을 통한 입소문이 주요 유입 채널이던 시점에 이런 사소한 부분은 무심히 넘어가도 어여쁘게 이해받을 수 있었을지 모릅니다.

하지만 회사가 차츰 성장하며 접점이 넓어지고 다양해질수록 일관성 있게 제품과 서비스의 정체성을 잘 표현하는 브랜드를 구축하는 일이 중요합니다. 이 회사를 전혀 모르는 사람들에게도 서비스를 소개하고 팔아야 하는 순간들이 오기 때문입니다. 불특정 다수의 입에 오르내리기 시작하면 정돈되지 않은 정보는 사람들에게 혼선을 줄 뿐이죠. 그러니 튼튼하고 단단한 우리만의 성격과 색깔을 정의하고 이를 매끄럽게 다듬고 꾸준히 홍보해야 합니다. 그런 의미에서 제가 입사 직후 가장 먼저 한 일은 트레바리 페이스북 페이지의 프로필을 바꾸면서 컬러와 로고를 추가하고, 트레바리의 영문 표기를 TREVARI로 통일한 것입니다.

트레바리는 갓 2년이 넘은 데다 이제 열 명이 조금 넘는 사람들로 구성된 작은 회사입니다. 더군다나 급격하게 성장해온 터라 돌보지 못한 구석들이 참 많습니다. 지금도 하루하루 발생하는 문제를 해결하는 데 힘에 부치는 것이 현실입니다. 이렇게 창업한 지 얼마 되지 않은 초기 단계의 스타트업 회사엔 브랜딩보다 더 시급하고 중요한 것처럼 보이는 일이 많을 테지요.

그런데도 아니 오히려 그래서 더 저는 스타트업에 브랜딩이 중요하다고 믿습니다. 자동차 브랜드들이 속도를 겨루는 꿈의 무대 F1 경기를 본 적이 있나요? 단기적으로는 그저 빠르게 속도를 내며 치고 나가는 것이 레이스에서 맨 앞자리를 차지하는 방법일 수 있습니다. 하지만 중간중간 속도를 늦추더라도 피트인pit-in에 들어서서 타이어를 교체해주지 않으면 안 됩니다.

위 트레바리 초기, 압구정 아지트 3층 인테리어 시작 전 ©트레바리
아래 트레바리 안국 아지트. 2018년 1~4시즌부터 안국 노스테라스 빌딩에 입주해 압구정과 안국을 더해 총 15개의 모임 공간을 운영 중이다. ©트레바리

TREVARI

트레바리 페이스북 프로필 사진. 불과 석 달 전만 해도 로고 없이 책 보는 사람의 이미지(위)를 올려두었다.
포인트 컬러와 영문 대문자 표기를 사용한 로고(아래)로 변경했다.

고르지 않게 닳아버린 타이어는 제각각으로 겉돌며 속도를 늦추거나, 심지어 자동차를 이상한 방향으로 이끌게 마련일 테니까요.

스타트업의 브랜딩 또한 마찬가지입니다. 잠깐이라도 시간을 내어 우리가 어떤 성격이고 어떤 목소리를 낼 것인지, 과연 실제로 일관성을 갖고 진행하는지 점검하지 않으면, 열심히 시간을 들이고 돈을 쓰고 있음에도 서로 다른 방향으로 겉돌지도 모릅니다. 그러니 우리의 지향점이 무엇인지 그리고 정말로 그곳을 함께 보는지 확인할 필요가 있습니다. 물론 브랜드를 정의하고 회사 안팎으로 의사소통하는 활동이 비즈니스 목표와 상충하거나 그 속도를 저해하면 곤란하겠죠? 방금 말한 F1 이야기를 하나만 더 덧붙이려 합니다. 레이스에서 피트 스톱에 걸리는 시간은 3초가 채 안 된다고 합니다.

트레바리는
어떤 브랜드가 되려 하는가

'이유 없이 남의 말에 반대하기를 좋아함. 또는 그런 성격을 지닌 사람.' 트레바리는 이런 뜻을 지닌 순우리말입니다. 트집을 잡다와 유사한 옛말인 '트레잡다'와 사람을 낮춰 부르는 '-바리'의 합성어죠. 순우리말이라는 이야기를 들으면 뜻밖이라며 깜짝 놀라는 사람들이 많습니다. 발음이 이탈리아어나 프랑스어와도 비슷한 느낌이어서 이런 반응을 보이는 것 같습니다.

독특한 이름만큼이나 특이한 회사가 트레바리입니다. 비즈니스 모델이 많은 사람의 생각을 거스르기 때문입니다. 그간 독서 모임이 자발적으로 형성된 무료 모임이었다면, 트레바리는 철저하게 유료로 운영됩니다. 게다가 적지 않은 가격까지. 심지어 읽고 싶은 책을 읽는 것도 아닙니다. 함께 읽는 책은 투표로 결정하거나 클럽장이 정하니까요.

그뿐만이 아닙니다. 이미 돈을 냈는데 모임 이틀 전까지 독후감을 써야 한다네요. 독후감을 쓰지 않으면 모임 당일에 참석할 자격이 주어지지 않기 때문입니다. 모임을 진행하는 공간 또한 불편합니다. 테이블의 높이가 낮아 필기를 한다거나 음식을 먹기가 애매합니다. 모임 인원이 열너댓 명을 넘어가면 모임 공간이 조금은 비좁기도 하고요. 회사가 멤버들에게 균일한 서비스를 제공하지 못할 수 있다는 점도 생각해볼 만한 문제입니다. 어떤 책을 읽는지, 어떤 질문을 놓고 누구와 이야기하는지에 따라 모임의 수준이 천차만별로 나눠질 가능성이 크죠. 같은 모임에 소속된 사람들과 호흡이 잘 맞는지 아닌지는 멤버들이 '재미있었다', '다음 모임도 나오고 싶다', '다음 시즌에도 등록하고 싶다'고 느끼게 하는 결정적인 요인입니다. 이 부분은 서비스 제공자가 직접 제어할 수 없는 영역이지요.

하지만 불편하기에 얻어갈 수 있는 더 귀한 경험이 있다고 믿습니다. 혼자였으면 읽지 않았을 책을 독서 모임이라는 커뮤니티에 소속되었기에 읽습니다. 책을 읽는 데서 그치지 않고 나만의 시각과 의견을 글로 정리합니다. 평소 자신의 활동 반경에서는 만나기 힘들었을 사람들과 함께합니다. 조금은 불편하고 낮은 테이블 앞에 앉아 서로를 열린 자세로 바라보며 대화합니다. 같은 책에 대한 다른 생각을 듣고, 내 이야기를 하고, 설득하기도 또 설득당하기도 합니다.

네, 트레바리는 역설적이게도 '의도된 불편함' 속에서 '자발적인 참여를 통한 재미와 성장'의 경험을 판매하는 독서 모임 기반의 커뮤니티 서비스입니다. 깨끗한 침구와 서비스가 기다리고 있는 호텔과 전문 숙박업소를 마다하게 하는 에어비앤비나, 완제품을 배송해주는 대신 직접 조립하고 설치하는 재미를 느끼게 해준다는 이케아를 비슷한 사례로 꼽을 수 있습니다. 물론 회사 측에서도 서비스의 질을 일정하게 유지하고 끌어올리기 위해 끊임없이 노력합니다. 개별 모임을 직접 관리하는 파트너들에게 운영 가이드라인을 전달하고, 촘촘한 To-do 목록을 만들어 트렐로Trello 앱으로 관리합니다. 이 원칙 속에서 파트너 채널을 통해 모임 운영에 관한 피드백을 지속적으로 제공받으며, 각종 상황에 유연하게 대처하고 단점을 개선합니다.

트레바리는 저렴한 가격에 괜찮은 성능과 가치를 얻는, 이른바 가성비 좋은 서비스가 아닙니다. 하지만 그 의도를 이해하고 이곳에 적극적으로 뛰어들 때 그 불편함에서 얻을 가치가 훨씬 더 큽니다. 가깝게는 트레바리 2018년 5~8시즌을 함께하는 3200여 명의 멤버들에게, 멀게는 관심을 갖고 지켜보고 있지만 선뜻 함께하지는 못하는 잠재적 고객에게 회사의 철학을 잘 설명하고 그들이 풍덩 뛰어들 수 있도록 만드는 것이 브랜딩의 핵심이자 마케터의 미션이 아닐까요?

나는 왜
트레바리 마케터로 일하는가

앞서 썼듯이 저는 트레바리 정식 오픈 이전에 베타테스터로 참가했습니다. 그 뒤 2년은 일반 멤버로, 또 나머지 6개월 정도는 '국내이슈'라는 모임을 담당하는 파트너로 함께했고, 지금은 크루가 되었지요. "왜 그곳에서 일하기로 결심했나요?" 트레바리에 입사하기로 했다는 소식을 알렸을 때 가장 많이 받은 질문입니다. 온라인과 오프라인, 스타트업과 대기업을 넘나들며 3년을 일하면서 다시금 이직을 결심하며 세운 기준은 세 가지입니다. 첫째, 내가 즐겨 사용하는 제품·서비스인가. 둘째, 일에 대한 권한과 책임이 온전히 주어지는가. 셋째, 마음껏 일하고 일한 만큼 보상받을 수 있는가. 저는 제 자신이 지금 즐겨 쓰는 제품과 서비스를 맡아 마케팅할 때 더 신나게 일합니다. 구매 경험과 사용 경험이 일에 큰 도움을 주는 동시에 직무에서 좋은 성과를 내면 제 소비자 경험도 더 좋아질 테니까요.

나아가 회사의 비전과 직원으로서 마케터 개인의 목표도 쉽게 일치시킬 수 있습니다. 저 역시 긴 시간 동안 트레비리 커뮤니티와 함께하며 때로는 애정을, 때로는 싫은 소리를 늘어놓은 소비자 중 한 명이었어요. 일에 대한 권한과 책임이 온전히 주어지는지, 그리고 마음껏 일하고 일한 만큼 보상받을 수 있는지도 중요한 선택 기준이었습니다. 대기업에서 일할 땐 업무의 양과 처리 속도에는 불만이 없었지만, 정작 왜 이 일을 해야 하는지에 대해서는 설명이 부족하다고 느꼈기 때문입니다. 특히나 더 효율적이고 올바른 업무 방향에 대한 생각은 위계와 속도감에 묻히기 일쑤입니다. 무슨 일을 어떻게 얼마만큼 해내는지보다는 얼마나 오랫동안 회사에 다녔는지가 더 중요한 게 대기업의 현실이었습니다. 그래서 조금 더 자율적으로 일하며 여러 가지를 시도하고, 때론 실패할지언정 궁극적으로는 큰 성공을 이뤄 그만큼의 보상을 받는 것이 낫겠다고 생각했습니다. 이쪽이 더 합리적이고 동기부여에도 도움이 된다고 보았고요. 비록 당장은 안정적인 연봉을 포기하게 될지라도 말이죠. 선배들과 동료들을 보며 제 5년, 10년 후 모습을 어렵지 않게 상상해볼 수 있었던 것도 퇴사의 이유였습니다. 몇 년 뒤에는 대리, 과장으로 직급은 올라가겠지만, 결국 하는 일은 크게 다르지 않더군요. 거대한 조직이 둘러준 안정적인 울타리 안에서 안주하며 비슷한 일을 하다가 하루가 다르게 변하는 사회 환경에 제대로 대응하지 못하고 우왕좌왕하는 모습도 봤습니다. 열심히 일해서 성과를 인정받는다면 진급을 1~2년 정도 앞당길 수 있었을지도 모릅니다. 하지만 만약 그곳에 머물렀다면, 저 역시 언젠가는 시대와 제대로 발맞추지 않은 역량으로 버티다가 비슷한 미래를 맞이하지는 않았을까요. 그럴 바에야 빠르게 울타리 밖으로 나와 그때그때 필요한 능력을 길러보자고 생각했습니다.

회사가 진짜로 가치 있게 여기는 것들이 무엇인지는,

누가 보상받고, 승진되고, 해고되는지로 나타난다.

리드 헤이스팅스, 《넷플릭스 문화: 자유와 책임》

위 기준에 모두 부합한다면, 이미 많은 사람이 일하기 위해 줄 서서 경쟁하는 훌륭한 회사일 가능성이 높겠지요. 트레바리라는 회사가 그리고 마케터로서의 일이 앞서 이야기한 기준에 모두 부합한다고 할 수는 없습니다. 제가 이 조직을 선택한 이유는 앞서 이야기한 기준을 충족시킬 가능성이 높고, 또 그렇게 만들기 위해 제 시간을 걸어볼 만한 가치가 있는 멋진 일을 하고 있기 때문입니다. '세상을 더 지적으로, 사람들을 더 친하게'라는 이 챕터의 제목처럼 말이죠.

PART 09

배민다움 유지하며 브랜딩하기

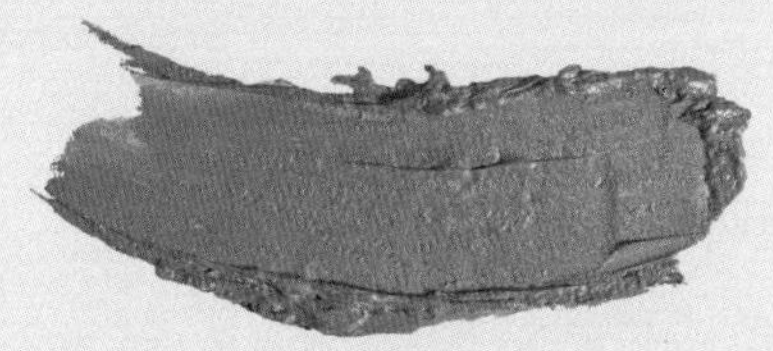

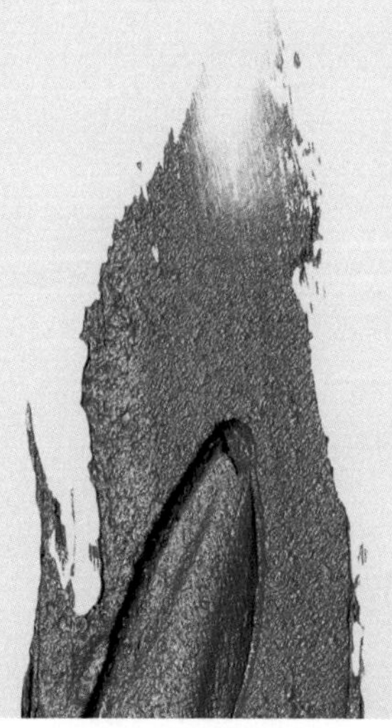

꽃피는 봄이 오면,
배민신춘문예

"이 아이디어 누가 냈나요?" 배민의 브랜딩 캠페인이 잘 되면(이른바 '터졌다'고 표현할 만한 상황이면) 항상 듣는 질문입니다. 저도 다른 브랜드의 잘된 프로젝트를 보면 묻습니다. 이 아이디어를 누가 낸 것이냐고 말이죠. 아이디어를 낸 사람이 궁금할 수도 있고, 어떻게 내는지 방법을 알고 싶을 수도 있습니다. 저는 사람과 방법 양쪽이 모두 궁금하던데 여러분은 어떤가요?

배민은 지난 8년 동안 배민다움을 만들기까지 다양한 온·오프라인 이벤트와 행사를 진행했는데 그중 배민 하면 떠올리는 배민신춘문예 캠페인을 빼놓을 수 없습니다. 이 캠페인 안에는 온라인 이벤트, 오프라인 행사, 배민 브랜드 이야기, CS 이슈 등 모든 이야기가 담겨 있습니다. 이 글에서는 제가 속한 팀 이야기를 들려주고자 합니다. 캠페인을 만들어나가는 사람들의 이야기와 구체적인 캠페인 기획 방법론까지 모두 도움이 되길 바라면서요.

"신춘문예를 패러디해 전 국민 시 공모전을 열어보는 것은 어때?" 4년 전 어느 날, 김봉진 대표가 먼저 이야기를 꺼냈습니다. 3월이면 신문에서 신춘문예를 보았던 터라 '우리도 하면 재밌겠다'는 생각에서 나온 아이디어였습니다. 듣자마자 모두 재밌겠다고 박수를 치며 자리에서 일어났던 기억이 납니다.

배민의 첫 아이디어는 대부분 이렇게 누군가의 관찰에 의해서 시작되었습니다. 그 관찰이 우리의 공감을 이끌어내는 순간 기획을 시작합니다. 모두가 공감하고 재밌으면 상상할 수 있거든요. 배민신춘문예는 음식을 주제로 하는 짧은 시 공모전입니다. 이름은 거창하지만, 실제로는 코믹한 구절을 공모·시상하죠. 첫해엔 이 캠페인을 많은 사람에게 알려야 했기에 상품을 이슈화하기로 했습니다.

일 년 내내 1일 1닭 할 수 있는 치킨 365마리!

위 1, 2, 3회 배민신춘문예 포스터 ©배달의민족
아래 지하철 광고에 걸린 2017년 제3회 배민신춘문예 대상 수상작 ©배달의민족

지금은 식상해 보이지만, 4년 전 치킨 365마리는 혁명과 같은 상품이었다고 할 수 있습니다. 물론 금액으로 환산하면 다른 회사 이벤트의 1등 상품처럼 큰 액수가 아닐 수도 있지만 사람들은 재밌어 했고, 그 어떤 1등 상품보다 좋아했습니다. 이렇게 시작한 배민신춘문예엔 매년 3만~5만 작품이 응모됩니다. 이젠 '치킨은 살 안 쪄요 살은 내가 쪄요', '시작이 반반이다', '수육했어 오늘도' 등 이름난 문구를 배출하며, 꽃피는 봄이 올 때쯤 열리는 배민 브랜딩실의 정규 프로젝트로 자리를 잡았습니다.

제4회 배민신춘문예, 어떻게 기획했나

이번엔 또 무슨 콘셉트로 하죠?

김봉진 대표는 브랜딩에서 꾸준함이 가장 중요하다고 말합니다. 그래서 우리는 2018년에도 어김없이 배민신춘문예 캠페인을 또 준비합니다. 이 캠페인은 다른 어떤 이벤트보다도 사람들과 함께 만들어가는 것이라 마케터들에게 가장 보람 있는 프로젝트입니다. 동시에 이 프로젝트는 부담감과 걱정도 항상 수반합니다. 전년도와 달라야 하고, 전년보다 더 새롭고 재밌어야 하거든요. 매년 반복해서 진행하는 캠페인에서 어떤 점을 유지하고 어떤 점을 바꿔야 할지 판단하기 어렵습니다. 작년과 똑같이 하면 사람들이 지루해할 것 같고, 아예 새롭게 하자니 이벤트의 정체성을 흔드는 것 같아서요.

마케팅 자문을 맡고 있는 신병철 박사에게 이러한 고민을 털어놓았고, 그는 한 가지 사례를 들려주었습니다. "모 고등학교 한쪽엔 아직 어떤 사람도 올라가 있지 않은 명예의 전당을 만들어놨더라. 이 고등학교에서 미래에 노벨상을 받을 사람들의 자리라고 하더군." 그 순간, 제4회 배민신춘문예의 콘셉트를 정할 수 있었습니다. 지난 3년 동안 수상한 작품들도 보여주면서 제4회의 주인공을 기다린다는 느낌, '명예의 전당 그리고 시상식'이라는 콘셉트로 말이죠. 이렇게 명예의 전당이 있으면 '나도 저 자리에 올라가고 싶다'는 느낌을 받지 않을까요? 우리는 그동안 접수된 응모작의 숫자와 수상작도 함께 알렸습니다. 그렇게 '우리는 모두 시인이다'라는 핵심 메시지가 정해졌고요.

특별하고 새로워야 한다는 부담감 탓에 시를 노래로 받자, 음을 주고 가사를 쓰게 하자는 생각까지 뻗어갔습니다. 부담감이 불러온 무리수를 뒤로하고 본질은 지켜야 한다는 신 박사의 조언에 따라, '풋! 하고 아~ 하는 짧은 시'라는 배민신춘문예의 정신은 유지하기로 했습니다.

아이디어에서 기획으로

'문제 → 아이디어 → 기획 → 문제 해결'. 이렇게 문제 의식과 관찰, 발견을 통해 탄생한 아이디어가 기획으로 나아가려면, 구체적인 계획을 세워야 합니다. 아주 구체적으로 말이죠.

위 제4회 배민신춘문예 홍보 웹 포스터 ©배달의민족
아래 '우리는 모두 시인이다'라는 메시지를 강조한 웹 포스터 ©배달의민족

구체적인 계획을 세우기 위해선 명확한 목표가 있어야 하고요.

제4회 배민신춘문예의 목적은 확실했습니다. 더 많은 사람의 참여를 이끌어내 다시 한번 좋은 작품을 만들어내는 것과 그 과정에서 배민 브랜드 이미지를 강화하는 것이었죠. '봄이면 생각나는 대국민 참여형 캠페인'이라는 대전제 아래, 2018년에는 10만 작품을 받자는 목표를 세웠습니다. 이전 배민신춘문예의 응모작 수가 회당 평균 5만 개 정도였던 점을 생각하면, 두 배가 넘는 목표치를 잡은 셈이죠.

이 목적을 토대로 구체적인 목표와 세부 계획을 세웠습니다. 한 사람이 생각할 수 없을 정도로 세부적인 사항까지 놓치지 않고 기획하려 했고요. 그래서 브랜딩실의 모든 구성원이 작업에 달려들었죠. 효율적으로 협업하기 위해 구글 스프레드시트, 구글 캘린더, 구글 문서를 적극적으로 활용했습니다. 브랜딩 캠페인을 진행할 때 배민 마케터들은 기본적으로 세 가지 사항을 지켜야 합니다. 첫째, 다른 사람도 한눈에 이해할 수 있도록 프로젝트 리포트를 작성할 것. 둘째, 구글 스프레드시트로 전체 일정을 공유하고 진행할 것. 셋째, 모든 작업물은 구글 드라이브에 공유할 것. 계획을 세울 때는 항상 '사전 작업-이벤트 당일-후속 작업' 순서로 시간표를 짜고, 온라인과 오프라인으로 펼쳐서 생각합니다. 아무리 재밌고 좋은 이벤트라도 알리지 못하면 모두

헛일이잖아요. 배민신춘문예의 경우는 새로운 소재가 아니기 때문에 이슈가 되기 힘들 수도 있겠다고 생각했어요. 그래서 작정하고 사전 홍보에 힘을 쏟았습니다.

사전 홍보

우선 배민신춘문예 사이트와 배민 앱에 명예의 전당 이미지를 올리고, 역대 수상작들을 한 번 더 알렸습니다. 이미지로는 부족할 것 같아 수상 작품을 호명하는 시상식을 패러디한 영상도 제작·배포했습니다. 영상에 들어간 음성은 전문 성우를 대신해 강세영 마케터가 회사 회의실에서 녹음한 것입니다. 제작 일정과 비용을 고려한 결정이었어요. 1회 때는 SNS 시인으로 유명한 하상욱, 이환천, 최대호 작가가 심사위원을 맡았고, 3회 때는 SNS에서 감성적인 글로 유명한 계정을 통해 이벤트를 알렸어요.

하지만 이번에는 글 쓰는 사람이 아닌 다른 분야의 작가나 브랜드와 공동 작업을 하고 싶었습니다. 사전 홍보에서조차 기존과 동일하게 글에 초점을 맞추면 식상할 것 같아서였죠. 그래서 함께한 사람은 유튜버 장삐쭈였습니다. 시 관련 행사라고 꼭 시인과 할 필요는 없었고, 배민의 코드인 B급 감성과 잘 맞기도 했고요. 장삐쭈는 배민의 제안을 흔쾌히 받아들였고, 함께 사전 홍보 영상을 제작했습니다. 다른 분야의 창작자와 협업한 것은 신의 한 수였어요. 장삐쭈의 영상은 반응이 정말 좋았거든요.

이를 통해 기존의 배민 사용자층 외에 다른 사람들에게까지 이벤트가 많이 알려졌습니다. 홍보 영상 제작뿐만 아니라 실제로 배민신춘문예 시를 접수하기도 해서 더 의미 있는 공동 작업이었어요.

이렇게 사전 홍보를 통해 소식을 접한 사람들은 배민신춘문예 페이지에 들어와서 짧은 시로 이벤트에 참여합니다. 배민의 이벤트는 사람들이 쉽게 참여할 수 있게 꾸미는 것이 원칙입니다. 구체적으로 주제를 알려주거나, 글자 수를 정하거나, 작품의 예시를 보여줄 때 사람들의 참여도는 더 높아집니다.

접수 페이지 기획 및 참여 방법

4회에서도 이전과 동일하게 20자 이내의 짧은 시를 받았습니다. 그리고 자신의 작품을 인스타그램에 인증할 수 있도록 만들어두었죠. 순서는 다음과 같이 진행했습니다.

1. 배민신춘문예 사이트에 접속해 20자 이내로 음식에 관한 짧은 시를 쓴다.
2. 시 작성을 완료하면 배경 이미지를 선택하고 글씨 크기를 조절해 마음대로 꾸민다.
3. 자신의 작품을 바로 다운로드한다.

이렇게 SNS에 포스팅해 자랑하게끔 유도하는 것이죠. 2017년 배민신춘문예에선 자신의 사진도 배경 이미지로 쓸 수 있도록 했어요. 그런데 참여자들은 배민에서 기본으로 제공하는 이미지를 훨씬 더 많이 쓰더라고요. 그래서 2018년에는 배민의 캐릭터 '배달이'의 다양한 이미지를 고를 수 있게 만들어놓고, 배경 이미지의 개수도 대폭 늘렸습니다. 배달이가 들어간 이미지를 활용하면, 작품이 SNS에 포스팅되었을 때 배민이 진행한 이벤트에 참여했다는 것을 알리기에도 더 좋을 거라고 생각했거든요.*

---

* 관련 글: 2017 배민신춘문예 개발기 (출처: 우아한형제들 기술 블로그)

진행, 고비, 해결, 반성

이벤트 시작

2018년 2월 26일 오후 4시. 제4회 배민신춘문예 작품 접수가 시작되었습니다. '관심이 예전만 못하면 어쩌지'라며 불안감에 떨고 있었는데, 반응은 상상 이상이었습니다. 첫날부터 2만 개가 접수되었습니다. 2017년 대비 다섯 배나 빠른 속도였습니다. 2018년 3월 11일 오후 11시 59분. 응모를 마무리하고 작품 수를 세보니 총 12만 개가 넘게 응모되었습니다. 어마어마한 숫자였습니다. 이번 배민신춘문예의 목표는 10만 작품이라고, 반쯤은 농담처럼 세운 목표를 실제로 이뤘을 뿐 아니라 초과 달성한 것이니까요.

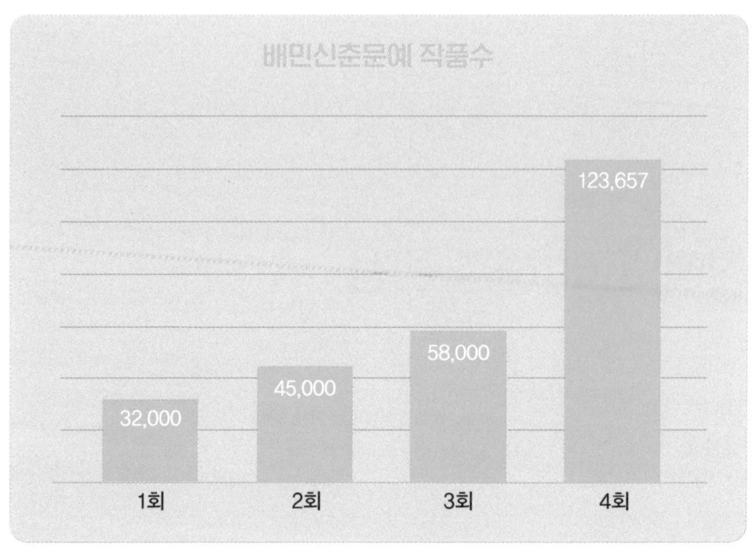

작품 심사

배민신춘문예의 가장 큰 고비는 심사입니다. 작품의 양이 많기 때문에 마케터 모두가 몇 주간 심사에 매달립니다. 보석을 놓치지 않으려면 매우 심혈을 기울여 살펴봐야 하기에 정말 보통 일이 아니거든요. 매년 대국민 심사위원을 뽑아서 함께 심사를 진행하곤 했는데 이번엔 배민 팬클럽 '배짱이'와 함께 하기로 했습니다. 배짱이들은 누구보다 배민의 코드와 감성을 잘 이해하고 있기 때문이었죠. 마케터, 디자이너 그리고 배짱이들이 함께 추린 작품들을 다시 배민 앱에 공지하고, 대국민 투표를 통해 최종 수상작들이 선정됩니다. 이렇듯 배민신춘문예 캠페인은 완벽한 참여형 프로젝트입니다.

이슈 발생

"지금 이 시 봤어? 너네가 만든 거야?" "지금 인터넷 난리 났어! 승희야, 얼른 봐봐." 2018년 3월 24일 오후 4시. 마케터들의 휴대폰에 여기저기서 메시지가 도착했습니다.

응모작 중 배민신춘문예 이벤트 취지와 맞지 않는 시가 있었습니다. 다른 이들을 비하하고, 사회적 이슈를 부정적으로 언급한 글이었죠. 뿐만 아니라 그 몇몇 응모자들은 자신의 SNS에 해당 이미지를 올렸습니다. 자신의 글을 자랑하고 싶은 심리와 입소문을 통한 홍보 효과를 내기 위한 장치인 '이미지 바로 저장하기'를 악용한 사례였습니다. 신고를 받자마자 사내 메신저에서 긴급회의를 가졌습니다. 그 뒤 문제가 되는 시는 당일 모두 삭제하고, 2시간 후 SNS에 이 사건과 관련된 입장문을 공지했습니다.

우리는 한쪽만 보고 한쪽은 보지 못했습니다. 누구나 참여할 수 있는 프로젝트인 만큼 부정적 결과도 예상했어야 했는데 말입니다. 사람들의 참여로 좋은 작품이 홍보 문구가 되면 배민의 브랜딩에 보탬이 된다는 사실은 알았으면서, 그릇된 작품이 배민의 브랜딩에 해를 입힐 수 있다는 점은 왜 생각하지 못했던 걸까요? 마케터로서 여러모로 많이 아쉬웠던 순간이었습니다.

수상작 발표 및 2차 콘텐츠 제작

이벤트의 정점, 배민신춘문예 수상 작품 발표입니다. 멋진 작품을 더 많은 사람이 볼 수 있도록 수상작을 옥외 광고와 영상 광고로 만들어 홍보합니다. 프로젝트 시작 초기엔 이미지로만 수상작을 남겼는데 4년에 걸쳐 진행해보니 감동적이고 좋은 작품들이 많아, 이미지로만 남기는 것이 아쉽더라고요. 그래서 수상작을 전시하는 맥락을 바꿔본 것입니다. 작품이 글로만 읽힐 때보다 빛, 소리 등 상황을 구성하는 모든 요소가 합쳐지면 사람들의 감정을 건드리며 더 폭발적인 반응을 이끌어냅니다. 그래서 모든 수상작은 영상으로 다시 만듭니다. 옥외 광고에서는 다양한 작품을 보여주기보다는 한 작품을 여러 번 보여주는 방법을 택했습니다.

마케터가 상상한 대로 되지 않는다

> 상상하자, 시나리오를 쓰듯이 구체적으로.
>
> 상상으로 시작하지만 상상만으로 끝내지 않는다.
>
> 동전의 양면과도 같은 상상의 양면이다.
>
> 장인성, 《마케터의 일》(북스톤, 2018)

마케터는 모든 캠페인을 시나리오 쓰듯 구체적으로 상상하며 기획합니다. 하지만 모든 일은 마케터가 상상한 대로 되지 않고,

반드시 오류가 발생합니다. 제4회 배민신춘문예 때 안 좋은 이슈가 발생했던 것처럼요. 상상으로 시작하지만 상상만으로 끝내지 않는 것이 중요합니다. 그래서 모든 일이 끝난 뒤, 프로젝트를 함께했던 멤버들이 모여 회고 시간을 갖습니다. 계획 단계에서 세운 목표를 달성했는지, 각 파트에서 잘한 점과 잘못한 점을 되돌아봅니다. 다음에는 이미지를 저장할 수 있는 기능의 유지 여부를 검토해보려 합니다. 사람들이 시를 접수하면 1차 내부 검토를 통해 승인하거나, 특정 단어와 표현을 입력하지 못하게 막는 방법도 고려해볼 예정입니다.

프로젝트를 리뷰하는 시간은 정말 중요합니다. 다음 배민신춘문예를 준비할 때, 4회 때 잘한 점은 극대화하고 아쉬웠던 점은 개선하기 위해서죠. 이렇게 우리는 또 제5회 배민신춘문예를 향해 나아갑니다.

버티는 것이 이기는 것

어떤 일이 있어도 포기하지 않는 것.

'시작이 반'이라고들 말하지만,

나머지 반을 채우는 것은

그 시작이 헛되지 않도록

계속 해나가는 끈기와 뚝심이다.

위기에 맞닥뜨렸을 때, 그 여정을 멈추었다면

과연 그들이 브랜드를 통해 맺은 결실은

어디에서 얻을 수 있었을까.

<Urban Live> No.3 Tokyo

'도쿄의 로컬 비즈니스에서 발견한 키포인트' 중

책을 읽다가 무척 공감한 구절입니다. 브랜딩 캠페인을 잘 해낸다는 것은 결국 기가 막힌 아이디어가 아닙니다. 오히려 꾸준히, 우리답게, 그 어떤 상황에도 포기하지 않고 버텨내는 게 아닐까 싶습니다. 그렇게 꾸준히 배민다움을 쌓아나가며 설득하고자 하는 대상을 향해 브랜드 철학을 계속 이야기하는 거죠. 브랜딩 캠페인일수록 돈이 되는 일이라고 생각하기 어렵습니다. 배민의 캠페인을 단기적으로 보면 할 수 있는 것은 단 하나도 없습니다. 하지만 배민다움을 견고하게 만들고, 배민을 사랑받는 브랜드로 만들기 위해 끈기와 뚝심으로 꾸준히 하는 겁니다. 우리는 그렇게 또 한 발짝 나아갑니다. 이 기나긴 여정에 수많은 브랜드 속 마케터들이 즐겁게 참여하고 있기를.

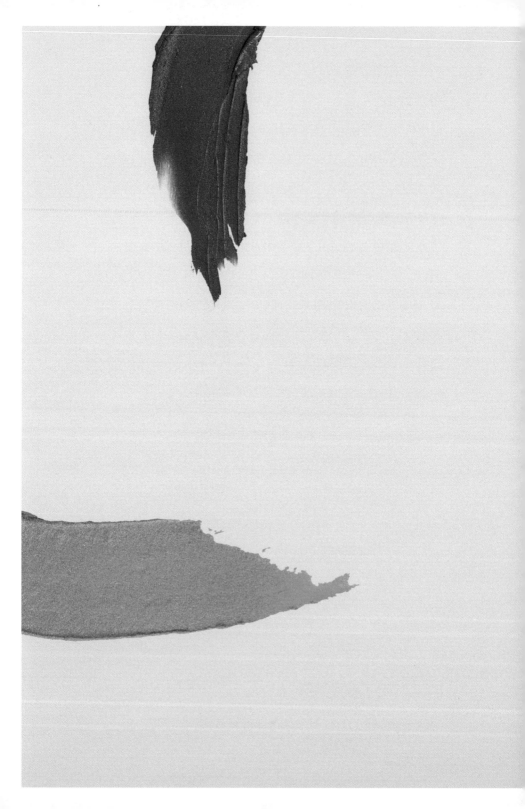

PART 10

음악을 위한 브랜딩, 브랜딩을 위한 음악

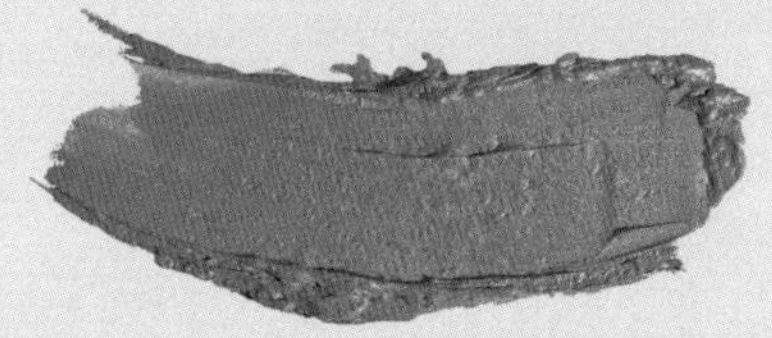

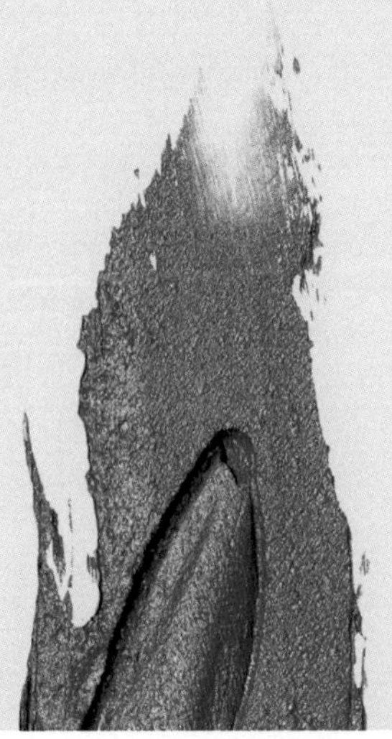

1인 마케터의 세 가지 고민

제 경력에서 공통점은 신사업을 맡게 되거나, 운이 좋게도 제 경력보다 많은 권한을 갖고 일했다는 점이에요. 특히 스타트업업계로 넘어오고 나서 1인 마케터로 혼자 여러 가지 업무를 담당했습니다. 전에 해보지 않은 일을 맨땅에 헤딩하다시피 온몸으로 부딪혀가며 배웠어요. 그 과정을 통해 일을 잘하는 방법에도, 처음 해보는 일에도 요령이 있다는 걸 깨달았습니다. 일을 할 때 높은 권한과 자율성을 가졌다면, 어느 정도 결정권이 있다는 뜻입니다. 물론 팀 내부와 미리 공유하고 일을 진행하지만, 분명한 건 내가 키를 잡고 있다는 사실이에요. 윗사람의 신뢰를 바탕으로 하기 때문에 책임감도 더 많이 느낍니다. 스스로 목표를 설정하고 일을 주도하는 건 쉽지 않지만 개인이 성장할 수 있는 아주 좋은 환경입니다. 제 성장에 관심이 많은 리더와 조직일수록 제게 더 많은 일을 믿고 맡겼어요. 저는 그 사실이 감사해서 더 잘하고 싶었습니다. 이런 환경 덕분에 원하는 만큼 빠르게 성장할 수 있었다고 생각해요.

1인 마케터로 일하며 제가 늘 하는 고민은 크게 세 가지였습니다. 무슨 일을 해야 할까? 어떻게 해야 할까? 할 일이 많다. 혼자서 다 할 수 있을까? 이 세 가지 고민을 하나씩 살펴볼게요.

무슨 일을 해야 할까

'무슨 일을 해야 할까'가 고민이라니. 조금 웃길 수도 있는데요. 실제로 앱리프트의 1인 마케터로 일하며 처음으로 제게 많은 권한이 주어졌을 당시 제 최대 고민이었어요. 누가 일을 시켜서 하는 게 아니라 주도적으로 먼저 이런 이유로 이런 일을 하겠다고 대표와 공유해야 했습니다. 스페이스오디티도 비슷한 환경입니다. 회사의 방향은 팀원과 함께 고민하고, 상황에 따라 할 일이 생기기도 하지만, 일주일 동안 실질적으로 어떤 일을 할지 스스로 정합니다. 우리의 현 위치와 문제점을 파악하면 목적과 목표 설정이 원활해집니다. 회사와 내 일에 아쉬운 점을 찾아보세요. 예를 들어 저는 스페이스오디티에 처음 합류했을 때, 좋은 포트폴리오가 잘 보이지 않는 게 아쉬웠습니다. 그래서 '포트폴리오를 잘 보여주기'를 목표를 세웠어요.

목표를 세우고, 할 수 있는 일을 살펴봅니다. 당연한 이야기일지 모르지만, 아래 정리한 일의 종류를 펼쳐놓고 보면 먼저 어디에 집중하면 좋을지가 보여요. 그때그때 목표에 따라 필요한 일을 선택해 진행합니다.

정혜윤 마케터가 분류한 브랜드 마케터의 일

어떻게 해야 할까

일하기에 앞서, 먼저 일을 제대로 파악하기 위해 질문을 던지는 게 중요합니다. 우리는 누구고 이 일을 왜 하지? 내 이야기를 듣고 행동할 사람은 누구지? 이러한 질문을 던져보세요. 근본적인 질문에 한 문장으로 대답해보면 의외로 할 일이 단순해집니다. '일을 어떻게 할지' 일의 의미와 방법론도 중요하지만, 브랜드 마케터는 모든 일에 브랜드의 색깔을 어떻게 녹일지 고민해보면 좋습니다. 키워드가 있으면 브랜드의 철학과 색깔을 모호하지 않고 명확하게 전달할 수 있어요. 디자인, 기획, 영상 등 서로 다른 일을 하는 사람들 사이에 커뮤니케이션이 원활해집니다. 무엇을 기획하고 만들든 연속성을 갖고 생각해보세요. 이것도 하나의 팁입니다. 베어브릭 피겨는 형태는 같은데 그때그때 테마에 따라 디자인이 바뀌죠. 생긴 건 달라도 모아놓고 보면 통일성이 있습니다. 〈매거진 B〉도 마찬가지예요. 처음 만들 때부터 브랜드의 정체성을 담을 틀을 잘 세워놓고 출발하면, 브랜드는 콘텐츠를 담아내는 그릇이 될 수 있습니다.

장기적인 안목으로 일관성 있게 디자인한 브랜드를 보면 이상하게 모으고 싶습니다. 거꾸로 이렇게 생각해볼 수 있어요. 무엇을 만들든 시간이 흐른 뒤에도 모아놓고 봤을 때 갖고 싶게 만드는 겁니다. 따로 노는 게 아니라 합쳐졌을 때 더 매력 있어 보이도록. 브랜드에서 만드는 제품이 5개 이상 쌓였을 때, 모아놓고 사진을 찍는다면 어떤 모습이 매력 있을지 고민해보세요. 저는 이런 생각을 미리 하고서 2017년 스페이스오디티의 개업식 겸 콘퍼런스인 〈리프트 오프〉에서 나눠준 스티커를 만들었습니다. 이 스티커 세트는 카세트 케이스에 담겨 있는데 뒷면에 스페이스오디티의 'o' 로고를 연속성 있게 활용하고 있습니다. 앞으로 몇 탄까지 나올지는 모르겠지만,

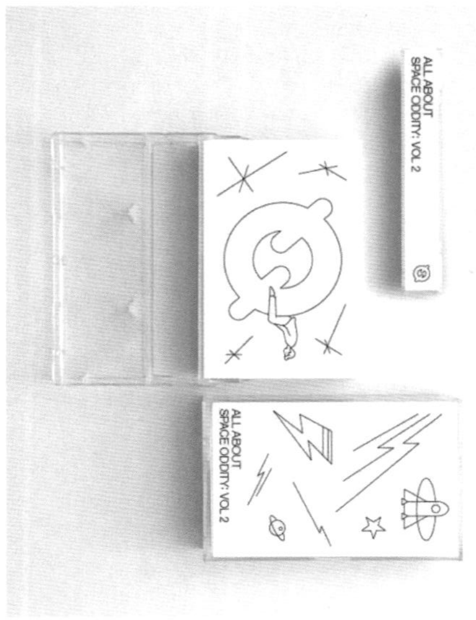

위 베어브릭 ©정혜윤
아래 뮤지션들의 명언, 망언으로 만든 스티커 1탄 'Oddities Said' & 박상혁 작가와 협업한 2탄 'All About Space Oddity' ©스페이스오디티

하나의 컬렉션처럼 느껴졌으면 합니다. 1탄부터 갖고 있는 분들이 나중에 보면서 뿌듯해하면 좋겠어요.

할 일이 많다, 괜찮을까

혼자서 모든 걸 다 하진 못합니다. 우리는 기계가 아니잖아요. 저는 오히려 이렇게 생각하니 마음이 편해지더라고요. 최대한 침착하게 차근차근 하나씩 일을 진행하고, 한꺼번에 할 일이 많을 때는 도움을 받아야 합니다. 다른 누군가의 도움을 받기 힘든 상황일 때는 업무 툴을 잘 사용하면 시간을 단축할 수 있습니다. 일하다가 막혔을 때 잘하고 싶은 마음은 압니다. 하지만 오래 걸릴수록 기대치도 올라갑니다. 시간만 흐르고 초반과 비슷한 결과를 내놓는 것보다 일단 빠르게 할 수 있는 데까지 해보고 피드백을 받는 것이 더 좋습니다. "매도 먼저 맞는 게 낫다"는 말도 있잖아요. 일하다가 막힐 때는 물어보세요! 주변에 도움을 요청하세요. 가장 확실한 해결법입니다.

이제 막 이륙한 브랜드 스페이스오디티 알리기

제가 합류한 시점에 스페이스오디티는 이미 매력적인 포트폴리오를 갖고 있었어요. 〈라라 랜드〉 콘셉트로 찍은 라네즈×이성경의 미니 뮤지컬 〈나를 빛내줘〉, 한남동에서 진행한 헤이즈의 전시 〈Spectrum of Heize〉, 웹드라마 〈연애플레이리스트(연플리)〉 시즌2 OST 등 좋은 포트폴리오를 페이스북에만 아카이빙하고 있었습니다. 그래서 포트폴리오를 잘 보여주는 걸 첫 번째 목표로 잡았어요. 그리고 이를 위해 웹사이트를 만들기로 했습니다. 개발자도 없는데 웹사이트를 어떻게 만들었냐는 질문을 많이 받았어요. 답은 간단합니다. 손쉽게 멋진 반응형 웹사이트를 만들 수 있는 스퀘어스페이스Squarespace를 이용했어요. 별도의 코딩

없이 사이트를 만들었습니다. (윅스, 워드프레스도 많이 쓰는 서비스입니다.)

두 번째 목표는 스페이스오디티의 '시작'을 우리답게 알리는 것이었습니다. 이를 위해 오프라인 행사를 진행했어요. 이름하여 〈리프트 오프〉. 크리에이티브 콘텐츠 콘퍼런스였는데, 시작은 이랬습니다. '스페이스오디티의 시작을 기념하는 자리에 우리 파트너들을 부르자. 그런데 이 사람들이 한자리에 모이는데 우리만 보기 아깝지 않을까? 사람들이 모일 수 있도록 만들어보자.' 이런 생각의 과정을 거쳐 저희 개업식의 판을 키워 콘퍼런스로 열었습니다. 저는 장비 대여부터 선물 제작, 행사 후 참여한 분들에게 보낸 감사 메일까지 〈리프트 오프〉에 필요한 모든 일을 주도했어요. 라인업이 좋아 신나게 준비했습니다. 마케터로서 저 역시 듣고 싶은 이야기가 가득했어요. 신나게 준비했고, 참가자가 스페이스오디티의 팬이 되면 좋겠다는 내부적인 목표를 세웠습니다. 장소는 저희가 입주했던 위워크 을지로의 라운지를 빌렸어요. 이벤트는 공간이 주는 분위기가 중요한데 저희 개업식과 완벽하게 어울리는 장소였습니다.

자잘하게 챙겨야 할 게 많은 행사의 경우, 간트차트를 활용하면 편리합니다. 복잡한 업무를 한층 간단하게 만들 수 있어요. 업무 종류별로 할 일을 정리하고, 담당자를 적고, 언제부터 언제까지

〈리프트오프〉를 준비하며 사용한 간트차트 ©정혜윤

크리에이터 컨퍼런스 <Liftoff> - 09.27-28											
			AUG					SEP			
Deliverables	**Owner**	**Duration**	W1	W2	W3	W4	W5	W1	W2	W3	W4
Plan Event		**8w**									
장소섭외	ashley,beck	2w		done							
이벤트 이름, 날짜 확정	ashley	2w		done							
스피커 섭외 + 강연 제목, 시간 확정	beck	4w					done				
스피커 로고, 주요경력, 사진 받기	beck	2w							done		
맥주협찬 가능여부	ashley,beck	2w							done		
케이터링 섭외	ashley	2w								done	
Promotion		**4w**									
초대자 리스트업	team	3w									done
이벤트 페이지 만들기	ashley	2w								done	
스피커 자료 받기 (자료 요청 메일)	ashley	2w									done
이벤트 페이지 알리기	ashley	3w									done
Finalize RSVP	ashley	1w									done
이벤트 확정 메일 + 리마인더 메일 보내기	ashley	2w									done
SO 팀 역할분담 미팅	ashley	1w									
Design 제작물		**3w**									
기프트1. 스티커 구성안 넘기기 (퍼셉션에)	ashley, kate	2w			done						
기프트 2. 우주식량팩 구성안 넘기기 (퍼셉션에)	ashley, kate	2w			done						
기프트 1+2 제작 팔로업	ashley, kate	5w							done		
기프트 1+2 샘플 + 완성품 받기	ashley, kate	2w								done	
리프트오프 온오프라인용 필요자료 구성안 넘기기	ashley	2w								done	
X배너 + 포스터 프린트	ashley										done
* show reel (쉬는 시간에 틀 용도)	ashley										
키비주얼 확정	ashley								done		
폼텍제작	ashley										
렌트할 장비		**3w**									
프로젝터, 스크린	ashley	3w									done
무선마이크 2개, 스피커, 포인터	ashley	3w									done

진행하는지 색칠합니다. 그러면 할 일과 담당자, 데드라인이 한눈에 보여서 지금 집중할 일과 나중에 신경 써도 되는 일이 나뉩니다. 이번 주에 무엇을 해야 하는지 한눈에 파악할 수 있어, 할 일을 잊어버리거나 놓치는 일도 줄어들어요. 구글 템플릿에서 다양한 간트차트 포맷을 그대로 가져와 쓸 수 있는데, 이런 차트를 가져와 쓰기만 해도 시간을 아낄 수 있습니다.

이벤트 RSVP* 페이지는 하루 만에 만들었습니다. 스플래시댓Splashthat을 활용하면 심플하고 멋진 이벤트 페이지를 금세 만들 수 있어요. 무료고 반응형입니다. 디자인에 들어간 우주 이미지는 모두 저작권 없는 무료 이미지 사이트 언스플래시Unsplash에서 'NASA'를 검색해 사용했습니다. 라인업이 좋아서 그런지 RSVP를 받고 약 3시간 만에 모두 매진되었어요.

가장 오래 시간을 공들인 건 〈리프트 오프〉 관객에게 나눠 줄 선물입니다. 앞서 소개한 카세트 스티커는 노엘 갤러거, 에이미 와인하우스, 커트 코베인 등 뮤지션의 명언과 망언으로 디자인했어요. 그 외에 우주 식량 패키지도 만들었습니다. 이 안에는 실제로 우주인이 우주에서 먹는 상온 보관이 가능한 아이스크림은 물론 아폴로, 프로틴 바, 행성 수제 사탕이 들어

---

* répondez s'il vous plaît(please reply)의 약어. '예약하기'와 같은 기능으로 쓰인다. 초청장을 보낼 때 쓰는 문구로, 사전에 참석 여부를 알려달라는 의미다.

있어요. 전 직원이 아이디어를 내고, 가내수공업에 가담해 만든 선물인데, 받은 분들이 신기해하고 좋아해서 저희도 뿌듯했습니다.

〈리프트 오프〉 행사는 저희를 알리는 계기가 되었습니다. 양일간 광고, 문화, 음악, 스타트업업계의 300명이 넘는 콘텐츠, 크리에이티브 분야의 전문가가 참석했어요. 많은 참석자가 자발적으로 SNS에 저희 콘퍼런스와 선물을 올렸고, 기사로도 실렸습니다. 아직까지도 "〈리프트 오프〉 때 왔었다", "행사가 좋았다"는 이야기를 듣습니다. 아무리 디지털 세상이라지만 오프라인에서 주는 경험의 힘은 역시 강력하다는 걸 다시 한번 체감할 수 있었습니다.

음악을 위한 브랜딩,
브랜딩을 위한 음악
- 오디티 토크와 오디티 스테이션

음악을 위한 브랜딩 〈오디티 토크〉

올 연초부터는 한 달에 한 번씩 〈오디티 토크〉 행사를 진행합니다. 음악업계의 다양한 크리에이터를 연사로 초청해 편하고 가깝게 만나 조금 더 깊은 이야기를 나누는 시간이에요. 한 달에 한 번씩 한 명의 크리에이터가 자신의 콘텐츠 만드는 노하우를 나누고 자기만의 길을 만들어간 과정을 들려줍니다.

티켓 판매처는 29CM를 선택했습니다. 특별한 자리를 만들겠다는 의도에 맞게 특별한 곳에서 판매하고 싶었어요. 29CM라면 우리 브랜드와 의도를 해치지 않고 잘 보여줄 거란 확신이 있었습니다. 타깃이 겹칠 것이라는 생각도 물론 있었고요. 주변에

'티켓을 29CM에서 팔다니!' 하고 놀라는 분이 좀 있었는데 노렸던 반응입니다. 지금까지 총 네 번의 〈오디티 토크〉를 진행했는데 제각각의 감동이 있었습니다. 오프라인에서 오디티를 주인공으로 조명해 관계를 만들어나갈 수 있고, 크리에이터, 콘텐츠에 관심 있는 사람을 직접 만나볼 수 있다는 점에서 의미가 커요. 〈오디티 토크〉 이야기는 온라인에서도 오디티 매거진www.spaceoddity.me/oddity에 연재합니다. 계속해서 오디티 토크가 업계의 크리에이터를 조명하는 새로운 채널이자 계기, 팬들을 만나고 소통하는 접점이 되길 바라요.

브랜딩을 위한 음악 뉴스레터 〈오디티 스테이션〉

스페이스오디티 뉴스레터인 〈오디티 스테이션〉은 3일 만에 탄생했습니다. 동료 케이트와 먼저 이야기를 나누고, 김홍기 대표에게 이야기를 꺼냈어요. 셋이 미팅을 한 그 주 목요일에 우리는 뉴스레터 0호를 보냈습니다. 시작하기로 결정한 이후에는 뚝딱뚝딱 만들어 진행했어요. 뉴스레터는 제 머릿속에서 꽤 오랫동안 생각해온 일이었습니다. 스페이스오디티에 합류하기 전부터 뉴스레터에 관심이 많았거든요. 뉴스레터로 시작한 샌프란시스코의 스타트업 허슬The Hustle을 보며 뉴스레터가 단순한 메일을 넘어 커뮤니티로 발전할 수 있고, 강력한 마케팅 툴이 될 수도 있다는 걸 느꼈습니다.

한편 올 초부터 뉴스레터를 시작하고 싶은 이유가 명확히 있었습니다. 스페이스오디티에 관심을 갖는 사람이 점점 많이 보였어요. 저는 이런 고마운 분을 한곳에 모으고 소통하며 관계를 만들어가고 싶었습니다. 수많은 메일 중 또 하나의 스팸메일처럼 느껴지지 않을까 하는 우려가 있었지만, 다르게 할 자신이 있었기 때문에 크게 걱정하지 않았어요. 뉴스레터는 제가 하고 싶은 일이었어요. 그래서 이 일을 해야 하는 이유와 어떻게 하고 싶은지를 머릿속에 그려놓고 멤버들과 공유했습니다. 삼박자가 맞았기에 빠르게 실행할 수 있었어요.

1. 기획을 준비한 실무자

하기로 결정하면 바로 실행할 준비가 되어 있었습니다.

2. 함께할 수 있는 동료

기획에 공감하고 얘기를 나누며 아이디어를 금세 발전시킨 동료 케이트가 있어서 부담 없이 실행할 수 있었어요. 케이트가 스테이션처럼 하자며 '오디티 스테이션'이란 이름을 짓고, 저는 그 이름이 '우주 정거장'이란 의미도 갖고 있으니 '좋다!'를 외쳤습니다. 케이트와는 취향도 잘 통하는 사이라 뉴스레터의 톤을 잡고 콘텐츠를 고르는 것도 재미나게 하고 있어요.

3. 이야기를 듣고 흔쾌히 GO!를 외친 대표

뉴스레터의 이유와 목적, 업무에 지장이 안 가는 최소한의 리소스로 운영하자는 약 30분의 짧은 미팅 끝에 그 자리에서 바로 '그럼 해보자'는 결정을 내렸습니다. 콘텐츠 권한은 실무자에게 있기 때문에 빠르고 가벼운 실행이 가능했어요.

작게 시작하는 게 목표였습니다. 오디티 스테이션이 또 하나의 일이 되지 않도록 힘을 뺐습니다. 가볍게 쓰고 부담 없이 읽는 뉴스레터로 만들고 싶었어요. 실무자도 부담 없이 준비하고, 구독자도 여유 있게 읽을 수 있도록 발송 시간은 일주일의 가운데인 목요일을 선택했습니다. '당신의 메일함에 음악과 이야기를 보내드립니다'라는 슬로건 아래 일주일간 우리가 들은 노래, 우리가 눈여겨본 것, 우리가 새롭게 하는 일을 나눕니다. 0호에 쓴 편지는 구독 페이지에서도 읽어볼 수 있습니다.

오디티 스테이션은 메일침프를 활용해 만들었습니다. 메일침프는 이미지, 영상, 텍스트 등의 블록을 마우스로 옮겨 간단하게 뉴스레터를 만드는 툴이에요. 템플릿 하나를 만들어 케이트와 번갈아가며 쓰고 있습니다. 친구에게 말하듯이, 편지 쓰듯이 쓸 때가 많아요. 우리가 선곡하는 노래에는 저와 케이트, 저희 멤버의 취향이 많이 반영됩니다.

오디티 스테이션은 한 달이 조금 넘자, 구독자 수 1000명을 돌파했습니다. 주변에서 "잘 보고 있어요" 대신 "잘 듣고 있어요"라고 말해줄 때 그게 너무 귀엽고, 감사하고, 재미있습니다. 주변뿐만 아니라 설문조사, 페이스북, 메일 답장을 통해 뉴스레터에 관한 피드백을 받을 때면 역시 하길 잘했다는 생각이 들어요. 이렇게 작게라도 우리가 가진 것을 나누며 관계를 만들어가는 일이 스페이스오디티의 브랜딩으로 이어질 거라 믿습니다. 앞으로도 고마운 마음을 안고 뉴스레터 구독자를 위한 혜택이나 이벤트는 종종 진행할 예정입니다.

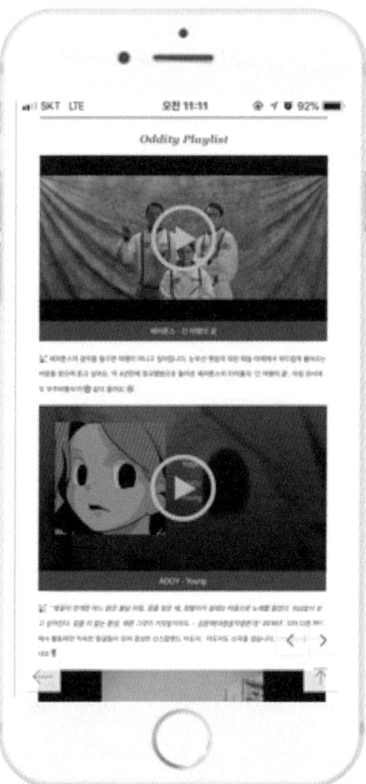

“매주 목요일 아침, 당신의 메일함에 음악과 이야기를 보내드립니다.” ©스페이스오디티

일의 효율을 높여주는 시간 관리법

저의 투두리스트to-do list 작성법은 점차 진화했습니다. 초기에는 할 일을 종이에 쭉 적는 방식이었는데 리스트가 길어지니 진이 빠지더라고요. 그래서 다양한 툴을 적극적으로 사용하기 시작했습니다. 우선 마이스터태스크MeisterTask에 언젠가 해야 할 일이나 떠오르는 일을 입력하고 가장 왼쪽Open에 놓습니다. 그중에서 이번 주에 할 일은 가운데In Progress로 옮겨놔요. 그리고 끝나면 완료Done로 옮깁니다. 이렇게 마이스터태스크 혹은 트렐로Trello로 할 일의 추이를 한눈에 볼 수 있도록 정리하고 구글 캘린더로 트래킹합니다. 이번 주에 할 일을 캘린더에 모두 넣고, 일이 끝나지 않으면 일정을 늘리거나 다음 타임으로 옮깁니다.

캘린더에 넣어놓으면 내가 무슨 일을 했는지 볼 수 있어서 좋고, 꼭 해야 할 일을 놓치지 않을 수 있습니다.

스페이스오디티는 마이스터태스크와 슬랙Slack을 씁니다. 누구든지 어떤 프로젝트가 궁금하면 해당 채널에 들어가 정보를 찾아볼 수 있어요. 내부에서는 이메일을 거의 사용하지 않고 슬랙을 매우 활발하게 사용합니다. 슬랙 채널마다 성격이 달라 각 채널 안에서 특정 프로젝트나 테마를 주제로 한 대화를 주고받습니다. 오디티 스테이션의 콘텐츠도 스페이스오디티의 슬랙 채널을 많이 참고합니다. 슬랙은 여러 가지 서비스와 연동이 용이해 편리합니다. 실시간이라 의사 결정이 빠르고, 모두에게 정보를 공유할 수 있기 때문에 투명합니다. 아카이빙이 잘되는 것도 장점입니다. 검색하면 예전에 대화한 내용이나 자료가 사라지지 않고 잘 남아 있어요. 슬랙은 서로 간에 자료 공유와 협업을 쉽게 하는 도구입니다. 스페이스오디티의 자료는 구글 드라이브로 함께 관리합니다. 여러 번 자료를 모을 필요가 없도록 공용 폴더를 만들어 공유합니다. 이런 작은 노력들이 모이면 다수의 시간을 아낄 수 있습니다.

마지막으로 제가 삶은 달걀의 법칙이라고 부르는 게 있습니다. 삶은 달걀을 요령 있게 한 번에 까는 사람, 천천히 하나하나 어렵게 까는 사람이 있듯이 똑같은 일도 쉽게 하는 사람,

어렵게 하는 사람이 있는 것 같아요. 차이점은 의외로 간단할 수 있습니다. 검색을 해보느냐 마느냐. 이 단순한 행동 하나로 일하는 시간의 양이 판가름 날 수도 있습니다. 검색도 능력입니다. 저는 정말로 검색을 잘하는 게 제 능력 중 하나라고 생각해요. 국내 검색 서비스에 없으면 구글을 이용합니다. 구글에서 영어로 검색하면 없는 정보, 없는 서비스가 없어요. 단어가 아닌 문장으로 검색할 때는 따옴표 "" 안에 넣어 검색합니다. 의외로 안 알려진 기능이에요. 온라인의 각종 툴이 제가 할 일을 대신하거나 일을 쉽게 만들어줍니다. 검색을 잘하면 비용을 줄일 수도 있어요. 앞에서 언급한 툴과 차트도 검색을 통해 많이 찾았습니다.

저는 다양한 회사와 사람들, 시행착오를 겪으며 저와 잘 맞는 업무 환경을 찾아갈 수 있었어요. 업무 방식은 제각각일지라도 마케팅은 여럿이 함께하는 일이었습니다. 1인 마케터로 일을 할 때도 아이디어를 실현하기 위한 과정은 늘 혼자가 아니라 함께였어요. 협업을 쉽게 하는 커뮤니케이션 방식과 툴이 곧 마케터에게 좋은 업무 환경이 됩니다. 할 일이 많고 막막할 때도 꾸준히 한 걸음씩 내딛다 보면 '어느새 이만큼 왔구나' 하는 순간이 꼭 찾아옵니다. 바쁘고 힘든 순간도 분명 있지만, 일하며 터득한 제 작은 요령들이 여러분의 시간을 잘 쓰는 데 작게라도 도움이 되면 좋겠어요. 아무리 바빠도 가장 중요한 것을 잊지 않는 회사, 삶의 여유를 잃지 않는 우리가 될 수 있도록.

PART 11

살아보는 여행을 브랜딩하기

에어비앤비, 우리 브랜드는 현재 어떠한가?

마케팅하는 브랜드를 좋아하면, 매일 이런 고민을 합니다. 어떻게 하면 우리 브랜드를 더 좋아하게 만들까? 이 물음에 답하려면 현재 상황을 제대로 파악해야 합니다. 브랜드가 처한 환경이 다르기 때문에 마케팅에 정답은 없는 것 같아요. 마치 부모가 아이의 성장을 지켜보며 필요한 걸 지원하듯 마케팅 아이디어를 기획하기 전에 우리 브랜드가 성장 곡선 어디쯤에 있는지 고민해야 합니다. 축을 세우고 '우리 브랜드의 현재 위치'를 파악하면 그에 따라 마케팅의 방향 및 의사 결정도 달라지기 때문입니다.

에어비앤비는 어딜 내놓아도 멋진 서비스였기 때문에 마케팅을 열심히 하면 자연스럽게 브랜드가 알려질 거라 생각했습니다. 하지만《캐즘 마케팅Crossing the Chasm》이라는 책을 접하고 에어비앤비를 객관적으로 진단할 수 있었습니다. 이 책은 마케팅 전략을 꼼꼼히 세우는 데 큰 도움을 주었습니다. 저에게는 바이블 같은 책 중 하나입니다. 이 책에서 주요하게 다루는 캐즘chasm은 첨단 기술이나 신제품이 시장에 진출했을 때, 초기 시장과 주류 시장 사이에 존재하는 단절을 말합니다. 아무리 좋은 기술이나 신제품도 대중에게 보급되기까지 수요가 정체되는데 바로 이런 정체 현상을 캐즘이라고 합니다.

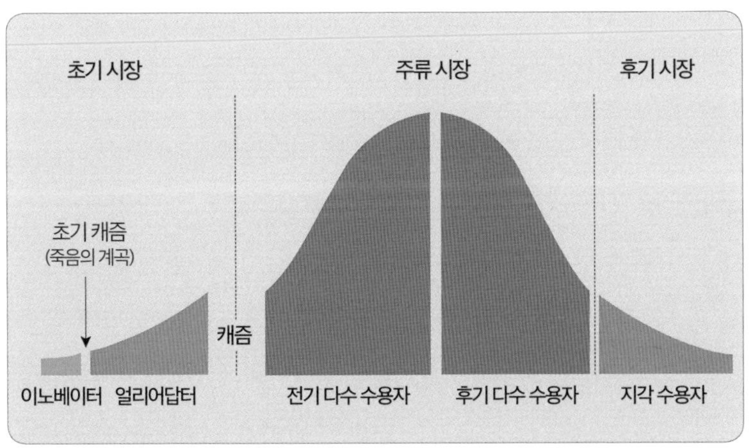

제프리 무어에 따르면 초기 시장의 얼리어답터 그룹에서 주류 시장의 다수 수용자 그룹으로 넘어가는 과정에 넓고 깊은 캐즘이 존재한다. / Crossing the Chasm ©Geoffrey A. Moore

원래 지질학 용어로 크게 단절된 구간을 뜻하는 말입니다. 저자인 제프리 무어가 캐즘이라는 용어를 스타트업의 성장 과정과 연결하면서 경제 용어로도 쓰입니다. 실제로 많은 신제품 혹은 기술이 이 캐즘을 극복하지 못하고, 기억의 저편으로 사라지는 경우가 많습니다. 이노베이터나 얼리어답터를 모두 사로잡았다고 해서 주류 시장으로 자연스럽게 넘어가는 건 아니라는 이야기입니다. 저는 이 부분이 굉장히 와닿았습니다.

이 책을 읽고 에어비앤비가 딱 캐즘 직전의 상태라는 생각이 들었습니다. 2014년 당시, 에어비앤비는 새로운 기술에 관심 있는 이노베이터나 얼리어답터들 사이에서 입소문이 퍼졌고 그들 사이에서는 핫한 브랜드였습니다. 하지만 대부분의 사람은 이름도 들어본 적 없는 브랜드였습니다. 예시로 신용카드를 발급하는데 회사가 너무 영세하다는 이유로 거절당한 에피소드도 있었습니다. 이처럼 체감적으로도 에어비앤비는 소수에게 사랑받는 브랜드라는 생각이 들었습니다. 특별한 노력 없이 에어비앤비가 자연스럽게 사랑받는 브랜드가 될 거라고 자신만만하던 사이, 주류 시장 고객에게 외면을 받고 성장하지 못할 수 있겠다는 위기감이 들었습니다. 그래서 오랜 고민의 시간을 거쳐 '캐즘'을 극복하는 마케팅 전략을 세웠어요. 마케팅 기획은 고민에서 시작합니다. 에어비앤비 마케팅의 주안점은 캐즘 극복하기였어요. 이를 위해 '마케팅이 어떤 일을 할 수 있을까?'를 생각했습니다. 에어비앤비를 모르는 사람들이 에어비앤비 브랜드를 인지하고 사용하는 데 사람들이 불편하게 느낄 수 있는 부분을 객관적으로 생각해보았습니다. 새로운 도전과 시도를 좋아하는 사람에겐 에어비앤비의 새로움이 장점으로 다가올 수 있습니다. 하지만 대부분의 사람에겐 여전히 어색하고, 두렵고, 친절하지 못한 측면이 많았습니다.

마케팅이 해결해야 할 문제는 무엇일까요? 첫 번째로 에어비앤비의 브랜드 가치인 어디에서나 느끼는 소속감Belong Anywhere이 한국인에게 잘 전달되지 않았습니다. 여행 중에 누군가의 집에 머물며 느끼는 소속감을 한국인은 어떻게 생각할까요? 우리에게 집은 사적인 공간이기 때문에 타인의 집에 머무는 건 익숙하지 않습니다. 그렇기 때문에 현지인의 집에 머무는 경험을 새롭게 제안했습니다. 마음이 움직이는 방식으로요. 에어비앤비가 제안하는 가치로 사람들을 감동시키는 것이 마케팅이 해야 할 첫 번째 역할이었습니다. 또한 에어비앤비의 가치나 스토리가 사람의 마음을 움직이고 감동을 준다고 해도, 에어비앤비라는 브랜드가 잘 와닿지 않을 수 있었습니다. 지인 중에서도 에어비앤비를 매우 좋아하고 사용하고 싶은 마음이 많아도, 결국 이런저런 이유로 실제 사용하는 걸 포기하는 경우를 많이 봤습니다. 이를 극복하려면, '아, 나도 경험해볼 수 있겠다'라는 친숙함이 생겨야 했습니다. 브랜드 친숙도를 높이지 않으면 얼리어답터만 사랑하는 브랜드로만 남아, 결과적으로 캐즘을 넘지 못할 수도 있었습니다.

애플의 초창기도 비슷했어요. 애플 역시 얼리어답터의 엄청난 사랑을 받으며 시장에 알려졌습니다. 하지만 대중화되기까지 시간이 걸렸습니다. 많은 사람이 애플의 미니멀한 디자인과 가치를 좋아했지만, 새로운 운영 시스템인 iOS 환경을 불편해했습니다. 그래서 호감도가 높아도 기기 구매와 사용으로 이어지지 않는 경우가 많았습니다. 기기도 이렇게 어려운데, 실제로 낯선 도시에서 전혀 다른 경험을 해야 한다면 그 두려움은 얼마나 클까요? 이 두 가지 부족한 점을 마케팅이 잘 해결한다면 캐즘을 넘어 전기 다수 사용자early majority*에게 사랑받는 에어비앤비가 될 수 있겠다는 확신이 생겼습니다.

* 전체 소비자의 평균보다 약간 먼저 신제품을 수용하는 사람들

캐즘을 뛰어넘는 아이디어 기획하기

브랜드의 현재 위치를 파악하고, 방향성이 정해지면 아이디어가 좀 더 명확해집니다. 아이디어를 위한 아이디어가 아닌, 우리 브랜드에 필요한 아이디어를 발견할 수 있습니다.

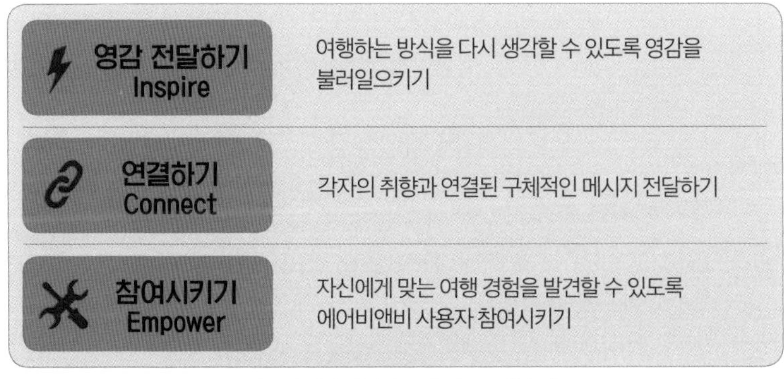

영감 전달하기
Inspire
여행하는 방식을 다시 생각할 수 있도록 영감을 불러일으키기
연결하기
Connect
각자의 취향과 연결된 구체적인 메시지 전달하기
참여시키기
Empower
자신에게 맞는 여행 경험을 발견할 수 있도록 에어비앤비 사용자 참여시키기

브랜드 마케팅 캠페인 구성 차트 ©Airbnb

캐즘을 넘기 위한 전략을 세 가지 파트로 나누어 진행했는데, 하나는 영감 전달하기Inspire 파트입니다. 내부에서 사용한 용어라 한국어로 이야기하면 '브랜드 가치로 마음을 움직이는 브랜드'를 만들기 위한 파트입니다. 첫 번째 단계를 위해 2016년에 처음으로 한국 시장에 맞게 현지화한 브랜드 캠페인을 진행했습니다. 에어비앤비가 전하는 여행의 가치를 다수의 '기억'에 남기는 게 목적이었습니다. 이를 위해 '여행은 살아보는 거야' 광고 캠페인을 진행했습니다.

광고를 통해 에어비앤비가 말하는, 살아보는 여행의 가치를 전달하고 싶었습니다. 다른 여행 광고나 콘텐츠에서는 '여기는 꼭 가야 해! 이건 꼭 사야 해! 이걸 놓치면 평생 후회' 등 체크리스트를 지우는 방식의 여행이 보편적이었습니다. 에어비앤비는 이런 여행 방식과 경쟁하지 않았어요. 그 대신 이렇게 이야기했습니다. "많이 돌아다니지 않아도 돼요. 현지인의 집에 머물며, 그 동네의 맛집을 발견하고 천천히 문화를 즐기는 그런 여행 어때요?" 사람들의 반응을 바로 알 수 있는 소셜 미디어 채널의 반응은 예상보다 훨씬 좋았습니다. 특히 현지화한 브랜드 슬로건의 반응이 긍정적이었습니다. 소비자의 반응을 직접적으로 볼 수 있기 때문에 브랜드 마케터로 일하며 재미를 느낍니다. 물론 안 좋은 반응을 보면 슬프기도 합니다. 공통적인 피드백 중 하나가 화려한 광고들 속에서 '쉼'이 느껴지는 영상이라는 반응이었는데, 광고 영상creative이 저희가 말하고자 한 스토리와 느낌을 잘 표현해주었어요. 에어비앤비가 무엇인지 설명하고 싶은 욕심을 버리는 것도 중요했습니다. 짧은 광고 영상 속에 많은 걸 담기보다 전달하려는 하나의 메시지가 중요합니다. 그리고 그 메시지는 다수의 감정을 움직여야 합니다. 살아보는 여행의 가치를 전달하기 위해 에어비앤비로 예약하는 방법이나 로고 노출, 브랜드를 설명하는 부분들은 모두 생략했습니다. 브랜드 마케팅에서 창작만큼 중요한 건 '덜어냄'이기 때문입니다.

두 번째 마케팅 전략은 연결하기connect와 참여시키기empower 부분인데, 광고에서 보여준 여행 스타일에 친숙도를 높이기 위함입니다. 에어비앤비가 말하는 여행에 대한 친숙함을 높이기 위해 광고와 비슷한 실제 이야기를 보여주려 했습니다. 감동적인 광고를 보고 좋은 인상을 받았어도 한편으론 '광고니까 저렇지'라는 생각이 들 때가 있어요. 실제로 에어비앤비로 여행하면 다르다는 걸 보여준다면, 사람들이 친숙하게 느끼고 브랜드를 향한 애정이 싹틀 거라고 생각했습니다. 그래서 특별한 사람들의 이야기보다 나와 취향이 비슷한 사람의 '살아보는 여행' 스토리가 필요했습니다. 이러한 맥락에서, 사람들이 자발적으로 에어비앤비 스토리를 공유하고, 이 스토리를 다시 에어비앤비가 발견해 확장하는 아이디어를 기획했습니다.

일상적인 여행을 특별하게 만드는 스토리북

에어비앤비 사용자의 실제 여행 스토리를 퍼뜨리기 위해 기획한 아이디어는《에어비앤비 스토리북》으로, 사용자와 여행 에세이 책을 공동 출간하는 프로젝트입니다. 2016년 4월부터 7월까지 총 4개월간 '여행은 살아보는 거야' 브랜드 광고가 TV, 옥외 광고, 다양한 디지털 매체 등에 노출되는 동안 이 캠페인의 일환으로 스토리북을 통해 광고에서 보여준 스토리가 실제 우리 주변에 존재한다는 걸 보여주고 싶었습니다. 이를 통해 나도 할 수 있다는 자신감을 주고, 에어비앤비 사용자의 살아보는 여행 이야기를 진정성을 담아 퍼뜨릴 수 있다고 생각했습니다.

확장 속도가 빠른 디지털 채널도 있는데 왜 하필 책일까? 수많은 쿨한 아이디어 중 책을 만드는 아이디어는 뻔해 보일 수도 있습니다. 특히 새로운 걸 좋아하는 CMO가 이를 반기지 않을 수 있다고 생각해, '왜'를 전달하려 했습니다. 실제로 '책을 해볼까?'에서 나온 아이디어가 아니라 '왜'를 고민하며 나온 아이디어입니다.

아래 세 가지 관점에서 스토리북으로 많은 이야기를 발견하고, 퍼뜨릴 수 있다고 생각했습니다. 그리고 이 아이디어를 잘 전달해 긍정적인 피드백을 받아 진행할 수 있었습니다. 이야기를 담는 채널을 결정하기 전에, 이 아이디어를 왜 실행하는지 우리만의 특별한 '이유'를 고민해야 합니다. 이유를 먼저 생각하면 채널은 저절로 결정되기 때문입니다.

1. 사람들이 에어비앤비 여행 스토리를 자발적으로, 적극적으로 공유하도록 만들려면 동기부여가 필요합니다. 여행을 좋아하는 사람들은 대부분 자신의 여행 이야기를 공유하는 걸 좋아합니다. 주변에 여행 다녀와서 이야기하는 걸 꺼리는 사람이 있던가요? 대부분 자신의 여행 이야기를 공유하는 걸 좋아하고, 때때로 여행작가가 되고 싶다는 꿈을 꿉니다. 그래서 '에어비앤비가 제작하는 책의 공동 저자가 된다'는 사실은 많은 사람이 자발적으로 스토리를 공개하는 데 동기를 부여할 수 있습니다.

2. 광고가 아무리 매력적으로 메시지를 전달해도, 1분도 안 되는 스토리로 에어비앤비의 정체를 제대로 알기란 쉽지 않습니다. 에어비앤비는 다른 서비스에 비해 훨씬 많은 설명이 필요한 브랜드입니다. 그래서 자신과 취향이 비슷한 사용자가 직접 '살아본 여행' 이야기를 전달한다면, 광고 메시지가 진정성 있게 다가올 거라 생각합니다.

3. 디지털 매체에 비해 약한 확장성scalability은 스토리북의 배포 방식과 일반 사람의 공유 과정을 단순화해 높일 수 있다고 봅니다. 스토리를 배포하는 오프라인 장소가 하나의 채널이 되어 스토리북을 홍보할

수 있고, 여행 인플루언서가 스토리 공유에 참여해 확장성을 더욱 넓혀줍니다. 가장 중요한 것은 많은 사람의 자발적인 참여입니다. 이는 돈으로 살 수 없는 바이럴 효과를 가져다줍니다.

스토리북은 어떻게 만들어졌을까?

사람들이 자발적으로 스토리를 공유하도록 약 한 달간 소셜 미디어 채널을 통해 프로모션을 진행했습니다. #여행은살아보는거야 해시태그를 포함해 사용자의 소셜 미디어에 에어비앤비 여행 스토리를 공유하면 에어비앤비와 함께 제작하는 책의 저자나 옥외 광고 주인공이 될 수 있는 기회를 주요 혜택으로 정했습니다. 프로모션을 할 때 사용한 콘텐츠도 예시로 참고하도록 실제 사용자 스토리를 활용해 만들었습니다.

처음에는 이 프로젝트에 참여하는 에어비앤비 사용자가 많지 않을 거라 생각했어요. 그래서 공유한 스토리의 숫자보다 적더라도 좋은 스토리를 발굴해 퀄리티 있는 스토리북 제작에 집중했습니다. 그런데 놀랍게도 6000명이 조금 넘는 사람들이 #여행은살아보는거야 해시태그와 함께 자신의 스토리를 본인의 소셜 미디어 채널에 공유했습니다. 젊은 여행자만 있을 거라 생각했는데, 사용자의 유형도 다양했고 여행 취향도 명확했습니다. 걱정했던 것과 달리 광고에서 나오는 이야기와 비슷한 수많은 실제 스토리를 발견할 수 있었습니다. 그중에

최종적으로 33인의 스토리북 작가를 선정했고, 추가로 13명이 옥외 광고 주인공이 되었습니다. 사실 행정적인 일이 엄청 많은 프로젝트였습니다. 참여 장벽을 낮추기 위해 해당 해시태그만 포함하면 작가 혹은 옥외 광고 모델로 자동 응모되었는데, 매일 수작업을 통해 응모한 참가자의 링크를 하나의 문서에 정리해 업데이트하고 리뷰했습니다.

처음에는 응모 수가 적었지만 중반부터는 가속도가 붙어 공유하는 사람들의 수가 늘어났습니다. 많은 사람이 물리적 혜택을 얻기 위해 포스팅하기보다 이야기를 나누는 것 자체에 즐거움을 느꼈던 것 같아요. 그들의 일상적인 여행도 누군가에게 영감을 줄 수 있다는 사실이 동기부여가 되어 사람들의 자발적 참여를 더욱 촉진했습니다. 마음을 움직이는 광고와 사용자 참여가 함께 작용한 시너지를 느낄 수 있었습니다. 스토리북 제작과 더불어 참여자가 공유한 사진 중 13개의 사진을 선정해 옥외 광고의 주인공으로 소개했습니다. 사진을 그대로 사용할 경우, 글로벌에서 정한 옥외 광고 디자인 형식을 따를 수 없었습니다. 하지만 옥외 광고의 주인공이 되는 건 사용자에게 자부심을 심어주는 중요한 심리적 혜택이었습니다. 스토리북과 같은 맥락으로 CMO와 관련 의사 결정자를 설득했고 예외적으로 한국만 글로벌 디자인에서 조금 벗어난 디자인으로 옥외 광고를 진행했습니다.

위 미국에서 진행한 옥외 광고: 브랜드에서 직접 찍은 사진으로, 사람을 담는 하얀색 상자가 같은 위치에 표시되어 있다. ©Airbnb
아래 한국에서 진행한 옥외 광고 : 사용자의 실제 사진으로 작업해, 사람을 담는 하얀색 상자가 사람의 위치에 따라 변경되는 포맷으로 진행했다. ©Airbnb

셀카나 풍경 사진을 주로 찍는 한국인의 여행 사진 특성을 고려했을 때, 글로벌 브랜드 톤 앤 매너와 비슷한 (에어비앤비 집에서 자연스럽게 사람이 포함된) 사진을 찾는 게 어려울 거라는 두려움이 있었습니다. 하지만 이 부분도 많은 사람이 스토리를 공유한 덕분에 브랜드 톤 앤 매너에 맞는 주인공을 찾을 수 있었습니다. 총 200개가 넘는 버스 정류장에 공개했고, 사용자들이 직접 찾아가서 볼 수 있도록 본인 사진이 공개된 버스 정류장 위치도 알려주었습니다.

스토리북 제작과 스토리가 퍼지는 과정

스토리북 콘셉트는 실제 사용자의 살아보는 이야기로, 전체 스토리가 연결될 수 있도록 33인의 여행 이야기를 시간순으로 구성했습니다. 책 한 권을 읽고 나면 하루가 완성됩니다. 살아보는 여행은 여행자의 라이프스타일이나 취향에 따라 아침부터 새벽녘까지 모두 의미가 있기 때문입니다. 관광지 중심의 여행은 '어디'에 관한 기억이 강하지만, 살아보는 여행은 '일상의 순간'이 더 기억에 남습니다. 예를 들어 오전에 마신 커피와 같은 경험이 더 중요한 것이죠. 그래서 33인의 작가가 에어비앤비와 함께한 여행에서 가장 기억에 남는 시간을 직접 정하고, 시간에 따른 여행 경험을 이야기했습니다. 총 2만 권이 넘는 책을 인쇄해 서울, 부산 그리고 제주를 중심으로 로컬 카페와 독립 숍에 배치했습니다. 사람들이 여행 이야기를 나누는 장소 중 에어비앤비의 타깃이

시베리아 횡단,
그 시작은 맥주
한 캔의 여유로부터
3:55 PM

여행은
살아보는
거야
당신은 어느곳에서
어떤 시간을 살고있나요

좋아하는 공간인 카페나 숍을 선택했습니다. 별도의 비용을 지불하지 않았지만 카페와 숍 담당자가 에어비앤비와 스토리북을 좋아해 책을 진열할 수 있었습니다.

저희는 지역별로 에어비앤비 스토리북을 구할 수 있는 공간을 소셜 미디어 채널로 적극적으로 홍보하고 로컬 숍의 위치를 알렸습니다. 실제로 많은 사람이 이 책을 얻기 위해 해당 장소를 방문했다고 하니, 우리도 오프라인 공간에 도움을 주는 것 같아 흐뭇했던 기억이 납니다. 결과적으로 두 가지 목표를 성취할 수 있었습니다. 에어비앤비로 여행하는 사람들의 스토리가 브랜드 슬로건 '여행은 살아보는 거야'와 함께 커뮤니티에서 자발적으로 퍼져나가는 것. 그리고 에어비앤비가 온·오프라인의 여러 접점에서 대화의 화제가 되도록 하는 것. 성과 측정을 위해 2016년 캠페인 이후, 2017년 초에 브랜드 인지도를 측정한 결과 회사 차원에서 목표했던 수치보다 더 높게 향상되었습니다. 실제로 체감할 수 있었고, 결과도 이를 증명해주었기 때문에 뿌듯했습니다.

서울 부산 제주
에어비앤비 스토리북
무료 배포처 리스트

여행은 살아보는 거야
서울 무료 배포처

마포구
11 유어마인드
12 little famers
13 북카페정글
14 여행자 (북카페)
15 키노빈스
16 헬로인디북스
17 어쩌다가게 비라운지
18 사이에
19 만일
20 공상온도
21 카페 시멘트

서대문구
1 영조장
2 책바

에어비앤비 스토리북 무료 배포처 리스트 ©Airbnb

캐즘을 뛰어넘다: 새로운 타깃 공략하기

2016년에 진행한 브랜드 캠페인의 결과로 내부적으로 캐즘을 뛰어넘었다고 판단했습니다. 이를 바탕으로 같은 구조의 캠페인을 진행했습니다. 2017년에 진행한 브랜드 캠페인 타깃은 아이가 있는 가족이었습니다. 대중적인 브랜드가 되기 위해 에어비앤비를 들어봤지만, 쉽게 에어비앤비를 사용하지 않을 것 같은 사람들의 마음을 사로잡는 게 필요하다고 판단했습니다. 아이가 있는 가족은 에어비앤비를 이용하기 전에 가장 망설이는 경향이 있었습니다. 실제로 아이가 있는 가족이 에어비앤비를 사용하고 나면 다른 타깃보다 만족도가 높은 편이었지만, 첫 경험의 심리적 장벽이 매우 높은 타깃이었습니다. 아이가 있다면 신경 쓸 게 더 많아지고, 최대한 낯선 경험을 피하려는 경향이 있기 때문입니다. 많은 가족 단위 유저를 만났고 모든 가족 구성원이 경쟁적인 한국 사회에서 쉼 없이 달려가는데, 여행에서도 이러한 경향이 이어지는 경우가 많다는 걸 깨달았습니다. 그래서 특별한 걸 하지 않고 모든 구성원이 쉼을 느끼고, 로컬을 경험하는 여행이 에어비앤비가 말하는 여행이라고 생각했습니다. 이러한 맥락에서, 광고 스토리가 결정되었어요. 광고는 한국 사회의 바쁜 일상과는 다른 모습을 보여줍니다. 알람 소리 없이 느지막이 일어나고, 낮잠을 자고 마당에서 뛰어놀고 동네 맛집에 가는, 평범하지만 느린 일상을 담았습니다.

2017년에도 2016년과 같은 전략으로, 매스미디어를 통해 에어비앤비의 광고가 퍼져나갈 때 고객 참여 프로젝트인 '안녕 꼬마감독님' 프로젝트를 진행했습니다. 스토리북의 어린이 버전이라고 생각하면 됩니다. 광고만으로는 에어비앤비가 친근하게 다가오지 않을 거라고 생각해 아이들이 직접 참여할 수 있는 프로젝트를 기획했습니다. 아이들을 직접 참여하도록 한 건 한국 사회처럼 엄마 아빠가 주도하는 여행이 아니라, 아이들의 시선으로 바라보는 여행을 통해 특별한 것을 하지 않아도 행복한 아이의 여행을 보여주고 싶었기 때문입니다. 모두 800여 명의 가족이 아이들이 직접 찍은 영상을 제출했습니다. 스토리북처럼 브랜드가 원하는 것만 생각하지 않고, 캠페인에 참여한 가족들이

위 안녕꼬마감독님 이벤트 ©Airbnb
아래 안녕꼬마감독님 시상식 ©Airbnb

자부심을 갖고 스토리를 공유하도록 '안녕 꼬마감독님'이라는 말을 만들었습니다. 영상의 퀄리티와 상관없이 아이들이 가장 창조적인 감독이 될 수 있을 거란 의도가 담겨 있는데 아이들이 감독이 된다는 자부심을 주는 표현이었습니다.

영화는 아이의 시선으로 짧게 구성해, 꼬마감독님 영화제 이벤트와 시상식을 진행했습니다. 모인 영상을 보니, 우리가 말하고 싶었던 여행의 가치가 아이들의 영상에 담겨 있어 놀라웠습니다. 아이들이 기억하는 여행의 가장 즐거운 순간은 동물, 식물, 자연 그리고 가족의 모습이었습니다. 시상식에는 총 3000명이 넘는 가족들이 참여했습니다. 짧지만 아이들이 찍은 영상을 보고 눈물을 흘리는 부모님도 있었습니다. 작은 시상식이었지만, 지방에서도 한 분도 빠짐없이 오셨을 만큼 가족들에게는 소중한 행사였습니다. 2017년 가족 캠페인을 통해 브랜드 인지도가 작년보다 더 높게 상승했어요. 더 이상 에어비앤비가 소수만을 위한 브랜드가 아니라는 확신이 들었습니다.

단발적 아이디어가 아닌 연결된 아이디어

제가 앞서 캠페인이라는 단어를 많이 언급했는데요. 캠페인에서 연결된 모든 아이디어와 프로젝트는 하나의 콘셉트로 진행하는 것이 중요합니다. 그렇게 해야 잠재 고객이 여러 접점에서 동일한 메시지를 접하고 캠페인 효과가 증폭되기 때문입니다. 다른 아이디어처럼 보이지만, 광고에서 전달한 메시지를 다른 채널과 프로젝트에서도 동일한 메시지로 전달하려고 했습니다. 예를 들어 스토리북은 광고 메시지를 그대로 담았고, 2017년 신세계백화점에서 진행한 팝업 스토어는 광고에 나오는 집을 재현한 오프라인 프로젝트였습니다. 단발적인 아이디어는 그때그때 효과가 있을지 모르지만, 각각의 접점에서 다른 이야기를 하는 셈이라 기억에 남는 한 가지 메시지가 없습니다. 아이디어를 기획할 때 일관성을 유지하면서 다채로운 아이디어를 구상하는 게 도움이 될 거예요. 마치 돌다리도 두드려보고 건너듯, 엄청 좋은 아이디어처럼 느껴지더라도 한 번 더 자문해보세요.

우리가 말하려던 메시지가 뭐였지?

아이디어의 완성도를 높이는 피드백 주고받기

“마케팅 직원이 몇 명이에요?” “어떻게 아이디어를 기획했어요?” 2년간 브랜드 마케팅 캠페인을 진행하며 이런 질문을 자주 받았습니다. 질문에 대답하기 힘들었던 건 한국 마케팅 매니저가 단독으로 진행하지 않았기 때문이에요. 아이디어를 실행하기 위해 외부 파트너사뿐 아니라 본사 마케팅팀, 아트팀과 함께 일했습니다.* 많은 사람이 한국 캠페인에 소속되어 일했기 때문에 캠페인의 성공은 피드백을 얼마나 잘 주고받느냐에 따라 결정된다고 해도 과언이 아닙니다. 한국팀 브랜드 마케터가

---

* 에어비앤비 마케팅 부서 안에 브랜드 마케팅팀과 아트팀이 함께 있습니다. 마케터가 아이디어를 기획하는 초기부터 아트팀과 함께 의논해, 디자인이나 비주얼이 아이디어를 잘 표현할 수 있도록 합니다.

전체를 리딩하고 아이디어를 기획하면, 각 분야의 직원들이 피드백을 전달합니다. 이 과정을 통해 캐즘을 극복하는 아이디어를 설계할 수 있었습니다.

브랜드를 성장시킬 수 있는 아이디어를 기획하는 데 필수 조건은 '피드백 잘 주고받는 문화'라고 생각합니다. 이를 위해 서로의 상황과 입장을 투명하게 공유하는 것뿐 아니라, 문제가 될 수 있는 부분을 솔직하게 이야기하는 것이 중요합니다. 좋은 이야기는 쉽게 할 수 있지만, '문제'를 지적하는 건 쉽지 않기 때문입니다. 에어비앤비에서 자주 쓰는 말 중 하나는 미국의 관용어인 'elephant in the room'입니다. 방 안에 큰 코끼리가 있는데, 아무도 코끼리가 있다고 말하지 않는 상황을 두고 하는 말입니다. 누구나 알고 느끼는 불편한 진실을 말하기 꺼리는 문화를 빗댄 이야기입니다. 이슈를 말하기 꺼리는 조직에서는 획기적인 아이디어나 창의적인 생각이 나오기 힘들어요. 문제가 있어도 말하지 않고 넘어가고, 자신의 안위만 생각하기 때문에 잘못된 아이디어를 계속 진행할 가능성이 높습니다. 여러 부서의 사람들과 피드백을 공유하려면 첫 번째로 아이디어의 전체 맥락을 잘 설명해야 합니다. 이를 위해 에어비앤비는 시작 단계부터 모든 사람과 아이디어 기획 문서를 공유합니다. '소 잃고 외양간 고친다'라는 속담처럼 나중에 일을 수습하려는 것이 아니라, 아이디어를 기획하는 단계부터 피드백을 주고받습니다.

아이디어가 많이 개진되고 난 뒤에 피드백을 주고받으면 누구나 방어적으로 변할 수 있기 때문입니다. 그렇다면 어떻게 전체 맥락을 보여주는 문서를 작성할까요?

첫 기획 문서에는 이이디어의 배경 설명(문화적·상황적 상황 설명도 포함), 왜, 어떻게, 무엇을 해야 하는지와 기대되는 결과를 서술합니다. 또한 프로젝트와 관련된 사람들과 예산도 포함합니다. 아무리 좋은 아이디어라도 브랜드 가치와 부딪히지 않도록, 마지막으로 브랜드 가치에 적합한지 확인합니다. 스토리북뿐 아니라 모든 아이디어를 이러한 과정을 거쳐 진행했습니다.

처음으로 아이디어를 개진할 때, 워드 문서를 활용하는 가장 큰 이유는 생각의 흐름을 꼼꼼히 챙길 수 있기 때문입니다. 처음 아이데이션부터 이미지나 비주얼에 신경 쓰면 맥락을 놓칠 수 있습니다. 또한 이야기에 구멍이 생겨 알맹이는 없지만, 겉으로 화려해 보이는 아이디어를 기획하기 쉽습니다.

처음부터 투명하게 맥락을 공유하면 아이디어에 살을 붙이면서 더 나은 방향으로 발전하는 경험을 합니다. 그 이후로는 구글 슬라이드를 활용해 프레젠테이션을 합니다. 문서를 디자인하는 데 많은 시간을 쓰지 않도록 에어비앤비 브랜드 컬러와 폰트로 미리 디자인된 양식을 사용하죠. 디자인을 전혀 모르는 사람도 에어비앤비스러운 멋진 프레젠테이션을 만들 수 있어요.

앞서 말한 브랜드 캠페인은 글로벌 방향성을 유지하되, 한국에 맞게 현지화하거나 새로 기획한 아이디어입니다. 본사의 피드백과 한국팀 피드백이 적절히 섞여 가장 완성도 높은 아이디어로 발전했기 때문에 사람들에게 에어비앤비란 브랜드를 잘 전달할 수 있었습니다.

브랜드 마케터는
브랜드 키퍼다

여러 피드백을 반영하는 과정도 의사 결정의 한 부분입니다. 브랜드 마케터에게는 중요한 의사 결정을 내려야 하는 순간이 많습니다. 일관된 의사 결정을 위해 마케터만의 판단 기준이 필요합니다. 마케터가 기준 없이 일하면 협업도 힘들어지기 때문입니다. 브랜드 담당자는 브랜드 키퍼brand keeper가 되어야 합니다. 골키퍼처럼 브랜드와 맞지 않는 가치를 포함한 아이디어나 기회는 아무리 영향력이 크더라도 브랜드 안으로 들어오지 않도록 막아야 합니다.

제가 아이디어를 결정하는 판단 기준은 두 가지입니다. 하나는 브랜드가 중요하게 생각하는 가치입니다. 에어비앤비는 휴머니즘을 중요하게 생각합니다. 에어비앤비는 플랫폼 회사지만 사람과 사람이 만나 그 안에서 일어나는 인간적 교류, 따뜻함을 이야기하는 브랜드입니다. 그래서 아무리 좋은 아이디어라도 누군가를 배척하거나 소외감을 주는 아이디어라면 진행하지 않습니다. 두 번째는 브랜드 아이덴티티입니다. 브랜드 정체성은 결국 브랜드가 어떤 이야기를 하고 싶은지를 결정짓습니다. 에어비앤비의 아이덴티티는 '여행은 살아보는 거야'입니다. '꼭 가야 하는 맛집 10'과 같은 콘텐츠는 바이럴이 잘 되고 정말 유용한 정보지만, 에어비앤비가 아니라도 할 수 있는 이야기입니다. 또한 브랜드 아이덴티티와 연결되지 않기 때문에 기획하지 않습니다. 브랜드 담당자는 늘 아이덴티티를 명심하고 스토리를 만들어야 일관된 메시지를 전달할 수 있습니다.

지난 4년간 애정하는 브랜드, 에어비앤비의 마케터로 '어떻게 더 많은 사람이 에어비앤비를 좋아하게 만들까'를 생각하며 프로젝트를 진행했습니다. 하지만 정답은 없는 것 같아요. 브랜드를 깊이 애정하고 브랜드의 성장을 끊임없이 고민하는 마케터라면 가치 있는 마케팅 아이디어를 실행할 수 있다고 생각합니다. 사랑하고, 고민하고, 실행하라. 제가 브랜드 마케터로서 깨달은 세 가지입니다. 브랜드를 사랑할 준비가 되었다면 많이 고민하고, 고민한 걸 바로 실행해보세요.

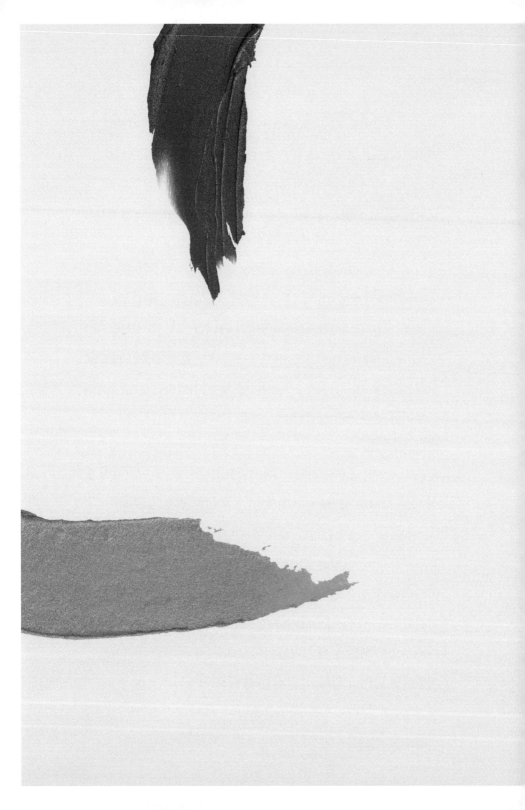

PART 12

더 많은 사람이 읽고, 쓰고, 대화하고, 친해지는 세상을 위해

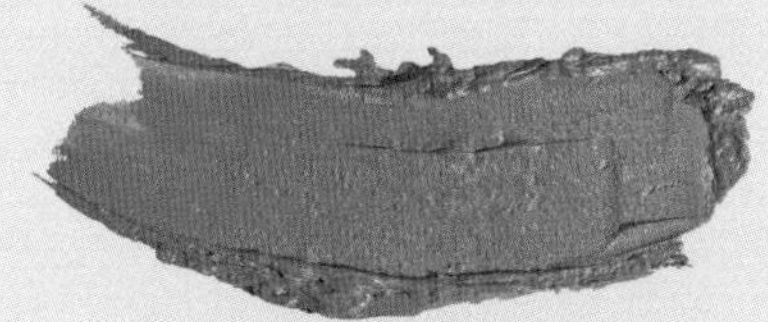

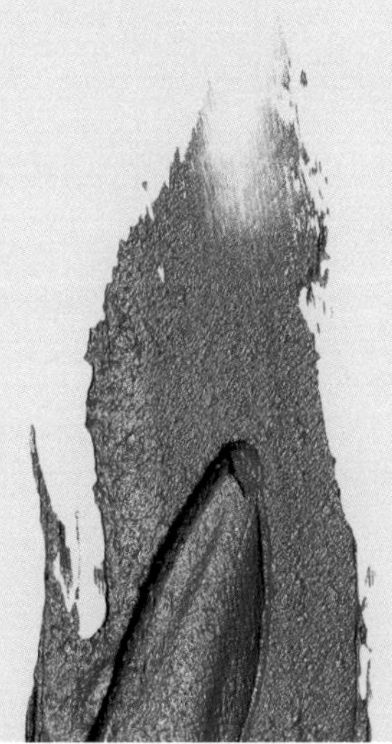

스타트업 마케터의 외로운 분투기

트레바리는 직원 수가 많지 않지만, 그 안에서 서로 업무를 나눠 담당합니다. 우선 독서 모임 기반의 커뮤니티 서비스이다 보니 독서 모임을 운영하는 데 회사의 자원이 가장 많이 들어가는 것이 사실입니다. 그래서 운영팀은 회사 내에서 유일하게 팀이라고 불릴 만큼 많은 사람이 뭉쳐 일합니다. 운영팀은 매일 열리는 독서 모임에 참여하는 멤버의 출석 여부를 확인해 명찰을 준비하고 발제문을 인쇄하는 등 독서 모임 공간인 아지트를 운영합니다. 모임 운영을 돕는 파트너와 의견을 주고받으며, 모임 현장에서 발생하는 각종 CS와 개선 사항 발굴 등의 업무도 담당합니다. 멤버를 대상으로 하는 이벤트 기획과 압구정 아지트 지하에 위치한 F&B 공간인 바의 관리 또한 운영팀에서 담당하고 있고요. 여러 온라인 채널도 관리해요. 트레바리 페이스북 그룹과 독서 모임 카톡방 그리고 멤버들이 독후감을 올리는 트레바리 홈페이지가 여기에 해당하겠네요. 이 모든 채널을 통해 들어오는 멤버들의 목소리를 듣고 개선하는 것만으로도 하루가 금방 지나갑니다.

다음으로는 IT-Product팀이 있습니다. 회사 설립 초반에는 페이스북 그룹을 통해 독후감 업로드 및 확인, 출석 체크, 각종 공지를 했습니다. 그러나 멤버와 모임의 숫자가 늘어나면서 사용자 경험과 운영 효율이라는 양쪽 모두의 측면에서 웹사이트를 통한 관리가 필요해졌어요. 멤버 3200여 명의 상황을 일일이 손으로 점검할 수는 없으니까요. 가입과 결제, 북클럽 정보 확인과 독후감 제출을 위해 마련된 트레바리 홈페이지, 독서 모임 운영 크루와 파트너를 위한 관리자 페이지도 모두 IT-Product팀 소속 개발자들이 만들고 개선하고 있습니다.

마지막으로는 제가 일하고 있는 마케팅팀이 있습니다. 현재 멤버와 잠재적 고객 사이의 접점에서 필요한 모든 일을 하기에 업무 영역의 폭이 아주 넓어요. 그러다 보니 트레바리가 만드는 경험에 가장 많이 관여하고 있다고 생각해요. 일반적으로 넓은 의미에서 마케터가 담당하는 영역은 상품 기획과 영업·마케팅입니다. 트레바리의 마케터 또한 독서 모임이라는 상품을 직접 기획하고 더 많은 사람이 트레바리를 즐길 수 있도록 알립니다. 독서 모임 기획안을 쓰고 걸맞은 이미지를 찾아 홈페이지에 올리고, 광고를 집행하고, 또 트레바리 안에서 만들어진 여러 콘텐츠를 발굴하고 가공해 소개하는 등의 일들이지요. 그 외에도 마케팅팀의 직접적인 영역은 아니지만 모임 운영과 이벤트 기획, 그리고 홈페이지 사용성 개선 등에 대해서도 참견을 합니다. 트레바리가 알리고 싶은 메시지를 하나의 톤 앤 매너로 설정해 효율적으로 전달하는 것이 브랜딩의 핵심이기에, 다른 팀의 일에 조금이나마 관여하거나 협업을 해야 할 때가 많습니다.

트레바리에서 일을 시작한 이후로 많은 사람이 물어봅니다. 너 그곳에서 뭐 해? 이 글은 그 질문에 대한 답변입니다. 트레바리의 마케터는 무슨 일을 어떻게 하는지 자세히 소개해드릴게요.

사람들은 무엇을 함께 읽고 나누고 싶을까

입사 직후 제가 가장 먼저 한 일은 바로 독서 모임 기획이었습니다. 엄청나게 빠른 트레바리 커뮤니티의 성장 속도를 유지하려면, 시즌마다 새로운 독서 모임을 개설해 총 모집 정원을 늘려야 합니다. 모임당 인원을 늘릴 수도 있겠지만, 이 방법은 사용자 경험의 질을 떨어뜨립니다. 따라서 모임의 수를 늘리는 방법이 더 좋은 선택이죠. 단순히 같은 주제의 독서 모임을 복제해 양적 성장만 이룬다고 될 일은 아닙니다. '읽고 쓰고 대화하고 친해진다'는 비전을 제대로 구현하기 위해, 지금 우리가 함께 읽고 토론해야 할 화두들과 밀접하게 연관된 독서 모임들을 새로이 기획하고 제안했습니다. 《82년생 김지영》이 베스트셀러가 되기 전에 젠더 이슈 독서 모임을, 알파고가 이세돌을 이기기

6개월 전에 인공지능 관련 도서를 읽는 모임을 성공적으로 론칭했습니다.

트렌드를 예민하게 파악하고 한발 앞서 대처한 결과, 멤버들의 만족도가 높으면서 입소문도 일으키는 좋은 독서 모임을 할 수 있었습니다. 그렇다면 그간 트레바리는 어떻게 모임을 기획해왔을까요? 그리고 앞으로는 어떻게 달라질까요? 우선 지금까지 독서 모임을 기획하는 데 중요한 기준은 두 가지였습니다.

첫째, 충분한 수의 잠재 고객이 관심을 가질 만한 주제인가. 둘째, 최소 1년(3시즌)간 해당 독서 모임에서 읽을 만한 좋은 책이 있는가. 모임의 콘텐츠를 구성하기 위해 인터넷 서점의 도서 분류를 참고해 모임에서 그간 다루지 않았던 주제들을 찾아봅니다. 또한 이미 다루고 있는 주제라 할지라도 최근 뜨거운 감자로 부상했거나 메가트렌드가 된 경우엔 이를 반영해 새로운 모임을 개설하기도 하고요. 그래서 기획하는 시기엔 먹잇감을 찾듯 왕성하게 잡지식과 정보를 섭취하죠. 시즌 중반 이후부터는 멤버들에게 모임 기획 공모를 받기도 합니다. 트레바리를 재미있게 즐기는 멤버들의 아이디어인 만큼 공모 의견이 반영돼 모임이 개설되면 반응도 뜨겁습니다. 하지만 앞서 적었듯, 현재는 커뮤니티 멤버 증가 속도에 맞춰 모임 숫자가 꾸준히 늘어나야 하는 상황입니다. 그래서 2018년부터는 위 두 가지 기준에 다소 부합하지 않더라도, 빠르게 론칭하고 반응에 맞춰 폐지하거나 복제하는 쪽으로 방향을 바꿨습니다. 충분한 수의 잠재 고객이 관심을 가질 만한 주제인지는 론칭 이후 모집 속도*를 보며 판단할 수 있습니다. 읽을 만한 책이 확보되지 않은 모임일지라도, 트레바리 커뮤니티로 사람들을 유입하는 역할을 해낸다면 의미가 있다고 봅니다. 이는 개별 독서 모임을 넘어 더 큰 단위의 커뮤니티로 트레바리를 가꿔나가기 위한 변화입니다. 동시에 성공적으로 운영되는 독서 모임을 더 널리 잘 설명하고자 노력합니다. 트레바리의 독서 모임에서 가장 많은 수를 차지하는 '무경계'가 대표적인 예죠. 무경계 모임에선 책의 주제에 대한 경계와 제약 없이, 순수하게 멤버들의 투표만으로 읽을 책을 선정합니다. 트레바리의 원형이면서 가장 많은 사람에게 지지를 받고 있습니다.

초기 트레바리 내 모임의 수가 적을 때는 토론이 치열한 모임이나 뒤풀이가 재미있는 모임 등 개별 독서 모임이 각자 개성을 살리도록 독려했습니다. 지금은 무경계라는 이름 아래 동일한 기획과 콘셉트 설명을 유지해 더욱 강한 브랜드 파워를 가질 수 있도록 관리합니다. 모임 숫자가 늘어나고, 그 사이에서 잘 팔리는

---

* 독서모임별 일 평균 등록자 수

제품군이 뭉치며 서브 브랜드sub brand가 생겨나고 있는 셈이죠. 2018년 5월에 열리는 시즌엔 이미 다뤘던 젠더 이슈 주제의 북클럽이 새로 열린 안국 아지트에도 추가로 개설되었고요. 업무 외에 사이드 프로젝트를 장려하는 실리콘밸리의 풍경을 다룬 블로그 포스트를 읽으며, 사이드 프로젝트를 주제로 한 북클럽을 론칭했습니다. 빠른 모집 속도를 확인한 뒤 연이어 동일 주제 클럽을 복제 개설해 모두 매진됐습니다.

궁극적으로는 앞서 설명한 무경계나 문학을 다루는 '문(문학의 앞글자)', 책과 영화를 함께 보는 '북씨(북-시어터의 줄임말)' 같은 모임을 서브 브랜드로 만들고자 합니다. 이런 운영 방향은 전 세계 모든 매장에서 빅맥과 치즈버거 등의 시그너처 메뉴를 동일하게 판매하는 맥도널드에 비유할 수 있어요. 일반적으로 독서 모임 하면 떠오르는, 그리고 진입 장벽이 높지 않은 주제의 독서 모임이 트레바리의 빅맥과 치즈버거가 될 것입니다. 동시에 지역 문화, 최신 트렌드를 반영한 사이드 메뉴 같은 독서 모임 또한 꾸준히 기획하고 론칭해야겠지요. 한국의 색이 담긴 불고기버거도, 시즌에 따라 출시되었다가 없어지는 올림픽 스페셜도 필요한 것처럼요.

더 많은 사람이 트레바리를 좋아하게

페이스북에서 긴 글로 마케팅하기

트레바리가 판매하는 서비스인 독서 모임은 너무나 당연하게도 오프라인에서 진행됩니다. 그렇다 보니 집 또는 직장과 거리가 맞지 않으면 관심이 있더라도 모임에 참여하기 어렵습니다. 시간 또한 부담입니다. 책을 읽고 독후감을 쓰고 한 달에 한 번 반나절 이상 토론에 참여해야 본전(?)을 뽑습니다. 최소 19만 원, 최대 29만 원의 가입비도 결코 적은 가격이 아닙니다.

장소, 시간, 들이는 노력, 금전적인 제약. 게다가 멤버십은 눈에 보이지 않는 서비스입니다. 심지어 모임 공간인 아지트에 방문하더라도 멤버가 아니라면 직접 참여할 수 없으니 제품을 이해하기 어렵습니다. 트레바리 멤버십 서비스는 여러모로

고관여 제품*입니다. 결정적으로, 광고 대상을 타기팅하기가 매우 까다롭습니다. 19만 원 또는 29만 원을 일시에 지불하고, 책을 읽고 독후감을 쓰며, 한 달에 한 번 안국 또는 압구정에 있는 아지트에 모여 독서 토론을 할 수 있는 그런 사람은 어떻게 찾을 수 있을까요?

만약 페이스북이 없었다면

페이스북은 한국에서만 월 순수 사용자monthly active user가 1000만 명이 넘는 데다 지역과 관심사에 따른 정밀한 사용자 분석이 가능합니다. 그래서 안국과 압구정 아지트를 기준으로 반경 몇 킬로미터 내외에서 활동하는 사용자를 타기팅할 수 있었습니다. 심지어 페이스북 픽셀**을 활용하면, 트레바리 홈페이지에 접속해 그 안에서 장바구니 담기나 키워드 검색 등의 행위를 한 사람을 타기팅하고 그에 맞는 광고를 집행하는 일도 가능합니다.

사용자 데이터를 활용한 맞춤 타기팅과 유사 타기팅 등을 활용하면, 트레바리 홈페이지를 방문한 사람들 또는 트레바리 페이스북 활동에 긍정적인 반응을 보인 사람들(맞춤 타깃)이나, 트레바리를 여러 시즌 재등록한 고객들과 비슷한 속성을 보이는

* 값이 비싸거나 중요도가 높고, 잘못 구매했을 때의 위험성이 큰 제품

** 광고 캠페인을 측정 및 최적화하고 타깃을 구축할 수 있도록 웹사이트에 설치하는 자바스크립트 코드

사람들(유사 타깃)도 광고를 접하게 만들 수 있죠. 2018년 5~8시즌에는 설명충*처럼 긴 글 포스팅 광고를 시도했습니다. 앞서 이야기한 고관여 제품의 특성을 지닌 상품을 팔려면, 처음 마주하는 단계부터 충분한 판단 근거를 스토리로 제공하며 설득을 시작해야 한다는 게 그 이유였습니다. 그리하여 이번 시즌에는 과거처럼 수많은 광고를 만들고 테스트하지 않았습니다. 대신 이전과 다르게, 수는 적더라도 하나하나 힘을 준 긴 텍스트를 노출시키는 전략을 사용했습니다.

모집 마케팅의 결과는 절반의 성공이었다고 자평합니다. 후킹hooking하는 짧은 메시지로 광고를 집행했던 과거에 비해 클릭당 단가는 두 배가량 뛰었습니다. 하지만 구매까지 이어지는 비율 또한 두 배가량 뛰었습니다. 마케팅 비용 대비 가입자 수는 지난 시즌과 거의 비슷한 수준을 유지했고요. 하지만 놀랍게도 다른 곳에서 차이를 확인했습니다. 시즌 시작 후 환불률이 지난 시즌 동기 대비 50% 수준으로 낮아진 것입니다. 오프라인에서 주는 경험 자체에는 큰 변화가 없음에도, 시즌 초반 변심으로 환불하는 사람들의 수가 현저히 줄어든 것이었죠. 그 이유는 트레바리가 어필하고자 하는 포인트를 광고에서 미리 충분하게 이야기한 덕이 아닐까 자찬해봅니다. 페이스북 마케팅에

* 매사에 진지하고 길게 설명을 늘어놓는 사람들을 통칭하는 속어

트레바리 TREVARI

Apr 21 at 12:01am •

[책을 읽게 하는 독서모임의 힘]

책 <그릿 GRIT>에는 아래와 같은 구절이 나옵니다.

“나는 올림픽 선수들을 연구하기 시작하면서 ‘대체 어떤 괴짜들이 매일 새벽 4시에 일어나서 수영 연습을 하러 가지?’라고 생각했어요. ‘그런 훈련을 견디다니 기이한 사람들임이 틀림없어.’라고 생각했죠. 하지만 모든 사람이 새벽 4시에 일어나서 연습을 하러 가는 곳에 들어오면 자신도 그렇게 하게 됩니다. 그게 별일 아닌 것 같고 습관이 되죠.”

주기적으로 책을 읽고 싶으셨다면? 읽고나서는 나만의 감상을 독후감으로 남겨보고 싶으셨다면? 그런 사람들이 모여있는 곳에 들어오면 됩니다. 나 역시도 자연스레, 책을 읽고 독후감을 쓰고 즐겁게 토론하게 될 거에요. 책을 읽는 습관이 생기고 독후감을 쓰는 게 별일이 아니게 될지도요.

2018년 5~8시즌 멤버 모집 당시 집행된 페이스북 광고 ©트레바리

관해 조언하는 다양한 기사와 포스팅이 있지만, 제안하는 제품·서비스와 속해 있는 구체적인 시장은 제각기 다릅니다. 그러니 마케팅에는 정답도 진리도 없다고 믿습니다. 때로는 비슷한 업을 하는 회사의 마케팅을 참고하고, 때로는 내가 고객이라면 어떻게 반응할지 입장을 바꿔 생각하면서 스스로 답을 내리고 그 답을 정답으로 만드는 수밖에요.

린 브랜딩으로 브랜드 다지기

지금까지 많은 스타트업은 성장에만 초점을 맞춰 달려왔습니다. 넉넉한 자금과 시간을 마련하기 위해서였죠. 트레바리도 마찬가지였고요. 하지만 어느 수준 이상으로 크려면 가지치기, 물 주기, 비료 주기가 필요한 법입니다.

스타트업엔 브랜딩이 사치라고 말하기도 합니다. 그러나 린 브랜딩Lean Branding 방법론을 통해 지금의 우리에게 꼭 필요한 자산을 정리하고 또 재정의할 수 있습니다. 이 방법론은 익히 알려진 린 스타트업에서 소개한 최소 기능 제품 MVP, Minimum Viable Product에서 가져온 개념입니다. 이를 통해 최소 요건을 갖춘 브랜드MVB, Minimum Viable Brand를 생각해보죠. 린 브랜딩은 브랜드 미션과 네 가지 최소 요소인 브랜드 프라미스Brand Promise, 스토리, 가치 그리고 커뮤니케이션 아이덴티티로 이루어져 있습니다. 린 브랜딩 구상도를 그리고 빈칸에 트레바리의 브랜드 미션과 최소 요소를 하나하나 채워 넣다 보니, 부족한 부분과 개선해야 할 부분을 한눈에 알 수 있었습니다.

트레바리는 브랜드 미션(세상을 더 지적으로, 사람들을 더 친하게)과 브랜드 프라미스(독서 모임 기반의 커뮤니티 서비스), 그리고 스토리는 꽤나 명쾌한 편이었습니다. 하지만 가치가 불명확했습니다. 왜 이 일을 해야 하는지 그리고 그 방법이 무엇인지 판단하는 기준을 설정하는 데 가장 중요한 요소가 뚜렷하지 않았던 것이죠. 그러다 보니 커뮤니케이션 아이덴티티 또한 다소 산발적으로 흩어져 있었습니다.

가치를 정의하기 위해 같이 일하는 크루들에게서 트레바리 브랜드에서 연상되는 형용사를 취합했습니다. 그렇게 모인 60여 개의 단어를 바탕으로, 윤수영 대표와 함께 논의해 5개를 추렸습니다. 지적인, 유머러스한, 거리낌 없는, 선도하는, 현실적인. 가장 중요한 브랜드 가치를 정리하니 꽤나 명쾌해졌습니다. 트레바리가 다루고 있는 '지적인' 콘텐츠를 때론 '유머러스한' 방식으로 거리감 없이 풀어내야겠지요. 조금은 어렵고 불편한 주제도 '거리낌 없이' 다루고자 합니다. 혼자 먼저 가는 데서 그치는 것이 아니라 '선도하며' 이끌고자 합니다. 이상에 매몰되지 않고 꾸준히 '현실적인' 감각을 유지하면서요.

다음 단계로, 이런 키워드를 충분히 반영한 디자인 템플릿과 커뮤니케이션 톤 앤 매너 가이드라인을 만들고 있습니다. 우리가 추구하는 가치가 공허한 메아리가 되지 않고 모든 접점에서 드러나게 하려고요. 궁극적으로는 내부 구성원 누구라도 위 5개의 가치를 반영해 내외부 커뮤니케이션을 진행하고, 업무의 판단 기준으로도 삼을 수 있게 지속적으로 노력할 것입니다. 제가 린 브랜딩을 시작하며 참고한 자료는 다음과 같습니다.

- **스타트업에 꼭 맞는 브랜딩을 해보자**
  (슬로워크, 2016.6.10, slowalk.tistory.com/2404)
- **이메일 마케팅 서비스 '스티비' 린 브랜딩 탄생기**
  (슬로워크, 2016.6.20, slowalk.tistory.com/2407)
- **브랜딩은 린(lean)하게, 합리적인 선에서**
  (김늘보 브런치 블로그, 2017.1.24, brunch.co.kr/@nlbo/1)
- **회사 안에서 브랜딩 시작하기**
  (배재민, 2017년 4월 28일, www.ridicorp.com/blog/2017/04/28/ridibooks-branding)

지적 대화를 위한 (넓고 얕은) 마케팅

지식 이벤트를 기획·운영하는 회사에서의 마케팅 업무에 대한 제 글을 '지적 대화를 위한 넓고 얕은 마케팅'이라고 표현하며 마치려 합니다. 저는 1인 마케터로 시작해 지금은 동료 크루 한 명과 함께 모임 기획, 마케팅과 브랜딩, 그 밖에 각종 팝업성 업무를 수행합니다. 그래서 업무 영역은 넓고 무궁무진하되 아무래도 깊이는 얕거든요. 하지만 덕분에 회사와 나의 다양한 가능성을 테스트하고, 빠르게 결과로 확인할 수 있는 멋진 기회를 얻고 있다고 생각합니다.

독서 모임 수십 개를 론칭하고 그 결과를 확인하는 경험도, 페이스북에 장문의 포스팅을 올려 광고를 집행하며 수천 명을 모집하는 경험도, 제대로 정리되어 있지 않던 것을 모아 논리 구조를 만들어 빈틈을 채워나가며 트레바리라는 브랜드에 성격을 부여하는 경험까지도 말이죠.

빠르게 성장하는 작은 조직에서 일한다는 것은 얼마나 즐거운 일인가요. 비록 지금은 넓고 얕지만, 되도록이면 가까운 미래에 넓고도 깊은 마케터가 되길 꿈꾸며 오늘도 저는 야… 야근 중!

PART 13

이승희와 정혜윤의 영감 얻기

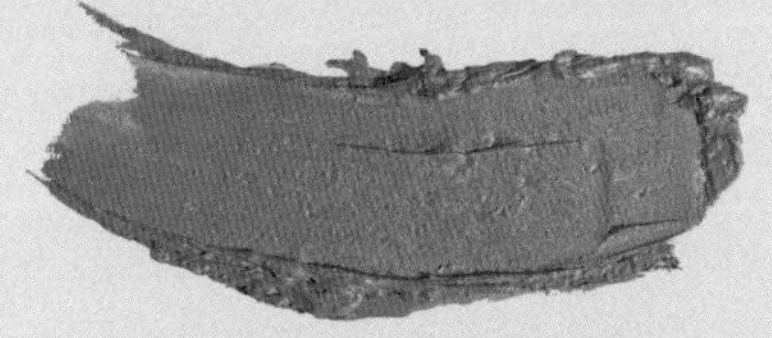

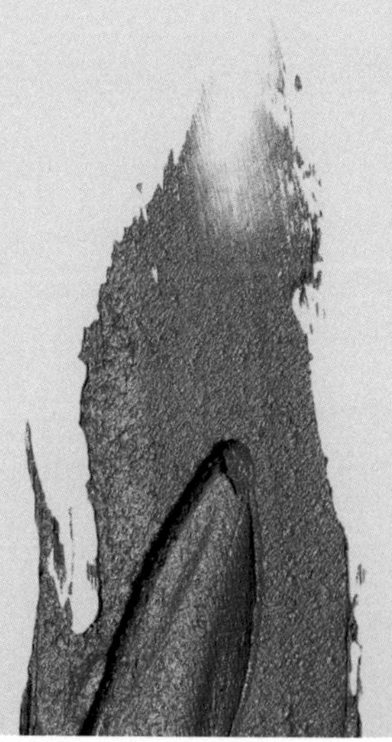

마케터의 딴짓은 도움이 된다

사람의 마음을 움직이려면 어떤 경험을 주느냐가 중요한데 대부분 마케터 개인의 경험에서 출발할 때가 많습니다. 영감을 받은 마케터가 그 영감을 나누는 것이죠. 그래서 마케터에게 딴짓은 도움이 됩니다. 딴짓이 어떤 발상을 현실화할 때 큰 도움을 주기 때문입니다.

내 브랜드를 더 잘 표현하고 좋은 콘텐츠를 만들기 위해 마케터는 습관적으로 혹은 의도적으로 영감을 찾아다닙니다. 전시, 공연, 영화, 독서, 토론, 여행 등을 통해 경험 자산을 쌓고, 일에 필요한 힌트를 얻습니다. 요리에 비유하면, 재료가 좋으면 결과물인 요리의 맛이 좋아지고, 재료가 다양하면 할 수 있는 요리의 스펙트럼이 넓어진다고 볼 수 있습니다. 아이디어와 상상력은 지식, 관찰력, 호기심에 기초를 둡니다. 요즘같이 정보가 넘쳐나는 시대에는 그 내용이 무엇이든, 어떤 걸 아느냐 그리고 그것을 어떻게 조합하느냐가 차이를 만듭니다. 매 순간 번뜩이는 아이디어가 떠오를 수는 없겠지만, 일을 지루해하지 않고 더 멋지고 이롭게 하기 위해 마케터는 경험을 발견하고 나눕니다. 네 명의 마케터가 영감을 얻고, 이를 적용하는 방법을 살펴보겠습니다.

이승희 배달의민족

생각의 단초를 기록으로 붙잡는 법

저는 매일 아침 눈뜨자마자 인스타그램과 페이스북, 네이버 뉴스를 봅니다. 잠에서 깨기 위한 습관입니다. 출근길 20분 동안 책을 읽고, 회사에 도착하면 커피를 마시며 하루를 시작합니다. 일하기 전에 머리를 맑게 하는 의식입니다.

넷플릭스 오리지널 다큐 〈앱스트랙트〉의 크리스토퍼 니먼Christopher Niemann 편을 보면 영감에 대한 이야기가 나옵니다. 우리는 일을 잘하는 사람들이 어디서 영감을 받는지, 그 영감을 어떻게 본인의 업무에 적용하는지 궁금해합니다. 하지만 니먼은 이렇게 말합니다. "척 클로스는 이렇게 말했죠. '영감은 아마추어를 위한 것이고, 프로는 그저 아침이 되면 출근할 뿐이다.' 영감이 떠오를 때까지 몇 시간씩 기다리는 게 아니라 그냥 출근해서 일을 시작하는 거예요. 그러다 놀라운 일이 생길 수도 안 생길 수도 있는 거죠. 중요한 건 기회를 열어두는 거예요."

사람들은 영화, 책, 음식, 전시회, 여행, 대화 등 모든 곳에서 영감을 얻는다고 말합니다. 하지만 영감은 눈에 보이지 않으니, 내 삶에 어떻게 적용하는지가 더욱 중요한 일이겠죠. 니먼의 말처럼 몇 시간씩 기다린다고 영감이라는 것이 나오진 않으니까요. 저에게 영감을 끌어올리는 데 가장 도움을 주는 것은 모든 업무의 마감일입니다. 일을 끝내려면 무의식중에 제게 쌓여 있던 영감을 머리를 쥐어짜서라도 밖으로 꺼내야 합니다. 운이 좋아 쉽게 풀리는 경우도 있고, 만족스럽지 못한 상태로 끝낼 때도 있습니다. 그래서 저는 시간이 지날수록 영감을 아이디어로 구체화하는 일은 정말 운이 좋아야 가능하다고 느낍니다. 건국대학교 한창호 교수가 말한 '머리 한 날' 이론이 있습니다. 머리를 다듬은 날엔 거리에서 사람들의 머리카락만 보인다는 겁니다. 어떤 프로젝트에 깊이 몰입하면 제 눈에는 그것밖에 보이지 않을 때가 많습니다. 때로는 의도적으로 주변의 모든 것을 집요하게 그 프로젝트와 연관 지어 생각합니다. 눈에 필터를 하나 씌운 것처럼요. 평소에는 아무 의미 없던 것도, 제가 지금 어디에 관심을 두느냐에 따라 다르게 다가옵니다.

예를 들어볼게요. 행사를 기획할 때는 어떤 공간이든 가서 그 공간의 동선과 제작물만 봅니다. 하루는 배짱이 팬클럽 행사를 기획하던 때 교회에 갔어요. 예배를 드리는 내내 입장할 때 나눠주는 브로슈어, 식순, 성가대 공연의 장비 상태, 퇴장 때 나눠주는 선물, 이런 것만 보는 저 자신을 발견했어요. 덕분에 도움이 많이 되기도 했습니다. 이렇듯 내 눈에 필터를 어떻게 씌우느냐에 따라 영감을 아이디어로 구체화하기가 쉽습니다. 물론 이렇게 의도적으로 영감을 얻는 것도 좋지만, 일상에서 영감을 얻는 일도 중요하죠. 박웅현 TBWA Korea 대표는 이렇게 말해요. "창의력은 스퀴즈 아웃squeeze out이 아니라 스필 오버spill over가 되어야 한다." 이 문장을 보고 정말 공감했습니다. 맞아요. 영감은 짜내는 게 아니라 흘러넘쳐야 합니다. 그러려면 나라는 사람 안에 갖가지 소재를 채워야 합니다.

영감은 어디에나 있습니다. 노을 지는 하늘에, 퇴근길에 듣는 음악에, 늦은 밤 친구와 나누는 대화 속에도 영감이 있습니다. 하지만 눈에 보이지 않는 일상에서 영감을 더 잘 느끼려면 나를 예민하게 만드는 작업이 필요합니다. 어쩌면 뻔할 수도 있지만, 영감을 쌓으려 제가 하고 있는 훈련이자 습관을 이야기해볼게요.

이승희 배달의민족

공유, 저장, 큐레이션

먼저 각종 소셜 채널에서 다양한 정보를 얻습니다. 페이스북 피드는 너무 많은 정보를 담고 있어 가끔 스트레스를 주지만, 여전히 많은 영감이 있는 곳입니다. 인사이트를 주는 것을 발견할 때면 잊지 않고 저장, 분류해놓습니다. 저는 기억력이 (매우) 좋지 않기 때문에 바로 정리해두지 않으면 다 흘러가버리더라고요.

인스타그램의 컬렉션 기능도 활용하고 있습니다. 요즘엔 디자인 작업물이나 공간, 여행지, 음식 플레이팅 위주로 많이 봐요. 예전에는 핀터레스트에서 제가 좋아하는 것들을 검색해 큐레이션해두곤 했는데, 지금은 인스타그램을 핀터레스트처럼 쓰고 있습니다.

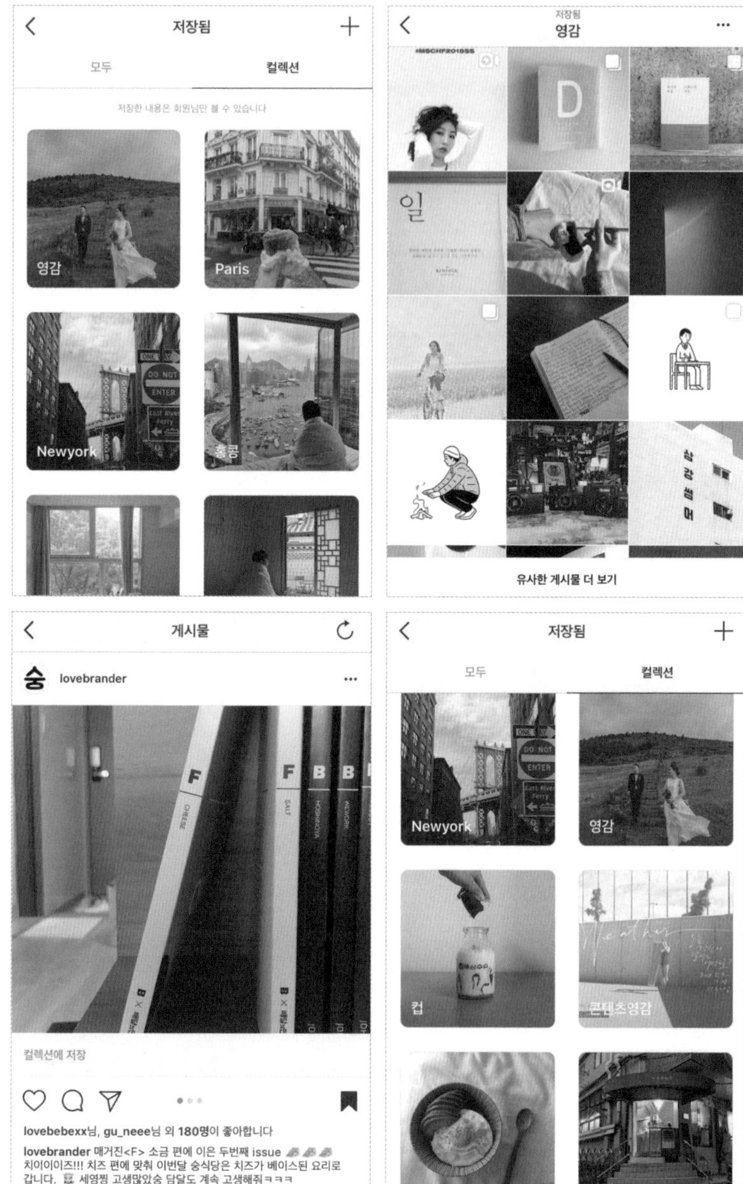

위 인스타그램 피드 화면 캡처 ©이승희
아래 컬렉션 기능을 활용한 화면. 오른쪽 아래 검은색 표시로 컬렉션에 저장한다. ©이승희

다양한 책을 읽는 것도 도움이 돼요. 좋은 책은 인스타그램에 해시태그 '#우아한마케터책읽기'를 달아 기록합니다. 저뿐만 아니라 배민 브랜딩실 몇몇 멤버들도 동참하고 있어요. 제가 그때그때 영감을 받은 책들은 이 해시태그를 통해 계속 볼 수 있을 거예요.

페이스북 저장 기능도 유용해요. 페이스북은 인스타그램과 달리 업무에 도움이 되는 정보 위주로 저장하고 있습니다. 함께 일하는 마케터 멤버와 비공개 그룹을 만들어 서로 영감을 받은 콘텐츠를 공유하며 의견을 주고받기도 합니다. 이렇게 해두면 나중에 프로젝트를 할 때 다시 꺼내 보며 배민답게 적용할 만한 요소는 없는지 생각하기 쉽습니다. 마찬가지로 블로그에도 담아두고 싶은 포스팅을 스크랩해두며 쓰고요.

왼쪽 인스타그램에 해시태그 '#우아한마케터책읽기'로 검색한 결과 ⓒ이승희
가운데부터 페이스북 저장 기능도 활용 중 ⓒ이승희

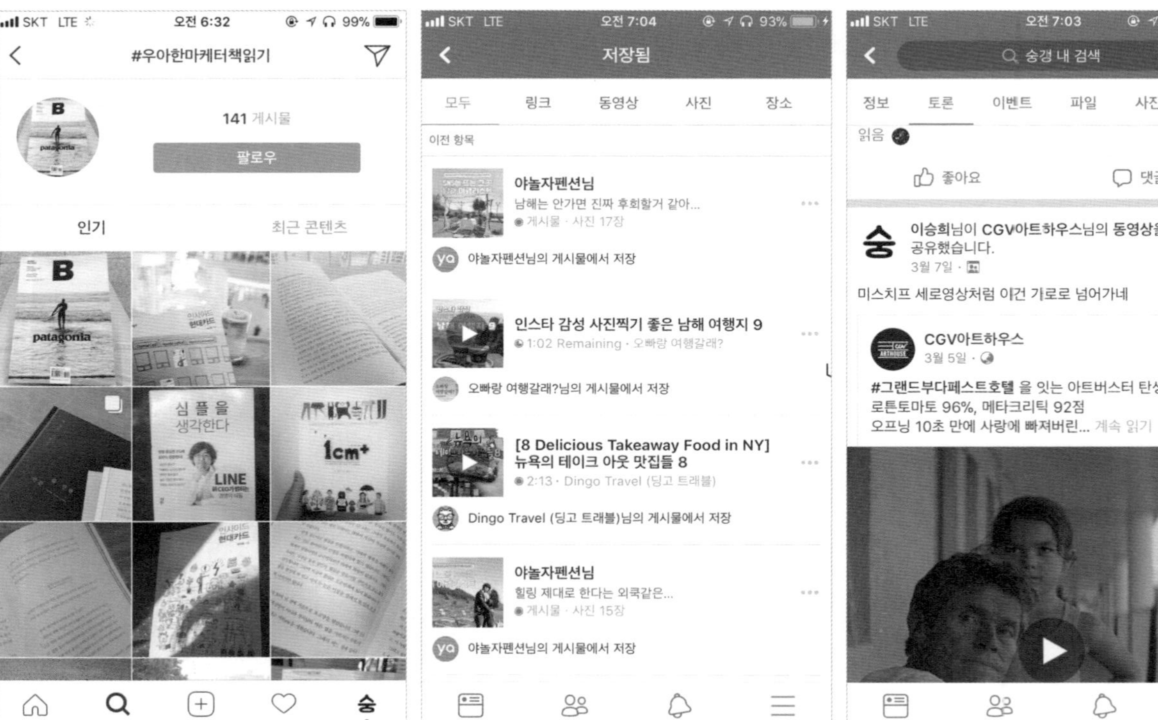

이승희 배달의민족

대화와 기록

직접 경험하거나 주변 사람들과 자주 나누는 대화 역시 SNS만큼이나 좋은 방법입니다. 저는 특히 대화에서 영감을 많이 얻습니다. 대화 형식 중에서도 상대방에게 질문을 많이 하는 편이에요. 질문을 통해서 해결되지 않던 답을 찾기도 하고, 제 생각을 구체화하기도 합니다. 어떤 일에 꽂혀 있을 때는 하루 종일, 일주일 내내 관련 질문만 합니다. 이 글을 쓰는 지금 이 순간에도 제 주변 사람들에게 영감이라는 주제로 질문을 많이 던졌습니다. 그렇게 얻은 답은 아이폰 메모 앱에 빨리 적어두기도 하고, 카카오톡 자신과의 대화창에 써놓기도 합니다. 긴 글은 에버노트에 적어두고요. 제 생각의 단초를 기록으로 붙잡아 둡니다.

글이라는 것은 날아가는 생각을 붙잡아놓는 것이다.

박웅현, TBWA Korea 대표

대화 상대는 친구들, 가족, 함께 일하는 마케팅실 멤버들입니다. 어쩌면 특별하지 않을 수도 있습니다. 그런데 놀랍게도 이 사람들과 나누는 일상적인 대화에서 저는 많은 영감을 얻습니다.

많은 조직에서는 영감을 주는 말이
리더의 완벽하게 디자인된 연설에서 나온다고 생각한다.
그러나 대개 사람들은 개인적인 대화에서 영감을 얻는다.

크리스티 헤지스, 헤지스컴퍼니 창업자

자연스러운 대화는 보통 맛있는 음식 앞에서 오갑니다. 이렇게 나눈 이야기가 제 삶을 변화시킬 때도 있어요. 그래서 언제 누구와 어떤 대화를 하게 될지 모르니까, 흘러가는 이 행복한 시간들이 아쉬워 '주간 음식'이라는 테마를 만들어 기록하고 있습니다. '주간 음식'은 이 책 'PART 5 배달의민족 : 좋은 음식을 먹고 싶은 곳에서'도 소개했듯, 제 영감을 기록하는 방법 중 하나입니다. 일상을 영화처럼 만드니 편하게 주고받은 대화가 영화 대사처럼 느껴지더군요. 음식이라는 시각과 대화라는 언어를 조합하며 영감을 아이디어로 바꾸는 연습을 합니다. 저는 사진도 많이 찍습니다. 제가 영감을 얻는 찰나의 순간을 놓치지 않기 위해서요. 영상이어도 상관없습니다. 그때의 감정을 고스란히 남기려는 목적이니까요. 그 상황의 기분과 감정이야말로 영감의 진정한 원천이라고 생각하거든요. 내가 어떤 느낌으로 상황을 마주하느냐에 따라 모든 게 결정됩니다.

다른 세계를 만나는 '자리B움'

인생은 결국 어느 순간에 누구를 만나느냐다.

유병욱, 《생각의 기쁨》(북하우스, 2017)

저는 제 주변 상황, 감정, 사람에게 상당히 많은 영향을 받습니다. 그래서 의도적으로 영향받기 위해 실천하는 일이 나와 다른 세계의 사람들을 만나는 것입니다. 책을 읽거나 소비를 해서 얻을 수 없는 것들이 여기에 있죠. '자리B움'은 저와 배민 마케터들이 평소에 만나고 싶었던 사람을 회사로 초대해 배달음식을 시켜 먹으며 대화를 나누는 행사입니다. 매거진 에디터부터 디자이너, 로봇공학 박사, 작가, 세계일주가, 뮤직비디오 감독 등 분야에 상관없이 만나고 싶은 사람들에게 연락을 넣었습니다. 나와 전혀 다른 세계에 속한 사람을 만나면 자기 자신을 더 객관화할 수 있습니다. 물론 쉬운 일은 아니죠. 그래도 늘 새로운 자극을 줍니다. 처음 만나는 자리는 어색하게 마련인데, 음식을 먹으며 이야기를 나누면 분위기가 금세 풀어지더라고요. 음식이 관계에서 중요한 역할을 하는 것이 틀림없습니다. 자리B움에서 우리는 평소 궁금했던 사항들을 질문하며 대화를 이어나갑니다. 늘 빠트리지 않고 하는 질문은 바로 이것입니다. "어디에서 영감을 얻나요?" 이 질문에 대한 답은 모두 달랐지만, 떠오른 생각을 흘려보내지 않고 자기만의 방식으로 재해석하는 과정을 꼭 거친다는 공통점이 있었어요.

생각의 단초가 날아가지 않게 나만의 기록 방법으로 잘 붙잡아두고, 그다음 내가 일하고자 하는 방향으로 눈에 필터를 씌운 다음, 나만의 방식으로 재해석하는 것. 이것이 영감을 구체화하는 과정이라고 생각합니다.

정혜윤 스페이스오디티

영감은 세상을 바라보는 시선에서부터

세상에는 여러 가지 세계가 존재합니다. 나이, 국가, 인종, 성별 등 우리를 쉽게 구분 짓는 잣대를 토대로 선이 그어진, 잘 보이는 세계가 있고요. 처음에는 잘 몰랐다가 알면 알수록 보이는 것들, 즉 들여다봐야지만 보이는 세계가 있습니다. 후자를 덕후들의 세계로 볼 수도 있어요. 커피, 와인, 서핑, 재즈, 요리, 더 나아가면 다프트 펑크, 스타워즈, 슈프림에 빠진 사람들의 세계 등으로 세분화할 수 있습니다.

광범위하고 무궁무진한 이 세계에서는 나이나 출생지가 크게 중요하지 않습니다. 오히려 같은 걸 좋아한다는 명목 아래 다양한 사람이 묶이고, 누군가에게는 쓸데없는 이야기가 다른

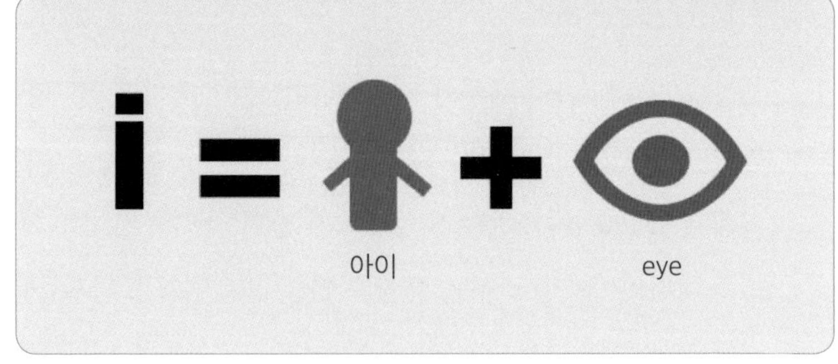

위 베를린에 가면 El Bocho 작가의 Little Lucy를 거리 곳곳에서 찾아보세요. ©정혜윤
아래 내면의 '아이'와 세상을 바라보는 '시선(eye)'이 곧 '나'라는 생각으로 만들었던 장표 ©정혜윤

누군가에게는 가장 열광하는 이야기가 됩니다. 언어와는 무관하게 서로 말이 통하는지 여부가 더 극명하게 나뉘고요. 어떤 세계를 들여다보면 재미있고 신기한 이야기가 넘칩니다. 베를린에서 그라피티 투어를 했더니 낙서인 줄만 알았던 그림이 예술로 보이기 시작하고, 다양한 음악을 듣기 시작했더니 취향이 통하는 사람들이 보입니다. 버닝맨과 글래스톤베리*에 다녀와서는 고정관념이 깨지며 생각의 틀이 한 번 더 확장되는 것을 느꼈습니다. 저는 이렇게 제 세계를 넓혀가는 과정이 즐겁습니다. 영감은 곧 좋아하는 것에서 오더라고요.

비즈니스에서 가장 호기심이 많은 사람이라면
마케터들이어야 할 것이다.
항상 배우려 하고, 인간의 묘한 열정에 매혹되며,
항상 질문하고,
기이한 것, 독특한 것,
흥미로운 것을 찾는 사람들이 되어야 한다.

케빈 로버츠, 《러브마크》(서돌, 2012)

브랜드는 감성을 중시하는 '러브마크'가 되어야 한다는 유명한 얘기가 이 책에서 나오죠. 이 문장이 곧 영감을 얻는 방법을

---

* 버닝맨과 글래스톤베리에 관해서는 'PART 6 스페이스오디티: 음악으로 세상을 이롭게'에서 자세히 볼 수 있습니다.

나열해놓은 것 같아요. 호기심 많은 사람들이 마케터가 되는 건지, 마케터가 되면 호기심이 더 많아지는 건지, 어떤 게 먼저인지는 잘 모르겠습니다. 하지만 확실한 건 제 주변 마케터들은 이야기에 열광하며 관찰하고 발견하기 좋아하는 사람들이란 점입니다.

몇 년 전에 제가 쓴 자기소개서 장표의 일부분입니다. 당시 제 이야기를 알파벳 단어 'I'를 활용해 정리했습니다. 제가 만든 이 공식(?)이 영감이란 주제와 잘 맞아 보여 가져왔습니다. 아이처럼 좋아하면 하고 보는 단순한 추진력과 세상에 대한 호기심은 제가 지키고 싶은 제 모습입니다. 또 다양한 경험에서 얻은 나만의 시선도 중요합니다. 영감을 얻기 위해 필요한 것도 이 두 가지가 아닐까요. 누구에게나 존재하는 내면의 '아이'와 세상을 바라보는 '시선eye'.

자신에게만 들리는 이 속삭임에 귀 기울이지 않는 한
누구도 결코 탁월함을 성취할 수 없다.

토머스 칼라일, 철학자

엠제이 드마코의 책 《언스크립티드》에서 본 문장입니다. 영혼의 목소리를 존중할 때 변화가 시작됩니다. 엠제이가 이야기하는 영혼의 목소리는 제가 이야기하는 내면의 아이와 동일합니다. 나이가 들고, 회사에 다니고, 결혼해 가정을 꾸리는 등 이른바

‘어른’이 된다고 해서 마음속에 존재하는 아이를 무시할 필요는 없습니다. 케빈 로버츠의 문장을 다시 보세요. ‘호기심 많고, 항상 배우려 하고, 질문하고, 독특한 것, 흥미로운 것을 찾는 것’은 아이들의 특징이기도 합니다. 시간이 흘러도 저는 아이처럼 호기심 많은 사람으로 남고 싶어요. 아무리 나이가 들어도 내면의 목소리에 귀 기울일 줄 아는 어른이 되고 싶습니다. 이게 곧 일상에서 영감을 얻는 방법이자 하루하루가 행복해지는 비법이라고 생각합니다. 제가 어디서 영감을 얻는지 조금 더 구체적으로 이야기해보겠습니다.

정혜윤 스페이스오디티

다양성, 쓰기, 나누기

다양성은 제가 중요하게 여기는 단어 중 하나입니다. 다양한 관점이 공존하는 곳에는 새로운 것과 배울 점이 많습니다. 나에게 당연했던 게 당연한 것이 아니게 되는 경험을 해보면 시야가 넓어집니다. 내가 가지고 있던 생각이 편견임을 깨달을 때, 세상을 바라보는 시선도 달라집니다. 발견할 것 투성인 장난감 가게에 들어서는 아이처럼 세상의 다양한 세계에서 놀아보세요. 누군가의 세계를 들여다보는 일만큼 영감을 받기 좋은 방법도 없습니다. 다른 사람의 시선을 빌려 세상을 보는 것, 낯선 것과 익숙한 것 사이의 묘한 긴장감이 곧 반짝이는 영감으로 이어집니다. 이 영감을 다른 세계에도 적용할 때 아이디어가 탄생합니다.

아이디어는 서로 다른 우주가 충돌할 때 발생한다.

세스 고딘, 경영학자

낯선 곳에서 낯선 사람을 만나는 방법도 있겠지만, 일상에서도 다른 시선을 빌려볼 수 있습니다. 가장 간단한 방법은 많이 보는 것입니다. 공연, 영화, 책, 전시 등. 특히 영화와 책은 누구나 쉽게 시도할 수 있는 무한 경험의 지름길입니다. 내 몸이 어디에 있든 상상력에 힘입어 여행을 떠날 수 있습니다. 화면과 종이 속에서 만나는 또 다른 세상은 인생을 재조명하는 깨달음을 주고, 나만의 철학을 다듬는 좋은 밑거름이 됩니다. 또 다른 간단한 방법은 주변 사람들과 대화하는 것입니다. 이승희 저자와 마찬가지로 저 역시 동료나 친한 친구들과 대화하며 영감을 얻을 때가 많아요. 스페이스오디티 슬랙에는 크리에이티브, 음악, 읽을 거리 등을 공유하는 채널이 있어요. 각 채널에 직원들이 공유하는 내용을 보며 트렌드를 파악하고, '오디티 스테이션'의 콘텐츠를 만들 때도 참고합니다. 서로의 경험을 공유하며 취향의 경계를 확장하기도 합니다.

쓰고 나누기

받은 영감을 활용하는 가장 일반적인 방법은 글을 쓰는 것입니다. 제가 보고 느낀 것들의 공통점을 제 나름대로 정리합니다. 예를 들어, 스페이스오디티 블로그에 '오디티의 시대'라는 글을 쓴 적이 있어요. 왜 지금이 괴짜oddity의 시대인지, 남과 다름이 얼마나 큰 경쟁력이 될 수 있는지에 대해 쓴 글입니다. 오디티의 시대란 주제로 글을 써봐야겠다고 마음먹으니 여기저기서 예시로 쓸 만한 게 보였습니다. 영화 〈위대한 쇼맨〉에서는 아예 오디티란 단어가 나오는 걸 보고 얼마나 반가웠는지 모릅니다. 연관성이 보일 때마다 메모를 해뒀고, 글을 쓸 때 그 메모를 토대로 정보를 찾아보며 정리했습니다. 그렇게 당시에 재밌게 본 넷플릭스 미드 〈기묘한 이야기〉와 영화 〈위대한 쇼맨〉에 나오는 장면과 대사, 당시 화제였던 일론 머스크와 스페이스 엑스Space X의 스타맨 이야기도 글에 넣었어요.

본격적으로 글을 쓰기 시작하면서 메모하는 습관이 생겼습니다. 아이폰 메모장을 아이클라우드로 맥북에 연동해 모든 기기에서 적극적으로 활용합니다. 이 글을 쓰는 지금도 제가 예전에 기록해놓은 메모를 서랍 열듯이 꺼내 보며 도움을 얻고 있어요. 제 메모장에는 나, 여행, 일, 글감이라는 대분류 폴더가 있고, 그 폴더 안에 떠오르는 생각을 분류해놓습니다. 마음에 드는 대사나 구절을 메모하는 하위 폴더도 있고, 뭔가 번뜩 떠오를 때 메모하는 폴더도 있습니다. 어떤 것이든 쓰고 나면 비로소 내 것이 된 기분이 듭니다. 생각을 흘려보내지 않고 정리할 수 있고, 나중에 찾아보기 좋은 기억 창고가 되기도 합니다. 혼자 쓰고 혼자 보는 것도 좋지만, 여러 사람과 나눌 때 일어나는 연쇄작용과 긍정적인 반응을 통해 성취감도 맛볼 수 있습니다. 사람들이 제 글에 보내는 공감은 글을 계속 쓰게 하는 강력한 원동력이 됩니다. 무엇보다도 글을 쓰며 생각을 공유하는 것은 나에게 떠오른 영감을 조금 더 손에 잡히는 형태로 바꿀 수 있는 좋은 방법입니다.

정혜윤 스페이스오디티

때론 쉼표가 필요합니다

지금까지는 뭔가를 많이 하고, 많이 채우면 좋다는 이야기를 했지만 오히려 다음 단계로 나아가기 위해 쉼표가 필요할 때가 있습니다. 역설적으로 아무것도 하지 않을 때 더 큰 영감이 찾아오기도 합니다. 달리는 차 안에선 보이지 않다가 멈췄을 때 주변 환경이 눈에 들어오는 것처럼, 내 주변 혹은 내 머릿속의 생각을 관찰하게 되거든요.

2017년, 1년 동안 저는 어디에도 소속되지 않은 채 쉬는 시간을 가졌습니다. 그 기간에 가장 많은 영감을 받았고, 가장 부지런하게 글을 썼어요. 특히 제가 만나고 아끼는 사람들에게서 자극을 많이 받았습니다. 무엇이든 도전하고 추진하는 사람들, 어떤 세계에 푹 빠져본 사람들은 저를 움직이는 강력한 촉매제였어요. 인생을 크리에이티브하게 만들어나가는 사람들의 이야기를 그때부터 지금까지 저만의 사이드 프로젝트로 기록하고 있습니다.

여행을 다닐 때도 종종 아무것도 하지 않는 시간을 가졌습니다. 포르투갈의 포르투를 여행할 때, 반나절 동안 에어비앤비 숙소에서 음악을 틀어놓고 누워 있던 적이 있어요. 밖에서 돌아다닐 때만큼 '좋다'는 말이 계속 나왔습니다. 스페인 발렌시아에서도 가장 기억에 남는 순간은 광장의 분수대 위에 앉아 있던 3시간이에요. 아무것도 하지 않고 한자리에 앉아 있으니 보이는 것이 있었습니다. 제 옆에는 하얀 옷을 맞춰 입은 중년 커플이 분수대를 배경으로 셀카를 찍고 있었어요. 그런가 보다 하고 무심히 있었는데, 갑자기 서로를 꼭 안아주더니 천천히 일어나서 광장에 울려 퍼지는 오페라 곡의 클라리넷 소리에 맞춰 춤을 추더라고요. 남자는 한 손에 담배를 쥐고 있고, 여자는 진주 귀고리를 하고 있었어요. 두 사람의 몸짓에서 서로 아끼고 사랑한다는 게 느껴졌습니다. 곡이 멈추자 걸음을 옮겨 클라리넷 연주자에게 팁을 주고 사라졌어요. 발렌시아라는 단어를 들으면 그 커플이 생각납니다. 그들 덕분에 그날 밤은 유난히 더 낭만적이었어요. 그 시간은 발렌시아의 다른 유명한 건물을 볼 때보다 더 큰 영감을 주었어요.

몇 시간 동안 앉아 있던 발렌시아 광장의 분수대 ©정혜윤

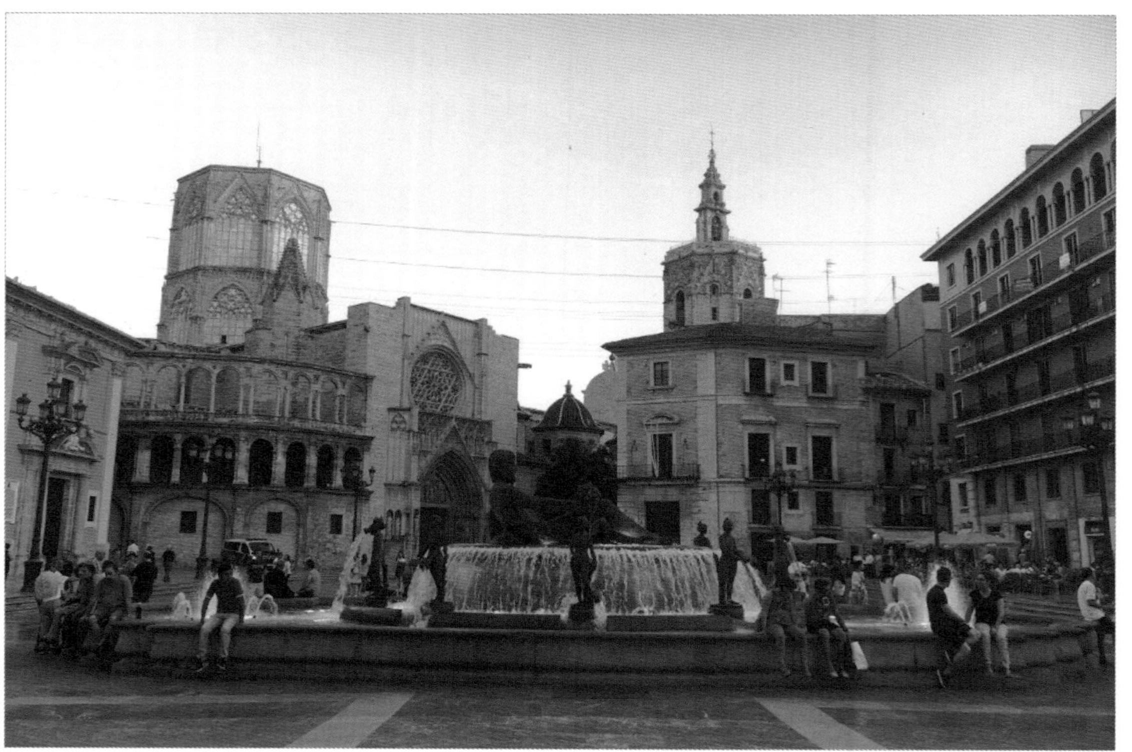

쉬는 시간은 바쁜 우리에게 잠시 숨을 고르게 합니다. 이런 시간을 통해 나에게 자극을 주었던 것들을 진정한 내 것으로 흡수할 수 있습니다. 몸과 마음이 지쳐 있는 상태에서는 뭘 봐도 감흥이 없잖아요. 잘 먹고, 잘 자고, 마음이 열려 있는 상태일수록 채우기도 쉬워집니다. 가끔은 꼭 뭔가 해야 한다는 강박관념에서 벗어나보세요. 오히려 더 좋은 영감이 떠오를 수도 있습니다.

멋지게 될 기회를 놓치지 말라.

티나 실리그

마지막으로, 20대 시절 제게 영감을 줬던 문장입니다. 영감을 발견하고 실현하는 것도 결국 선택의 문제 같아요. 꼭 구체적인 목적의식이 없어도 멋지다고 생각하는 일, 마음 가는 일이 있다면 그냥 해보세요. 다양한 세계에서 논 경험은 일할 때도 자산이 됩니다.

PART 14

손하빈과 이육헌의 영감 얻기

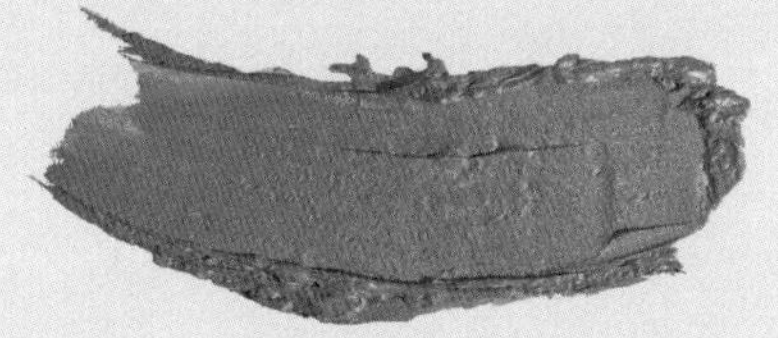

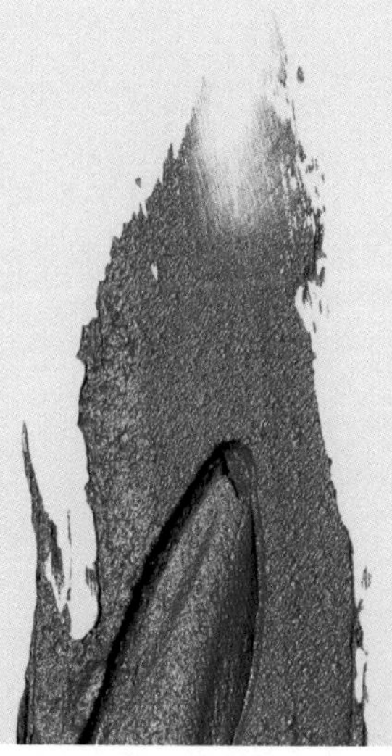

손하빈 에어비앤비

잘 읽고 꾸준히 생각하기

예전에는 특별한 무언가를 보거나 듣고 갑자기 떠오르는 기발한 생각이 영감이라고 생각했는데, 지금은 조금 다릅니다. 영감은 생각이 꾸준히 축적된 가운데, 어떤 계기로 물 밑에 잠잠히 자고 있던 생각이 창의적인 산물로 전환되는 것입니다. 일본 작가 무라카미 하루키가 에세이《직업으로서의 소설가》에서 한 말이 제가 생각하는 영감의 의미를 가장 잘 표현해줍니다. 하루키같이 성공한 작가는 갑자기 창의적인 생각이 떠올라 책을 쓸 것만 같죠. 하지만 그는 성실히 글을 쓰는 작가로 알려져 있습니다.

리듬이 흐트러지지 않게 다가오는 날들을 하루하루 꾸준히 끌어당겨 자꾸자꾸 뒤로 보내는 수밖에 없습니다. 그렇게 묵묵히 계속하다 보면 어느 순간 내 안에서 '뭔가'가 일어납니다.

하지만 그것이 일어나기까지 어느 정도 시간이 걸립니다.

당신은 참을성 있게 기다려야만 합니다.

무라카미 하루키, 《직업으로서의 소설가》(현대문학, 2016)

마케터가 즉발적인 아이디어만 생각한다면, 아주 단기간에는 반응을 이끌 수 있겠죠. 그러나 사람들의 마음에 남는 메시지는 없다고 생각합니다. 이런 메시지를 남기기 위한 가장 좋은 도구는 책입니다. 책은 꾸준히 생각하게 하는 가장 좋은 영감의 도구입니다. 이 글에서는 제가 마케터로서 영감을 받는 데 도움을 주는 책의 카테고리와 대표적인 책을 소개하려고 합니다.

손하빈 에어비앤비

행동경제학, 행동을 바꾸는 마케팅

스위치

마케터는 소비자, 사용자의 마음에 변화를 주어 행동에도 영향을 미치는 사람입니다. 관심 없던 브랜드가 좋아지면, 그 회사가 제공하는 물건을 사거나 서비스를 경험하게 됩니다. 더 나아가 라이프스타일도 바뀌죠. 마케팅과 행동경제학 모두 이런 변화의 영역을 탐구하기 때문에, 두 분야는 밀접한 관계가 있다고 생각합니다.

이 분야에서 첫 번째로 소개하고 싶은 책은《스위치Switch》입니다. 댄 히스와 칩 히스 형제가 공동 집필한 책으로, '어떻게 사람들의 행동을 자발적으로 바꿀 수 있을까'라는 질문에 대한 대답을 설득력 있게 전달합니다. 에어비앤비 브랜드 인지도가 낮아 '어떻게 하면 브랜드에 대한 사람들의 인식을 바꿀 수 있을까?'를 많이 고민하던 시기에 이 책이 좋은 답을 알려주었습니다. 그 후에도《스위치》는 본질적인 것이 무엇인지 다시 생각하게 해 늘 새로운 영감을 줍니다. 이 책의 키워드는 '기수와 코끼리'입니다. 기수는 이성을 상징하고 코끼리는 감정을 상징합니다. 기수가 아무리 방향키를 잡으려 해도 코끼리가 갑자기 다른 방향으로 움직이면 기수는 끌려갈 수밖에 없습니다. 코끼리가 훨씬 크고 힘도 좋으니까요. 그래서 이 책은 사람들의 행동에 변화를 주기 위해서는 감정적인 부분을 움직이는 것이 매우 중요하다고 주장합니다.

마케팅에서도 마찬가지입니다. 에어비앤비를 잘 모르는 사람들, 타인의 집에 머문다는 경험 자체를 불편해하거나 부정적으로 생각하는 사람의 마음을 바꾸어 에어비앤비를 좋아하게 만들어야 했습니다. 그래서 에어비앤비 브랜드를 마케팅할 때 가장 중요한 점은 사람들의 마음을 움직여야 한다는 것이었죠. 광고 콘텐츠에서 에어비앤비의 기능적인 장점이나 가성비를 이야기하지 않았던 이유도 코끼리를 먼저 끌어와야 한다고 생각했기 때문입니다. '머무는 여행'의 가치에 마음을 움직이게 하는 일이 우선이었습니다. 실제로 에어비앤비의 감성 가득한 마케팅은 사람들이 여행의 가치를 새롭게 생각하고 시도하게 하는 데 영향을 미쳤습니다.

《스틱!》과 《컨테이저스》

두 번째로는, 책 두 권을 묶어 함께 소개하려고 합니다. 세부적인 내용은 다르지만, '어떻게 하면 우리 브랜드가 입소문이 날까?'라는 질문에 대한 답으로 참고하기 좋은 책이고, 같이 읽으면 시너지가 생기기 때문입니다. 《스틱!Made to Stick》은 《스위치》의 히스 형제가 쓴 다른 책입니다. 제목에서도 느껴지듯 착 달라붙는 메시지를 만드는 법에 대한 책입니다. 메시지가 아무리 좋아도 잘 기억나지 않거나 발음하기 어려우면, 사람들은 자발적으로 그 이야기를 퍼뜨리지 않습니다. 반면 입에 착 달라붙는 메시지는 구전되기 쉽습니다. '여행은 살아보는 거야' 이 슬로건을 만들 당시 이 책이 많은 영감을 주었습니다. 《스틱!》을 읽지 않고 슬로건을 생각했다면 의미 전달과 현지화에만 신경 썼을 텐데, 책을 읽고 고민한 덕에 '퍼지는 것'에 대한 고려를 많이 했습니다.

《컨테이저스Contagious: Why Things Catch On》라는 책도 '입소문이 어떻게 전염될 수 있을까'에 대한 이야기입니다. 아무리 좋은 이야기나 서비스도 소문내고 싶지 않으면 사람들은 퍼뜨리지 않습니다. '어떻게 하면 우리 브랜드가 사람들 사이에서 화제가 되게 만들지' 고민할 때 이 책을 많이 참고했습니다.

《컨테이저스》에서는 무언가가 널리 확산될 가능성, 즉 전염성의 일곱 가지 원칙을 이야기하는데, 그중 하나가 사회적 화폐social currency입니다. 입소문은 브랜드가 돈을 들이지 않고 할 수 있는 효과적인 마케팅 중 하나입니다. 사람들이 자발적으로 브랜드 이야기를 퍼뜨리는 이유는 공유할 만한 가치가 있기 때문입니다. 돈으로 물건을 사듯 좋은 이야기나 화제를 공유함으로써 좋은 이미지를 살 수 있는 사회적 화폐는 사람들이 공유 행위를 하는 데 매우 중요한 동기가 됩니다. 사람들은 자신이 가치 있다고 느끼는 것, 자신의 이미지를 긍정적으로 만드는 데 도움이 되는 것을 자발적으로 공유합니다. 반대로 물질적 보상을 제공하는 순간, 보상에만 집중하기 때문에 공유의 자발적인 동기는 사라집니다. 사용자가 참여하는 스토리북 제작 프로젝트나 아이들이 찍은 영상으로 만든 〈안녕 꼬마감독님〉 프로젝트는 모두 참여를 통해 자부심을 줄 수 있는 소셜 화폐를 고려한 결과입니다. '에어비앤비로 여행한 이야기가 자랑거리가 되게 한다'는 목표 아래 사람들의 내적 동기를 자극한 것이죠. 물질적 보상은 없었지만, 참여자들은 책 저자와 영상물 감독이 된다는 뿌듯함을 느꼈습니다. 카피라이터나 고객의 자발적인 참여를 고민하는 마케터 혹은 기획자라면, 이 두 책이 도움 될 거라 생각합니다.

손하빈 에어비앤비

전략과 기획

《링크》와 《제프리 무어의 캐즘 마케팅》

《링크》와 《제프리 무어의 캐즘 마케팅》은 입사할 때 에어비앤비 지사장이었던 이준규 대표가 적극적으로 추천했고, 마케팅뿐 아니라 기획을 하면서 전략적인 생각을 하는 데 도움을 준 책들입니다. 이 책을 회사 사람들과 같이 읽느라 '꺼내읽어요'라는 사내 북클럽도 탄생했습니다. 《링크Linked: The New Science of Networks》는 네트워크의 이론·현실적 측면 모두를 고려해 이야기하는 책입니다. 과학책이라 어려운 용어가 많이 나오지만, 인플루언서 마케팅이나 커뮤니티 형성을 고민하는 마케터에게 영감을 줄 수 있다고 생각합니다. '어떻게 하면 사람들의 연결을 이해하고 마케팅에 접목할 수 있을까'라는 관심사와 잘 어울리겠죠. 《제프리 무어의 캐즘 마케팅Crossing the Chasm》은 '살아보는 여행을 브랜딩하기'에서도 언급했습니다. 새로운 기술, 제품, 서비스를 판매하는 스타트업이 캐즘, 즉 간극을 넘어서야 하는 이유를 설명하는 책입니다. 초창기 에어비앤비 마케팅 방향을 고민할 때 큰 도움을 받았습니다.

두 책을 열심히 읽고 고민하는 가운데, 보고 들었던 각종 경험이 좋은 기획을 하는 촉매제 역할을 한 경우가 많았습니다. 마케팅을 공부하고 시도한다고 해서 마케팅 관련 책만 읽는 것은 여러 생각을 하는 데 제한을 줄 수 있습니다. 오히려 다른 분야의 책을 마케터의 관점으로 읽어보세요.

손하빈 에어비앤비

소설, 스토리텔링의 결정체

마지막으로 소설입니다. 저는 소설을 가능한 한 많이 읽으려고 노력합니다. 읽을거리가 많은 요즘에도 적어도 한 달에 두 권 정도는 읽고 있습니다. 소설은 이야기꾼들이 만든 최고의 작품입니다. 작가가 묘사한 인물과 상황을 중심으로 상상력을 능동적으로 발휘해 읽어야 하기 때문에 적극적인 독서와 공감 행위가 필요한 장르입니다. 소설을 읽으면서 스토리텔링의 힘과 스토리 설계를 간접적이지만 많이 배웁니다. 마케팅에서 이런 스토리텔링이 중요하다는 사실은 대부분 아실 거예요. 소설은 현실의 인물을 투영한 결과라 생각하기에, 마케터가 타인의 심리와 입장을 고민해볼 수 있는 장르입니다. 많이 읽다 보면, 어느 순간 소설에서 나온 캐릭터와 현실의 인물이 겹치며 영감이 떠오르는 순간이 있습니다. 주로 문학동네와 민음사의 신진 작가 소설을 사서 읽습니다. 최근에는 고전 소설도 보고 있어요. 만약 소설을 많이 안 읽는다면, 김연수 작가의《소설가의 일》을 추천하고 싶습니다. 소설가가 소설을 쓰는 과정을 매우 상세하게 이야기해주어, 마케터와 기획자의 입장에서 읽어보면 도움이 될 것 같습니다.

이번 챕터에서는 책을 하나하나 소개하기보다는 영감을 받는 데 책이 왜 중요한지 전달하려 합니다. '아는 만큼 보인다'는 말처럼 배경지식과 식견을 갖춘 뒤 경험하는 것은 같은 체험을 하더라도 다른 영감을 줍니다. 그래서 영감이 떠오를 수 있게 꾸준히 생각을 축적하는 행위가 필요하죠. 그중 하나를 꼽으라면, 독서입니다. 책을 통해 얻은 귀중한 인사이트를 가지고 있으면 카페에서, 영화에서, 여행에서, 사람들과의 대화에서 영감이 촉발되기도 합니다. 같이 일하는 동료와 함께 읽는다면 더 좋을 거예요. 저는 위의 책 중 대부분을 동료와 토론하며 읽었습니다. 물론 이것은 제 방법입니다. 다른 분들도 책이 아니더라도 꾸준히 생각을 축적하는 경로를 만드시길 바랍니다.

이육헌 트레바리

잡식의 방법

영감을 얻는 방법으로 글을 쓰기로 하고 나니 막막함이 밀려왔습니다. 나는 과연 영감을 얻으려고 어떤 노력을 했는가, 그리고 그 영감을 정말로 일에 잘 적용했는가, 이런 질문을 스스로 던지면서 불현듯 찾아온 멍한 기분 때문입니다.

곰곰이 생각해봤습니다.

해나가는 일 모두가 크고 아름다운 영감에서 비롯되진 않았을지언정, 차곡차곡 쌓아온 레퍼런스와 이래저래 주워 먹은 잡지식의 누적과 폭발로 탄생한 것은 맞다는 생각이 들었습니다. 조금은 마음을 편하게 고쳐먹고 글을 쓰려 합니다. 앞으로 소개할 내용들이 '유레카'를 외치며 영감을 줄 만한 단초는 아닐지도 모릅니다. 하지만 그래서 오히려 더 쉽고 빠르게 따라 할 수 있는 내용일지도 모르겠네요.

이육헌 트레바리

둘러보기, 구경하기, 공부하기

스타트업의 업무 영역은 정말 넓고, 빠르게 변합니다. 마케터의 일 또한 예외는 아닙니다. 그런데도 처음부터 끝까지 붙들어야 하는 게 바로 '제품'이 아닐까 싶습니다.

상품 시장과 가장 가까이에서 일하는 마케터의 특성상, 시장의 반응을 제품에 전달하고 녹여내는 시작과 완성되거나 개선된 제품을 시장에 잘 전달하는 끝을 책임져야 하기 때문입니다. 저는 다양한 제품이 새로이 등장하고 또 순위로 표시되는 앱스토어를 둘러보는 일을 좋아합니다. 새로운 앱을 잘 설치하지 않는 시대라고는 합니다만, 여전히 어디선가 치고 올라오는 언더독들이 있습니다. 앱스토어에서 어떤 기준과 키워드로 앱을 큐레이션하는지 확인하다 보면, 우리의 제품과 메시지를 어떻게 가다듬어야 할지 명확히 할 수 있을 테고요.

최근에는 프로덕트 헌트라는 서비스를 곧잘 사용합니다. 실리콘밸리 스타트업의 빌보드 차트라고도 불리는 이 사이트에는 새로운 기술, 기능, 제품과 서비스가 올라옵니다. 사용자는 개별 제품에 투표하고, 총평과 장단점을 코멘트하기도 합니다. 특히 이 커뮤니티엔 테크 스타트업에 종사하는 기획자, 개발자, 디자이너, 마케터들이 많습니다. 오늘도 지구 반대편 어디선가 론칭된 새로운 제품과 서비스가 이곳에 올라오고 있습니다. 초기 입소문 유도와 개선점 발굴을 기대하면서요.

앱스토어와 프로덕트 헌트 외에 새롭고 아름다운 제품을 잘 소개하는 웹사이트를 북마크에 넣어두고 둘러보곤 합니다. '새로운 발견'이라는 이름의 구글 크롬 즐겨찾기 폴더 안에는 프로덕트 헌트를 비롯해 팬시, 핀터레스트, 킥스타터, 인디고고, 와디즈, 텀블벅, 디스코 그리고 29CM와 미스터 포터가 들어 있습니다.

여기저기서 주워 담은 제품들과 관련한 내용을 기록하고 소개하고 싶어 리마커블 프로덕츠Remarkable Products라는 이름의 페이스북 페이지를 만들고 운영하기도 했습니다. 이직과

정신없는 일정 탓에 잠시 쉬고 있지만, 곧 다시 돌아올 거예요. 앞서 언급한 사이트들에서 단순히 제품만 구경하는 것이 아니라, 관찰하고 직접 사용하며 주변 사람들에게 보여주고 의견을 듣기도 합니다. 또 짧게라도 리뷰를 남기는 등의 과정을 통해 조금 더 곱씹으며 공부합니다. 그러다 보면 최근 제품들이 공통으로 가지고 있는 기능이나 메시지에 더 예민해집니다. 이를 어떻게 우리 제품의 기능과 메시지에 접목할지도 고민하죠.

이육헌 트레바리

월간지에서 영감 얻기

잡지야말로 다양한 잡지식의 원천이자 영감의 보고입니다. 정보가 점점 더 빠르게 흘러가는 요즘, 잡지는 한 달이라는 긴 호흡으로 취재하고 인터뷰를 진행하고 사진을 찍어서 독자들에게 전달하니까요. SNS에서 사진 몇 장, 동영상 몇 개로 빠르게 소비되던 인물과 제품, 공간을 붙잡아두고 더 깊이 뜯어본다는 점만으로도 충분히 의미 있는 콘텐츠의 집합체입니다. 저는 올해로 서른 살이 된 남성인지라, 실제 소비 생활과 가장 맞닿아 있는 남성지를 주로 봅니다. 〈에스콰이어〉를 정기 구독하고, 그 외 다른 남성지들은 서점에서 둘러본 후 궁금한 기사가 있는 잡지를 삽니다. 그리하여 최근에는 석 달째 연달아 〈에스콰이어〉와 〈지큐〉를 샀습니다. 그 외에도 여성지인 〈코스모폴리탄〉, 브랜드 전문 월간지 〈매거진 B〉, 아웃도어 스타일 매거진 〈고아웃〉 등을 때에 따라 구매해 읽습니다.

비록 잡지에 등장하는 제품이나 자동차를 구매할 여력은 제게 없지만 명품으로 분류되는 높은 가격대의 제품을 어떻게 소개하는지 구경하고, 동시대의 라이프스타일이 어떻게 변화하는지 엿보는 것만으로도 재미있습니다. 패션과 엔터테인먼트뿐만 아니라 정치, 경제, 사회, 문화에 대한 가장 동시대적이고 깊은 고민이 담긴 기사를 볼 수 있다는 점은 잡지의 큰 매력 중 하나입니다. 잡지에는 평소 SNS 피드나 포털 뉴스였다면 그냥 넘겨버렸을 주제와 분야의 기사들을 정독하게 하는 힘이 있거든요. 트레바리 독서 모임을 알리면서 많이 이야기했던 메시지 중 하나가 '평소 혼자였다면 읽지 않았을 책을 읽게 된다'는 내용이었습니다. 잡지 또한 마찬가지의 효용을 지닌다는 생각입니다. 이달의 잡지를 읽는다는 행위는 놓치지 말아야 할 이슈와 그에 대한 생각, 새로이 등장한 제품 그리고 공간을 소개받는다는 뜻이 아닐까요? 잡지가 담고 있는 내용은 소셜 미디어의 생생함과는 거리가 있을지 모르지만, 반대로 고심 끝에 큐레이션한 아이템을 한 달여의 취재 기간 동안 깊게 들여다본 결과물입니다. 잘 정제된 글과 사진은 물론 편집 디자인으로 이루어진 지면 그 자체가 영감의 중요한 원천입니다.

이육헌 트레바리

수다 떨며 자극 주고받기

트레바리는 전체 직원이 열 명 남짓 되는 작은 팀과 같은 회사라, 각자의 업무가 꽤 다릅니다. 그렇기에 오히려 오며 가며 동료들과 함께 떠는 수다가 업무에 도움을 주는 영감을 만들어내기도 합니다. 앞서 이야기한 영감의 원천인 앱스토어, 프로덕트 헌트, 잡지가 간접적으로 업무에 도움이 된다면, 동료들과의 수다는 곧바로 실행 가능한 형태로 변환될 수 있다는 점에서 더 직접적인 영감의 원천이 아닐까 싶습니다.

앱스토어와 프로덕트 헌트에서 발견해 써본 서비스와 제품에 관한 이야기, 잡지에서 읽은 재미난 기사는 물론 휴일에 만난 다른 분야 사람들과의 대화, 북토크나 콘퍼런스 행사 진행, 면도기의 구매 프로세스와 인상적이었던 언박싱unboxking 경험, 이래저래 들려오는 소문에 대한 이야기 등을 동료들과 같이 마구마구 늘어놓습니다. 그러다 보면 어느새 자연스럽게 불꽃이 튀고, 그런 경험을 어떻게 업무와 연결 지어 녹여낼지 함께 고민합니다. 크루들 모두가 '기승전 트레바리'일 정도로 업무 생각을 쉽게 놓지 않는 사람들이어서일까요? 주간회의가 삼천포로 빠지는 일이 많은데, 이를 특별히 막지는 않습니다. 시간을 조금 더 쓰더라도 모든 사람이 함께 있을 때 하는 논의가 중요하다고 생각합니다. 주간회의 중 혹은 그 외 시간에 동료들과 수다를 떨다 보면 어느새 '이건 이렇게 트레바리 업무에 끼얹어볼 수 있겠다'는 생각이 듭니다. 아예 동료 서너 명이 자발적으로 모여 TF라는 이름을 달고, 이런저런 주제를 가지고 스터디를 하면서 실행으로 연결해보기도 합니다. 아직은 작은 조직이라서 이런 유연함이 가능한 게 아닐까 싶습니다.

매주 금요일 오후, 1시간~1시간 30분 정도

TF가 모입니다. 2018년 1~4월 시즌에는 '브랜딩', '서비스에 게이미피케이션gamification 끼얹기', 'CS 정책 개선하기', '지표 중심으로 조직 운영하기'와 같은 주제로, 각자의 연구를 공유하고 이를 어떻게 트레바리 서비스에 결합할지 논의했습니다. 실제로 CS 정책의 개선 방향이나 지표 중심 조직 운영 방안과 같은 내용들은 의미 있는 결과물을 도출해 실행에 옮기고 있습니다.

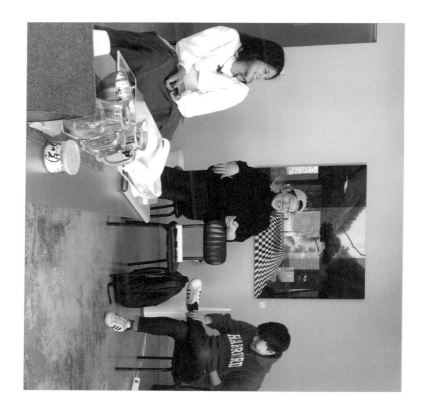

주간회의 중 수다 타임. 왼쪽부터 정원희 크루, 윤수영 대표, 나 ©이욱헌

환불률, 독서 모임 참석률 등 주요 지표를 설정하고 이를 달성하기 위해 업무를 조직하는 것이죠. 영감의 원천 세 가지 중 앞서 설명한 두 가지는 '어디에서 영감을 얻는가'라는 질문에 대한 답변에 가까운 이야기입니다. 세 번째인 동료들과 수다 떨기는 '그 영감을 어떻게 발전시키고 업무에 녹여낼지' 생각하는 이야기죠. 가장 중요한 이야기이기도 합니다.

꾸준히 호기심을 갖고 여기저기 빨대를 꽂으세요. 그리고 쭉쭉 빨아들인 자원을 동료들과 나누면서 발전시켜 보세요. 여기저기서 얻어낸 소소한 영감을 단순히 영감에서 그치게 할 것이 아니라, 내 식대로 풀어서 남들에게 설명하세요. 그리고 나와 다른 배경지식을 가진 동료들이 이를 듣고 다시 건네는 이야기를 들어보세요. 그렇게 외부에서 가져온 영감이라는 자극제는 어느새 업무에 잘 녹아드는 영양분으로 기능할 겁니다.

마케터,
영감의 사칙연산

지금까지 이야기를 종합해보면, 영감에 필요한 것은 사칙연산*입니다. 더하기와 빼기는 영감을 얻는 방법, 나누기와 곱하기는 영감을 활용하는 방법입니다. 특히 중요한 것은 '나누기'입니다. 아이디어의 실현은 나누는 것에서 출발하기 때문입니다. 우리의 경험을 나눈 이 글 역시 여러분에게 작은 영감이 되길 바랍니다.

---

* 많이 보고 듣고 느끼며 꾸준히 경험 자산을 축적하고 ⊕, 다시 채우기 위해 비움의 시간을 갖습니다 ⊖. 사람들과 영감을 나눔으로써 ⨸, 아이디어에 시너지를 일으켜 발전·확장합니다 ⊗.

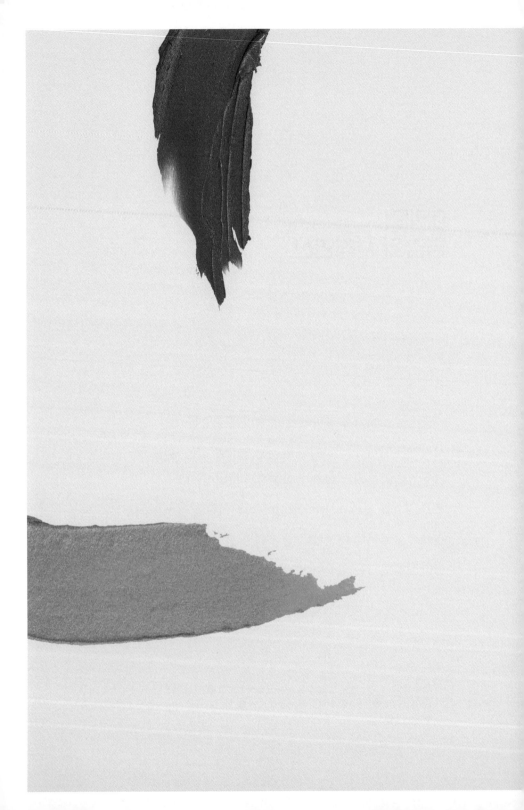

PART 15

이승희와 정혜윤의 취향 찾기

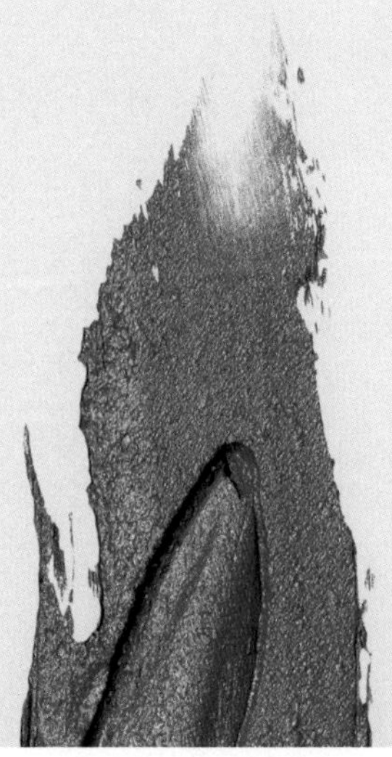

마케터에게
취향이란?

마케터 네 명의 취향을 이야기하기 전에 마케터에게 취향이 왜 중요한지 먼저 이야기해볼까 합니다. 취향을 좀 더 쉬운 말로 풀어보면 '좋아하는 마음이 생기는 방향'이라고 말할 수 있습니다. 마케터는 늘 누가 우리 브랜드를 좋아할까, 어떻게 하면 좋아하게 만들까 고민합니다. 누군가가 자신이 마케팅하는 브랜드를 좋아하게 만들려면 마케터도 무언가를 많이 좋아하는 경험, 다시 말해 취향이 있어야 한다고 생각합니다. 실제로 마케터들을 만나 좋아하는 것 혹은 요즘 빠져 있는 관심사만 이야기해도 몇 시간이 훌쩍 지나갑니다. 그만큼 무언가를 좋아하는 건 마케터에게 필요하면서도 자연스러운 일입니다. 무언가를 많이 좋아해본 경험이 있는, 그러니까 취향 있는 마케터는 소비자의 취향을 더 잘 이해하고, 그들이 좋아하는 것에 관심을 기울일 수 있습니다. '취향의 시대'라고 불리는 지금, 마케팅에서 사용자 혹은 소비자의 취향을 이해하는 과정은 이전보다 중요해졌습니다.

예전처럼 나이, 성별, 직업 등의 기준으로 소비자를 분류하는 데모그래픽 세그먼테이션demographic segmentation보다는 좋아하는 것을 기준으로 소비자의 취향을 이해하는 접근법이 중요해지고 있습니다. 이제는 성별, 나이, 직업을 불문하고 개별적인 취향에 따라서 어떤 경험을 할지, 또 어떤 물건을 살지 결정하기 때문입니다. 온라인 쇼핑몰에서 책을 고르고 나면 이 책을 좋아하는 사람들이 다른 책을 추천하는 시스템을 본 적이 있을 거예요. 이런 간단한 추천도 사실 취향에 기반을 둔 시스템입니다. 우리는 매일 소셜 채널에서 '좋아요'를 누르며 자신의 취향을 드러냅니다. 취향을 통한 접근이 어느 때보다 중요해진 만큼 취향 있는 마케터는 브랜드의 취향을 잘 설계할 수 있고, 브랜드와 취향이 맞는 사람들을 잘 끌어들일 수 있다고 믿습니다.

이번 파트에서 네 명의 브랜드 마케터들이 어떻게 취향을 만들어가고, 무엇을 애정하는지 소개합니다. 왜 그것을 좋아하게 되었는지 생각하며 읽어봤으면 합니다. 독자 여러분의 취향을 발견하는 데 작은 도움이 될 거라 생각합니다.

이승희 배달의민족

취향 찾기

"취향은 자본을 이긴다. 취향은 자산이다." 저와 친한 친구가 항상 하는 말입니다. 개인의 취향은 엄청난 자산이죠. 취향은 곧 개성이며, 자신을 표현합니다. 나와 같은 시대를 살아가는 사람들이 무엇을 좋아하고 어떤 것에 열광하는지 들여다보는 일은 재밌습니다. 그 안에서 내 취향이 무엇인지 확인하고, 사람들과 취향을 주고받으며 그 안에서 내 취향을 뾰족하게 만드는 과정은 정말 즐거운 일이지요. 예전에는 누군가 제게 "취향이 뭐예요?"라고 물어보면, 대답할 때 곤란함을 느꼈습니다. 취향이 뾰족할수록 개성이 강한 경우가 많습니다. 반대로 저는 취향이 없고 참 개성 없는 사람이었습니다. 그래서 저만의 취향과 개성을 만들기 위해 엄청 노력했어요.

취향은 사람들이 남과 달라지고 싶어 할 때 변화한다.

그런데 남과 같아지고 싶어 할 때도 변화한다.

톰 밴더빌트,《취향의 탄생》(토네이도, 2016)

취향을 만들기 위한 시작은 무작정 경험하는 겁니다. 경험에 특별할 게 있나요. 저는 음악을 듣거나 영화를 보거나 책을 읽거나 전시회에 가요. 평일 저녁과 주말에 아주 많이 움직입니다. 좋아하는 사람을 만나 대화하며 영감을 얻기도 합니다. 멋있어 보이거나 호기심을 자극하는 모든 것을 부지런히 경험했어요. 해보지 않으면 자신의 취향을 절대 알 수 없습니다. 취향을 만드는 데도 노력과 열정이 필요합니다. 부지런히 많이 경험해보세요. 그래야만 본인의 취향을 짚어낼 수 있으니까요. 부지런히 경험하다 보니 저도 저만의 취향이 생겼습니다. 경험을 쌓을수록 범위를 좁혀나갈 수 있었는데 취향을 만들어가는 과정을 통해 나와 맞는 것과 불편한 것을 구분할 수 있었습니다. 제 취향은 크게 세 가지 범주 안에 들어갑니다.

1. 이야기가 담긴 것을 좋아합니다

저는 명분과 소신이 깃든 브랜드와 공간이 좋습니다. 마케팅을 하면서 브랜드가 자라나려면 오리지낼리티와 스토리가 중요하다는 사실을 많이 느꼈어요. 무엇이든 세상에 그냥 생겨나는 건 없다고 생각해요. 명분과 소신, 본인만의 철학이 있는 브랜드나 공간은 그 안에 이야기가 담겨 있습니다. 사람을 만날 때도 가치관이나 이야기 너머에 무엇이 있는지 들여다보면서 이유why를 자꾸 생각하게 되잖아요. 공간과 브랜드를 바라볼 때도 똑같습니다. 나의 가치관과 맞는가, 내 눈에 멋져 보이는가. 그래서 제가 좋아하는 공간의 주인이나 브랜드를 통해 많이 배우기도 합니다. 어떤 공간이 아주 마음에 들면 "이건 왜 이렇게 만드신 거예요?"라고 물어봅니다. 예쁘다, 멋지다의 기준은 저마다 다르잖아요. 남을 따라 한 공간이나 브랜드가 아닌, 다른 사람 눈에 지저분하고 못생겼어도 자신만의 개성을 가득 담아서 운영하는 공간과 브랜드는 소신과 가치관을 엿볼 수 있어 좋습니다.

디앤디파트먼트D&DEPARTMENT

그래서 제가 좋아하는 브랜드 디앤디파트먼트는 롱 라이프 디자인long life design이라는 가치관 아래 지역에 초점을 두고 오랫동안 변치 않는 물건, 사람, 이야기를 전달합니다.

시간이 증명해주는 것 = 롱 라이프 디자인.

계속 유지되는 것이 좋은 디자인이다.

나가오카 겐메이, 디앤디파트먼트 설립자

저는 좋아 보이면 일단 사고 보는 맥시멀라이프maximal-life로

사는 사람이었습니다. 그런데 어느 날 디앤디파트먼트 매장을 방문해 나가오카 겐메이의 책을 읽고 나서 제가 쓰는 물건과 공간의 가치를 다시 생각했습니다. 디앤디파트먼트는 '지금 내가 사는 물건이 집에 있는 물건보다 나은가? 나에게 얼마만큼 가치가 있는가? 최신의 것만이 좋은가?'라는 질문을 갖게 하는 브랜드입니다. 디앤디파트먼트는 일본에 9개, 서울에 1개 매장을 두었는데, 매장마다 해당 지역과 관련된 물건을 판매합니다. 지역다움을 느끼기 위해 저는 일본 여행을 가면 디앤디파트먼트 매장에 꼭 들릅니다. 어쩌면 디앤디파트먼트 매장에 가기 위해 일본 여행을 한다는 표현이 더 맞을지도 모르겠네요.

디앤디파트먼트 매장 원칙

- 매장에는 제조된 지 40년 이상 지난 물건을 전시한다.
- 매장 옆에는 반드시 카페를 만든다.
- 전시된 물건과 관련해 스터디를 실시한다.
- 도쿄점에는 옛날부터 도쿄에 있었던 물건을, 서울점에는 서울의 물건을 가져다 놓는다. 즉 그 지역의 물건을 판매한다.

2. 오래된 것을 좋아합니다

저는 개성 있고 자기다운 것을 좋아합니다. 오랫동안 변치 않고 꿋꿋이 자리를 지키는 오래된 간판, 오래된 물건, 오래된 공간, 오래된 음악… 오래된 것은 그만의 이야기와 매력이 있습니다.

오래된 간판 ©이승희

빛바랜 색감, 차곡차곡 쌓인 이야기를 품은 오래된 물건은 요즘 간판이나 물건과는 달라서 더 빛이 납니다. 지나온 시간이 많은 것을 증명해주죠. 오래된 것이 주는 자연스러움과 가치를 높이 평가하면서, 단순히 나이만 먹지 않고 내 안에 가치를 쌓아가는 사람이 되겠노라 다짐했습니다.

옛날 간판과 빈티지 컵

저는 동네 뒷골목에서 심심치 않게 발견하는 옛날 간판을 좋아합니다. 전문 디자인 교육을 받지 않았더라도 동네 사람들이 필요해서 자연스럽게 디자인한 그런 간판이 좋습니다. 자기 자리를 꿋꿋이 지키는 가게만의 고집스러움도 너무 좋고요.

빈티지 컵은 좋아하게 된 계기가 따로 있어요. 제가 어떤 공간에 갔을 때, 주인의 취향을 듬뿍 느낄 수 있는 지점이 화장실과 컵이더라고요. 화장실과 컵의 디테일까지 챙기는 주인을 만나면 늘 설렙니다. 진짜 빈티지 컵은 바랜 색감과 사용한 흔적이 남아 있습니다. 할머니 집에 가면 꼭 하나씩 있는 주스 컵 같은 빈티지 컵을 하나씩 모으다 보니 벌써 300개가 넘어갑니다. 누군가가 쓰던 물건을 이어서 쓰는 재미도 쏠쏠해요.

카페 메뉴처럼 오래된 컵에 카페라테를 담아 마시거나 요거트를 만들어 먹으며 인스타그램에 올리는 재미도 있습니다. 오래된

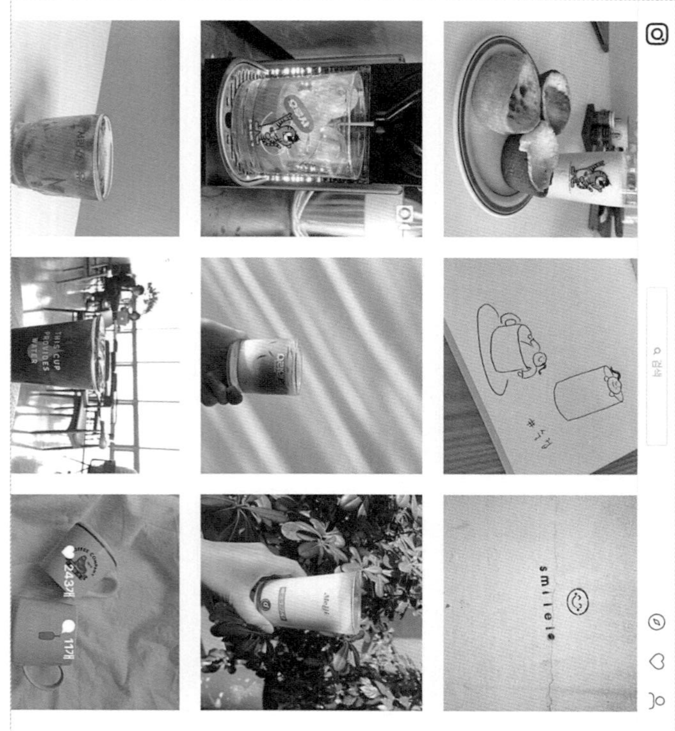

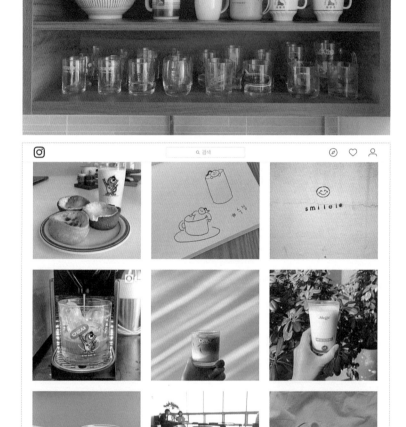

위 하나씩 모아온 빈티지 컵들 ©이승희
아래 해시태그 '숭컵'으로 검색하면 볼 수 있는 사진들 ©이승희/Instagram

컵에 요즘의 방식을 더해 저만의 취향을 드러냅니다. 저는 변치 않는 것과 새로운 것을 균형 있게 받아들이며 사는 태도가 중요하다고 생각합니다. 자기다움을 지키며 새로운 것을 조합하는 일에 큰 재미를 느낍니다.

2. 귀여운 것을 좋아합니다

그냥 좋아요. 이 세상에 존재하는 모든 귀여운 것을 사랑합니다. 귀여운 그림과 물건은 모든 걸 무색하게 할 정도로 긍정적인 에너지를 줍니다. 저는 삶에서 '유머'는 빠질 수 없다고 생각하거든요. 귀여운 것들은 재미, 유머, 긍정적인 에너지를 다 줍니다. 그들은 이미 존재만으로도 맡은 역할을 충분히 해내고 있다고 생각해요.

노리타케Noritake와 이나피스퀘어Inapsquare

귀여운 것들을 좋아하는 방법은 단 하나, 많이 삽니다. (내 돈…) 결국 취향은 내가 좋아하는 걸 선택하고, 나 자신이 어떻게 살아야 할지를 찾는 과정을 거쳐 만들어집니다. 시간이 지나고 나이를 먹으면서 경험 또한 달라지고 그에 따라 제 취향도 계속 변하겠죠. 그만큼 제 인생도 더욱 풍부해지고 깊어지리라 믿습니다.

위 일러스트레이터 노리타케의 그림들 ©이승희
아래 다양한 드로잉과 굿즈를 만드는 브랜드, 이나피스퀘어 전시 ©이승희

정혜윤 스페이스오디티

평범한 순간이 반가운 순간으로 바뀔 때

종이 한두 장으로 제 취향을 얘기하기에는 공간이 많이 모자랍니다. 저는 좋아하는 게 정말 많기 때문입니다. 광범위한 영역을 넓게 다루기보다 제 아날로그적 취향과 특별히 좋아하는 인물을 소개하겠습니다. '아날로그한 취향을 가진 마케터' 제 브런치 소개글에 적힌 문구입니다. 저는 디지털 세상에 살며 이를 최대한 활용하는 마케터지만, 오래되고 아날로그한 것을 좋아합니다. 누군가의 손때가 묻은 물건이나 오래된 공간은 세월을 견뎌온 만큼의 이야기를 지닙니다. 그래서 신시가지보다는 구시가지가 좋고, 서울로 따지면 강남보다 비교적 오래된 건물과 골목, 다양한 문화가 느껴지는 강북을 좋아합니다. 책장 사이를 걸어 다닐 때, 색이 바랜 종이 냄새가

나는 헌책방이 좋고, 필름 카메라와 낡은 라디오, 온갖 잡동사니를 쌓아놓고 파는 벼룩시장을 좋아합니다. 벼룩시장에서 사람 구경, 물건 구경을 하다 보면 시간 가는 줄 몰라요. 취향이 이렇다 보니 20대 때부터 필름 카메라와 LP를 모았습니다. 갖고 있는 카메라가 스무 대를 넘어가며, 더 이상 안 사도 되겠다는 생각이 들어 이제 적극적으로 모으진 않습니다. 어느 벼룩시장에서 마음에 드는 카메라를 발견하면, 또 신나서 데려올지 모르는 일입니다. 특히 아끼는 카메라는 야시카 T4, 올림푸스 펜삼이(pen ee-3), 폴라로이드 SX-70 그리고 로모그래피 사르디나입니다.

부모님이 쓰던 오래된 턴테이블과 미처 버리지 못한 LP 몇 장을 발견하고 나서 LP를 모으기 시작했습니다. LP 꾸러미 속에서 레너드 코헨Leonard Cohen과 에디트 피아프Edith Piaf 음반을 발견했을 때는 어찌나 반갑던지. 보물을 찾은 기분이었어요. 여행을 가면 꼭 레코드 숍에 들러 디깅digging[*]을 합니다. 열심히 디깅하는 사람들 틈에서 수십 개의 LP를 한 장씩 넘겨가며 LP를 고르는 게 재미있어요. 여행지에서 멋진 음반을 손에 넣을 때면 그렇게 신이 납니다. 나중에 앨범을 꺼내 볼 때 그 여행지를 기억할 수도 있고요. 저는 정사각형의 커다랗고 멋진 앨범 커버를 아트워크로 소유할 수 있어서 LP를

* 레코드판을 뒤지며 좋은 LP판을 찾는 행위를 뜻한다. 레코드 숍에서 레코드판을 뒤지는 모습이 마치 땅을 파는 모습과 유사해서 digging이라고 한다.

위 집 안 곳곳에 필름 카메라와 폴라로이드가 있습니다. ©정혜윤
아래 방에서 LP로 음악 듣는 걸 좋아합니다. ©정혜윤

모읍니다. 앨범 커버에서 조심스럽게 LP를 꺼내 턴테이블에 올리고 바늘을 내리는 그 순간, 스피커에서 노래가 흘러나오며 가끔 노래 사이사이 들리는 모닥불 타는 듯한 타닥타닥 소리를 좋아해요. 느리고 불편한 과정이 음악을 듣는 순간을 더 소중하게 만들어줍니다. 필름 카메라를 모으는 것도 비슷한 이유입니다. 한 장씩 아껴 찍는 마음, 어떤 사진을 찍었는지 잊고 있다가 결과물을 받았을 때 느끼는 설렘과 놀라움. 이런 감정은 사진을 순식간에 찍고 지나가버리는 편리함과 바꿀 수 없는 가치를 지녀요. 어떻게든 시간을 아끼려는 우리에게 아날로그는 늘 무언가를 얘기해주는 듯합니다.

가끔은 세상과 연결하는 것들과 떨어져 있으면 오히려 숨통이 트이고 해방감을 느낄 때가 있죠. 나를 방해하고, 마음을 흐트러뜨리는 것에서 벗어나면 비로소 그 순간 발 디딘 곳에 온전히 집중한 채로 존재합니다. 저는 그 작은 순간들을 놓치고 싶지 않아요. 아무리 세상이 빨라지고 기술이 발전하더라도 아날로그가 주는 작은 행복과 낭만은 무조건 수호하고 싶습니다.

칼 세이건과 보이저호 이야기

제가 만나보지 못한 사람 중에 제가 가장 좋아하는 인물이 있습니다. 제 인생과 마케팅을 바라보는 관점에도 영향을 끼친 사람이에요. 바로 칼 세이건입니다. 그는 천문학자지만, 저는 그가 시인의 눈으로 우주를 바라보는 예술가이자 철학가, 타고난 마케터라고 생각합니다.

이전부터 그가 쓴 소설을 바탕으로 만든 영화 〈콘택트〉를 많이 좋아했지만, 칼 세이건이란 사람에게 본격적으로 푹 빠져든 건 비행기 안에서 우연히 본 BBC 다큐멘터리 때문이었습니다. 워낙 우주를 좋아해 골랐는데 여러 번 감동받은 건 물론이고, 예상치 못한 부분에서 마케팅과 관련한 제 생각도 다듬을 수 있었습니다. 저는 우주 다큐를 보며 마케터로서 일에 영감을 받았어요. 다큐멘터리는 〈Voyager: To the Final Frontier〉라는 작품입니다. 1977년 나사NASA가 쏘아 올린 두 대의 무인 탐사선 보이저호 이야기예요. 두 보이저호의 미션은 간단했습니다. 태양계의 위성과 행성을 탐사하는 것. 하지만 그 미션을 수행하는 과정은 결코 간단하지 않았어요. 보이저호 탐사 과정은 기적의 연속이었습니다. 1961년 UCLA에 위치한 IBM 슈퍼컴퓨터를 이용해 불가능해 보였던 수학 문제를 풀려는 학생이 있었습니다. 300년 동안 풀지 못한 천체역학 공식이었는데 놀랍게도 이 학생은 반년 만에 문제를 풉니다. 그리고 몇 년 후, 이 발견이 보이저호의 궤도가 돼요. 그리고 1965년 나사에 근무하던 인턴이 목성부터 해왕성까지 4개의 행성이 나란히 서는 시기를 발견합니다. 12년 후인 1977년, 이론대로라면 하나의 탐사선으로 목성, 토성, 천왕성, 해왕성을 탐사하는 게 가능했어요. 이렇게 세이건 & 보위 by 이중민, 칼 세이건과 데이비드 보위를 좋아해서 아티스트 친구가 그린 그림을 구매했어요. ©정혜윤

행성들이 나란히 서는 현상은 176년에 한 번 있는 일로 놓치기엔 너무 아까운 기회였습니다. 어떻게 보면 보이저호 탐사는 이 두 청년의 발견에서 시작했을지도 모릅니다. 만약 UCLA가 그 학생을 적극 지원하지 않았다면, 나사가 인턴의 말을 흘려들었다면 보이저호 탐사는 불가능했을지도 모르죠.

지금 놓치면 다시 찾아오지 않을 기회를 잡기 위해 나사는 분주히 움직였습니다. 새로운 기술을 개발하고, 불가능해 보였던 일을 가능하게 만들었어요. 이렇게 인류 역사상 가장 위대한 탐사라고 할 수 있는 보이저호 프로젝트를 가능하게 만들었지만, 안타깝게도 사람들은 크게 관심이 없었습니다. 목성과 토성을 탐사하는 건 대단한 일이지만 사람들에게 크게 와닿지는 않았겠죠. 하지만 칼 세이건은 아이디어 하나로 보이저호를 우리 모두의 일로 만들어버립니다.

칼 세이건은 나사를 설득해 두 대의 보이저호 외관에 황금 LPGolden Record를 부착합니다. 이 레코드판에는 우주에 존재할지도 모르는 누군가에게 소개하고 싶은 우리의 모습이 담겨 있어요. 지구의 다양성과 문화를 보여주는 100개가 넘는 사진이 기록되어 있고, 한국어를 포함한 55개 언어로 된 인사말이 들어 있습니다. 우주에 '안녕하세요?'가 기록된 레코드판이 떠돌고 있다고 상상해보세요. 신기하지 않나요. 또 고래 소리도

보이저호의 황금 LP ©J Marshall - Tribaleye Images/Alamy

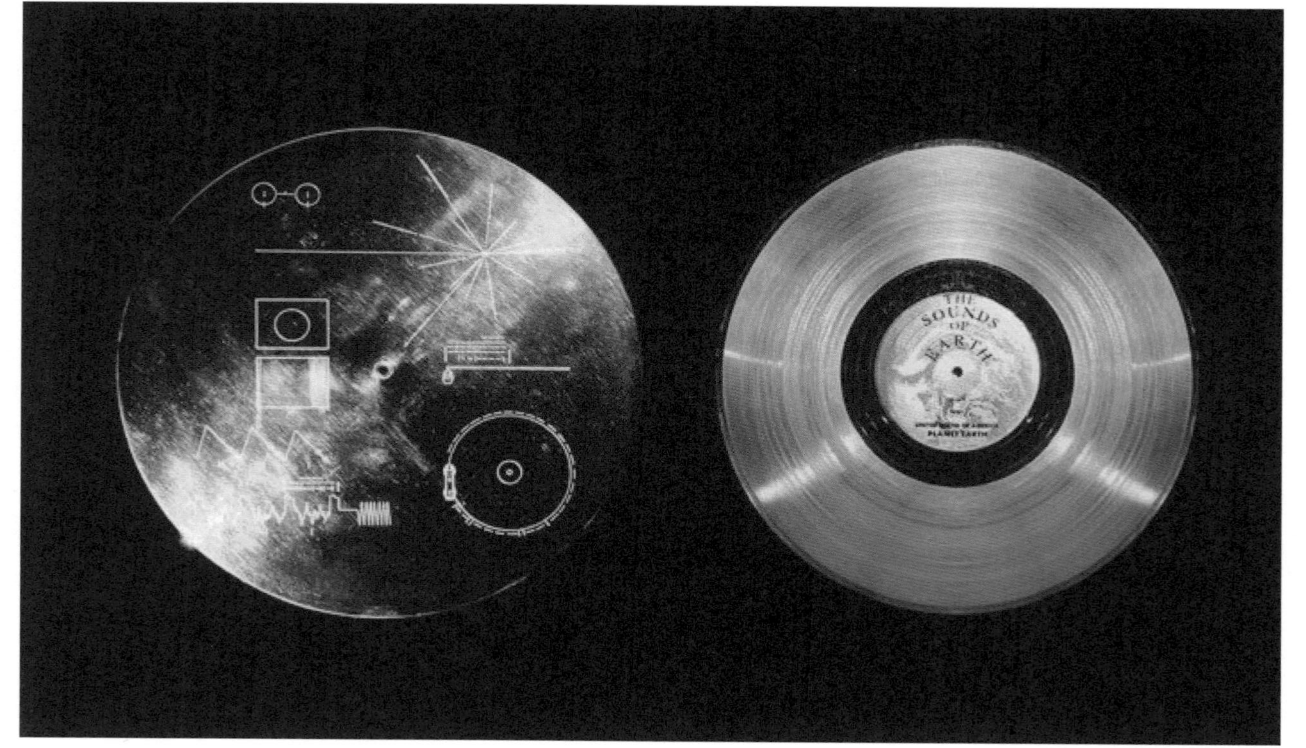

들어 있고요. 비, 파도, 개구리, 새, 침팬지, 발자국 소리, 어머니와 아기 등 다양한 소리가 지구에 등장한 순서대로 한 편의 에세이처럼 담겨 있습니다. 베토벤과 바흐, 척 베리 등 다양한 국가의 민요를 포함한 지구의 음악도 담겨 있습니다. 이 LP의 한 면에는 이런 문장이 새겨져 있어요. '모든 세상과 모든 시대의 음악가에게To the makers of music all worlds, all times' 누군가 이 LP를 발견할 때쯤, 우리가 여전히 존재하고 있을지는 아무도 모릅니다. 아마 지구가 사라져도 보이저호는 계속 우주를 항해하고 있을 거예요. 그런 의미에서 보이저호에 담긴 지구의 모습과 소리는 영원합니다. 칼 세이건은 보이저호에 부착한 황금 LP를 두고 이런 말을 남겼습니다.

> 오직 우주여행을 하는 문명만이
> 이 우주선을 보고 음반을 틀어볼 수 있을 것이다.
> 하지만 우주의 '바다'에
> 이 '병'을 띄워 보내는 것은
> 이 행성에서의 삶에 무언가 희망적인 일이다.
>
> 칼 세이건

저는 이 이야기를 접하고 울컥할 정도로 큰 감동을 받았어요. 이때부터 칼 세이건의 엄청난 팬이 되었습니다. 온라인과 책, 다큐멘터리로 그의 이야기를 찾아보았습니다. 보이저호와 황금

LP 이야기가 더 궁금한 분에게 칼 세이건의 책《지구의 속삭임》과《창백한 푸른 점》을 추천합니다. 특히 창백한 푸른 점*은 제가 가장 좋아하는 글귀입니다.

보이저호에 실린 황금 LP는 시간이 아무리 흘러도 유효할 가장 멋진 형태의 예술이자 마케팅입니다. 황금 LP는 보이저호를 소수만이 공유하는 우주 임무가 아닌 우리 자신과 인류의 이야기로 발전시켰어요. 우리가 우주의 누군가에게 보내는 동시에 스스로에게 보내는 메시지이기도 합니다. 일종의 타임캡슐처럼요. 이 메시지는 시간을 초월합니다. 2017년 킥스타터kickstarter에는 보이저호 40주년을 기념해 황금 LP를 재현하는 프로젝트가 올라왔습니다. 원본에서 프로듀서로 참여한 티머시 페리스와 함께 우주로 내보낸 소리를 그대로 담은 황금색 LP를 제작하는 프로젝트였습니다. 1만 명이 넘는 사람들이 참여했고, 올 초에 실물로 나왔어요. 이 LP는 그래미상도 받았습니다. 저도 나오자마자 구매했어요. 제가 기쁘게 받아본 물건 중 하나예요.

취향이 생기면 더 많은 것이 보입니다. 영화 속 혹은 주변에서

---

* 창백한 푸른 점은 보이저 1호가 태양계를 떠나기 전 고개를 돌려 마지막으로 찍은 사진입니다. 지구가 픽셀보다도 작은 '창백한 푸른 점' 하나로 나와 있습니다. 이 사진 한 장으로 그는 아름답고 깊은 메시지를 던집니다.

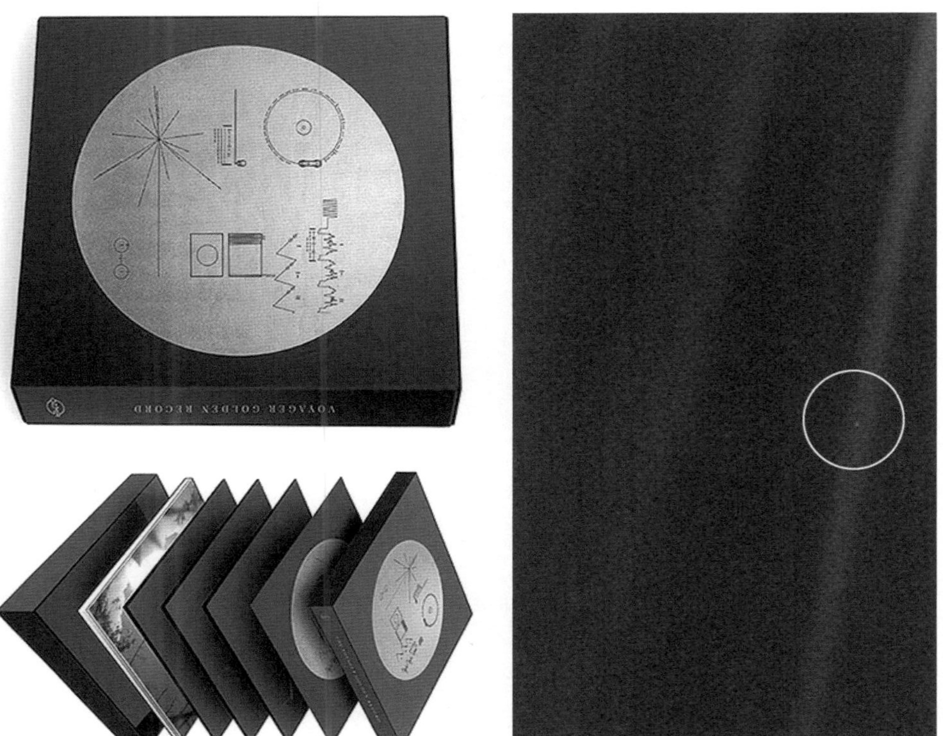

위 창백한 푸른 점 ©NASA / JPL-Caltech
아래 보이저호 황금 LP 40주년 에디션 ©Ozmarecords

저와 똑같은 카메라를 든 사람을 보면 반가운 마음이 듭니다. '오 저도 있어요!'라고 말을 걸고 싶어져요. LP도 마찬가지예요. LP를 모으는 사람과는 곧바로 좋아하는 음악 이야기를 합니다. LP를 구매하고 듣기까지 모든 과정이 무척 즐거워요. 2017년에 다녀온 버닝맨이 열리는 사막 한가운데에서 보이저호의 황금 LP 설치미술과 마주쳤어요. 친구를 만난 것처럼 기뻤습니다. 이렇게 취향은 일상의 작은 이벤트가 됩니다. 좋아하지 않았다면 그냥 지나쳤을지도 모르죠. 취향이 생기면 다른 사람에겐 평범한 순간이 나에겐 반갑고 즐거운 순간이 됩니다. 좋아하는 것을 하나 찾았다면 적극적으로 파고들어 보세요. 관련된 책을 읽고 영화를 보고, 공간을 찾아가보세요. 파고드는 과정에서 통하는 사람들을 자연스럽게 알아가고, 인생의 즐거운 순간이 늘어날 거예요.

정혜윤 마케터가 서울에서 가장 좋아하는 몇 가지 공간

- 염리동 음악책방 '초원서점' 서울특별시 마포구 숭문16나길 9
- 보광동 이탤리언 레스토랑 '아날로그 소사이어티 키친' 서울 용산구 우사단로2길 19
- 경리단길 LP바 '골목바이닐앤펍' 서울 용산구 녹사평대로 222
- 을지로 '신도시' 서울 중구 을지로11길 31&
- 상수동 '제비다방' 서울 마포구 와우산로 24
- 명륜동 LP바 '도어즈' 서울 종로구 창경궁로29길 39
- 서울풍물시장 서울특별시 동대문구 천호대로4길 21

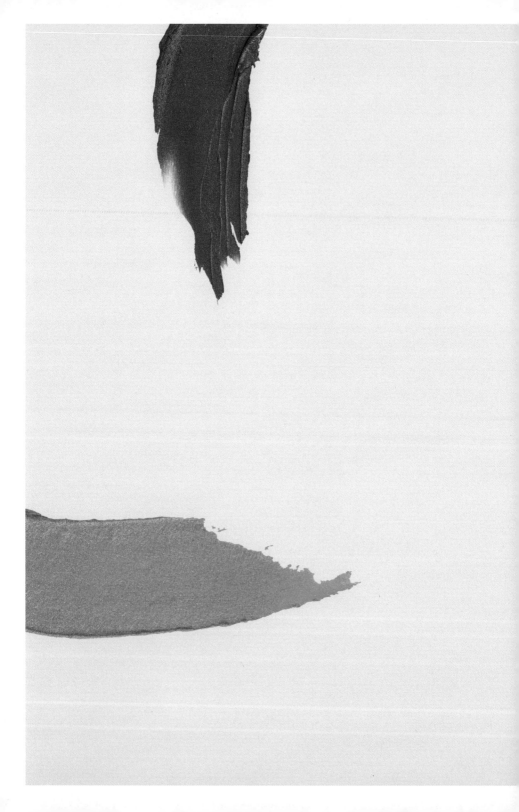

PART 16

손하빈과 이육헌의 취향 찾기

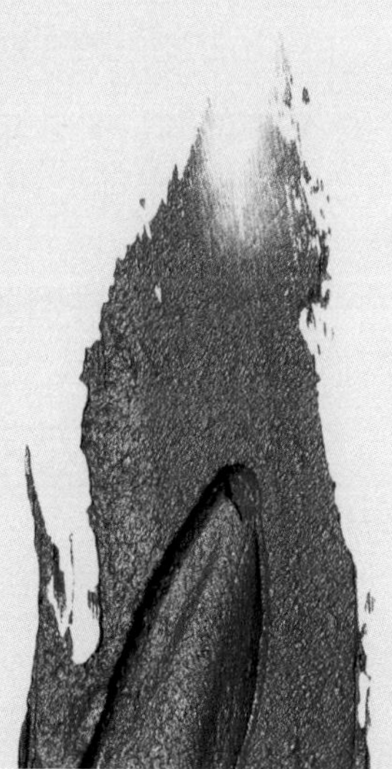

손하빈 에어비앤비

자연스러움에 대한 철학

앞서 취향은 '좋아하는 마음이 생기는 방향'이라고 했습니다. 저는 좋아하고, 하고 싶은 게 정말 많은 사람입니다. 한두 가지를 깊이 파고들기보다 하고 싶은 게 생기면 큰 고민하지 않고 거의 다 해보는 편입니다. 이것저것 다 하다 보니, 지금은 제가 좋아하는 방향이 더 견고해졌어요. 저는 자연스러움을 사랑합니다. '자연스러움'이 취향이라니. 와닿지 않을 것 같아 예를 들어볼게요. 억지로 꾸미지 않은 것, 자연의 섭리에 어울리는 것, 자유로운 것을 좋아하고, 반대로 어색하고 인공적이며 틀에 맞춘 건 좋아하지 않습니다. 이러한 취향은 공간, 음식, 여행, 좋아하는 사람, 좋아하는 브랜드 등 종류를 막론하고 관통합니다. 제가 좋아하는 것에 관한 철학에 가깝다고 생각합니다.

조미료의 맛이 강한 음식보다는 (가끔은 소금조차 넣지 않을 만큼) 원재료의 맛으로 어우러진 음식을 좋아합니다. 자기감정을 잘 드러내지 않는 사람보다 솔직하게 드러내는 사람을 좋아하고, 트렌디해 보이는 것보다 있는 그대로 은은하게 묻어나는 것을 좋아합니다.

자연스럽게 나이 든 공간

역사를 지닌 것을 좋아합니다. 특히 역사를 품은 빈티지한 공간을 좋아합니다. 아무런 스토리 없이 스타일만 차용해 빈티지풍으로 흉내 낸 곳은 좋아하지 않습니다. 요즘 옛 건물의 구조나 본래의 특성은 그대로 두고, 필요한 부분만 리모델링하는 건물 재생과 도시 재생이 많아지고 있습니다. 이 부분은 몹시 환영합니다. 하지만 유행을 좇아 오래된 느낌을 일부러 만들거나 구하기 힘든 유럽 빈티지 가구를 들여와 꾸민 곳은 인위적이라 좋아하지 않습니다. 한국에서 유럽 빈티지 제품을 보는 것보다 한국의 오래된 물건들이 더 자연스럽고 어울린다고 생각하기 때문입니다.

서울은 변하지 않는 동네가 없다고 할 정도로 빨리 변하고 개발되고 있어요. 아직 자기 자리를 버티고 있는 공간의 단골손님이 되려 합니다. 우리가 가진 오래된 것을 예뻐하는 가게와 공간을 저도 손님 자격으로 사랑해주고 싶기 때문입니다.

신촌에서 가장 오래된
원두커피 전문점
미네르바
조금은 촌스럽지만
사랑과 낭만이 넘쳐 흐르는곳
미네르바에 오신것을
환영합니다
CAFE
미네르

신촌 미네르바 ©손하빈

제가 대학생 때부터 지금까지 단골손님이라 할 만큼 종종 방문하는 곳은 혜화의 학림다방, 신촌의 미네르바, 이대 뒷골목에 있는 티앙팡이라는 찻집입니다. 이 공간을 좋아하는 이유는 단순히 오래되어서가 아니라 나름의 철학을 가진 공간으로 수요에 따라 메뉴나 가게의 분위기를 바꾸지 않고, 자연스러운 세월을 그대로 두려는 의지가 느껴지기 때문입니다. 제가 대학생 때 많이 방문한 공간이 사라진 걸 볼 때마다 씁쓸합니다. 아직 원래 자리에 있는 가게를 보면 기특하고, 공간 주인의 취향과 제 취향이 맞닿아 있다는 생각이 듭니다.

오래된 동네에 가면 진부한 건물이 없습니다. 현재 활동하는 건축가가 지었다면 절대 짓지 못했을 건물을 구경하며 저 안에 어떤 사람이 살았겠구나, 상상할 수 있어 즐겁습니다. 특히 한국은 짧은 기간 안에 경제와 주거 환경이 급격히 변했습니다. 그래서 용도에 따라 덧붙인 공간은 한 번에 누가 기획을 해서는 만들 수 없습니다. 오래된 건물과 골목에는 서사가 있습니다. 그래서 모든 골목길을, 특히 오래된 목욕탕을 좋아합니다. 오래된 목욕탕이 가진 투박함과 향이 좋습니다.

저는 평소엔 잘 먹지도 않는 얼음 커피나 바나나우유를 사 먹는 낙으로 목욕탕에 종종 가는데, 옛날 목욕탕은 한국의 오랜 정서를 담고 있기 때문입니다. 지금처럼 매일 샤워하거나 집에서도 반신욕을 하는 주거 환경이 아니었던 한국인에게 목욕탕, 특히 때 밀러 가는 날은 중요한 이벤트였습니다. 오래된 목욕탕에서 목욕을 한 뒤, 동네 한 바퀴를 산책하고 돌아오는 길은 제게 다른 것과 견줄 수 없는 즐거움을 줍니다. 그런 공간이 사라지는 게 아쉬워 곧 개발되어 없어질 동네를 기사로 접하거나 관련 소식을 들으면 일부러 찾아갑니다. 건물들이 헐리기 전에 사진을 찍어두고 기억하려 합니다.

같은 맥락에서, 저는 지방 도시를 좋아합니다. 특히 저랑 아무런 연고가 없는 목포를 사랑합니다. 목포는 일제강점기에 곡물 수탈항으로 당시 개발이 많이 된 도시 중 하나입니다. 하지만 해방 이후로 개발 기회를 갖지 못해, (물론 많은 부분이 변하긴 했지만) 구시가지에는 옛 모습이 상대적으로 많이 남아 있습니다. 일제강점기에 지어진 일본식 건물이 아직 남아 있어 골목을 걸으며 볼거리, 생각할 거리가 참 많습니다. 일부러 콘텐츠나 스토리를 만들지 않아도 역사의 흔적 그 자체로 매력적인 도시입니다. 제가 오래된 공간을 좋아하는 이유는 그 공간에서 사람의 감정과 행동이 자연스러워지기 때문입니다. 새로 지은 빌딩에 가면 잘 구성된 편의 시설, 효율적인 동선, 쾌적함 덕분에 불편함을 느낄 수 없습니다. 반면 사람보다 건물의 존재감이 커 거기에 머무는 사람이나 건물을 지은 사람의 생각이 궁금하지 않습니다. 건물이 지닌 인간미가 부족하기 때문에 사람들의 행동도 자연스럽게 풀어질 수 없습니다. 그런데 오래되고 좁은 골목을 따라 낡았지만 건물의 고유성이 느껴지는 공간에 가면 불편해도 공간과 소통하는 느낌이 듭니다. 이 공간의 주인은 누굴까, 이 물건은 어디서 사온 걸까, 여기 온 사람들은 어떤 사람일까 궁금해지고, 그들과 공존하는 느낌입니다. 오랜 골목을 사랑하는 사람이 많아지면서 제가 좋아했던 공간에 사람이 많아져 아쉽기도 해요. 그래도 점점 자연스러운 인간미를 찾는 사람이 많다는 이야기니 좋은 방향이라 생각합니다.

특별하지 않은, 일상적인 여행

취향은 여행에서 가장 많이 드러납니다. 여행은 그만큼 자신의 취향을 찾을 수 있는 좋은 경험입니다. 결혼할 사람과 꼭 여행을 가보라는 이야기도 여행에서 개인의 호불호가 극적으로 드러나기 때문이라 생각합니다. 여행은 한정된 시간 안에 하고 싶은 걸 마음껏 누릴 자유가 주어지는 몇 안 되는 기회입니다. 저는 여행에서도 자연스러움을 추구합니다. 여행지도 오래된 역사와 그들만의 생활 방식이 있거나, 자기다움을 그대로 드러내는 장소를 좋아합니다. 그래서 유구한 역사를 잘 보존한 유럽을, 그중에서도 이탈리아를 특히 좋아하고, 이 외에도 나라를 가리지 않고 상대적으로 개발이 덜 된 소도시를 좋아합니다. 특별하고 화려한 여행보다 일상적인 여행 방식을 추구합니다. 여행을 가면 욕심이 생겨 무리할 수 있는데, 저는 그곳에서만 할 수 있는

위 이탈리아 ©손하빈
아래 베를린, 샌프란시스코, 파리 ©손하빈

일상을 즐기려 합니다. 이를 위해 하는 저만의 리추얼ritual*이 있습니다. 여행 둘째 날에 하는 가벼운 달리기입니다. 저는 여행을 떠날 때 조깅 운동화와 가벼운 운동복을 꼭 챙겨 갑니다. 운동 목적보다 짧은 시간 동안 스쳐가는 풍경을 담을 수 있기에, 머무는 동네와 친해질 수 있는 가장 좋은 방법입니다.

가게들이 어느 정도 문을 열기 시작하는 오전에 약 30~40분 동안 달립니다. 처음에는 조금 낯설지만, 몇 분만 달려도 가볼 만한 곳이 눈에 들어오면서 차츰 그 동네가 편안해집니다. 동네에 있는 가장 기본적인 가게들(슈퍼마켓, 빵집, 카페)과 더불어 가보고 싶은 가게들까지 눈으로 기억했다가 구글맵에서 달렸던 경로를 다시 보며 즐겨찾기에 표시해둡니다. 그러면 자연스럽게 저만의 동네 지도가 만들어집니다.

그래서 저는 가야 할 장소를 추천하는 여행 책자를 잘 사지 않습니다. 여행 전에 머물 동네에 관한 정보만 찾아도 충분합니다. 동네는 공간의 취향을 고스란히 담는 그릇이기 때문입니다. 구시가지나 오래되었지만 도시 재생을 통해 변화한 동네 중에 하나를 고릅니다. 정해진 동네의 반경 안에서 에어비앤비 호스트를 찾다 보면, 제가 좋아하는 인테리어나 취향이 비슷한

---

* 의식을 의미하는 단어로, 일상의 방해로부터 나를 지키는 유용한 도구, 삶의 에너지를 불어넣는 반복적 행위다.

호스트를 만나고 덩달아 좋은 경험을 할 확률도 높아집니다. 그렇게 찾은 집의 호스트는 대부분 자신이 살고 있는 동네를 좋아합니다. 다른 동네에 비해 호스트가 자신이 좋아하는 장소나 동네 맛집을 추천해주는 경우도 많습니다. 호스트가 추천한 가게는 제가 인터넷으로 찾은 어떤 곳보다 좋은 경우가 많았습니다. 무엇보다 추천한 이유를 생각하고 경험하면 그 동네가 다르게 보입니다. 호스트가 제공한 정보가 없더라도 지나가다 좋아 보이거나 맘에 드는 공간은 들어가 봅니다. 우리의 일상이 늘 완벽한 리스트로 채워지지 않듯이 저는 현지에서 발견하는 여행이 더 좋습니다.

또 다른 리추얼은 의도적인 단절disconnection입니다. 여행의 목적 중 하나가 그곳에서의 일상인데 서울의 일상과 끊임없이 연결되면 이를 즐기기 어렵습니다. 최대한 단절해야 온전히 그 도시의 일상을 누릴 수 있기 때문에, 특별한 목적이 없는 한 인터넷 연결이나 데이터 로밍을 차단합니다. 오프라인 구글맵과 책만 있으면 그곳의 일상을 온전히 즐길 수 있고 현재에 집중할 수 있습니다. 이런 경험은 제가 서울로 돌아와 다시 일상을 즐길 수 있는 힘을 주고 동기부여가 됩니다. 해야 할 체크리스트를 지우는 여행을 하다 보면 리스트에 적힌 목적지를 찾다가 거리의 장면과 우연한 경험을 놓치기도 합니다. 여행지의 일상에 집중하고 돌아오면, 서울에 돌아와서도 도시를 꼼꼼히 살펴보는 힘이 된다고 할까요? 에어비앤비가 말하는 '여행은 살아보는 거야'가 제 여행 취향과 참 잘 맞습니다. 취향 있는 누군가의 집에 머무는 경험과 그 집이 위치한 동네를 만나는 여행을 정말 좋아하기 때문입니다.

알랭 드 보통과 무라카미 하루키의 여행 에세이

제가 좋아하는 여행 책은 알랭 드 보통의《여행의 기술》과 무라카미 하루키의 여행 에세이입니다. 여러 번 읽을 정도로 좋아하죠. 여행지에서 자기 전에 읽는 편인데, 여행을 왜 하는가를 다시 생각하기 때문입니다. 매년 읽을 때마다 다르게 다가옵니다. 《여행의 기술》은 여행의 화려함보다 우리가 왜 여행을 하는가를 이야기합니다. 아래는《여행의 기술》에서 제가 가장 좋아하는 문구입니다.

> 여행은 비록 모호한 방식이긴 하지만, 일과 생존 계약의 투쟁의 제약을 받지 않은 삶이 어떤 것인가를 보여준다.
>
> 알랭 드 보통,《여행의 기술》(청미래, 2011)

우리가 여행을 하는 이유는 바로 여기에 있지 않은가 생각합니다. 그래서 여행만큼은 투쟁하지 않고, 천천히 그리고 여유 있게 하면서 일상의 새로움을 발견할 수 있다고 생각합니다. 하루키의 여행 에세이는 말 그대로 하루키의 취향이 담뿍 담겨 있지요.

하루키도 여행의 특별함을 말하거나 '여기 정말 가봐요!'라고 자랑하는 글은 잘 쓰지 않습니다. 오히려 그의 일상이 여행에 묻어 있는 형태의 이야기입니다. 그리고 여행하며 느낀 부정적인 감정도 솔직히 이야기합니다. 하루키의 여행은 자연스러움 그 자체입니다.

> 여행에 관해서라면, 설사 아무리 먼 벽지에 가더라도 '그다지 특별한 일이 아니다'라는 인식이 먼저 머릿속에 자리하고 있어야 한다고 생각한다. 과도한 계획이나 지나친 의욕 같은 것은 배제하고 '다소 비일상적인 여행'으로 여행을 파악하는 것에서부터 현대의 여행은 시작되어야 한다.
>
> 무라카미 하루키, 《하루키의 여행법》(문학사상사, 2013)

그들의 말처럼, 여행지보다 여행의 목적에 집중하다 보면 서울에서도 여행을 할 수 있습니다. 서울 지하철역 노선을 보고 한 번도 내려보지 않은 역에 내려 돌아다니면 낯선 풍경들이 보입니다. 걸어 다니며 동네 빵집에 들어가 빵을 사 먹고 시장을 구경하다 보면 그 동네 이야기가 궁금해집니다. 트렌디한 동네에 가면 그 안에 있는 스토리보다 인테리어나 분위기에 집중하게 되는데, 잘 모르는 동네에 가면 스스로 풍경과 장소를 발견합니다. 허름해 보이지만 맛있는 식당이나 동네 빵집을 발견했을 때, 맛에만 집중하는 것처럼요. 마케팅을 하다 보면 우선 매력적으로 포장을 하는 데 초점을 두다 놓치는 본질적인 이야기가 있습니다. 하지만 스토리나 서사를 들여다보는 경험을 많이 하다 보면 일할 때 스토리에 집중할 수 있습니다. 반대로 겉이 화려하거나 유행하는 것, 인위적으로 편리하게 꾸며진 장소만 가다 보면 외형적인 부분에 더 많은 관심을 쏟게 됩니다. 마케터는 트렌드에 뒤처지지 않고 트렌디한 정보를 계속 듣고 보는 것도 중요하지만, 트렌디한 것만 보는 건 피해야 합니다.

자신이 가는 공간과 사는 물건에 어떤 스토리가 숨어 있는지 궁금증을 가져보세요. 이야기를 찾는 과정은 마케터의 일에도 도움이 됩니다. 스토리는 진정성이 있을 때 사람의 마음을 움직이고 감동을 줍니다. 진정성 있는 스토리를 많이 접하다 보면 감동적인 스토리를 만들 수 있는 마케터가 될 수 있다고 믿으며, 저는 계속 자연스러움을 추구하는 제 취향을 깊이 파보려고 합니다.

이육헌 트레바리

깊은 고민 끝에서 나온 디자인

마케터를 포함해 기획자, 개발자 등 다양한 직군의 사람 모두 넓은 의미에서 디자이너라고 생각합니다. 디자인을 단순히 눈에 보이는 그래픽 작업만으로 한정 짓고 싶지는 않거든요. 내가 마케팅하는 제품과 서비스로 잠재 고객을 유인하는 마케팅 기획도 디자인일 테죠. 다양한 경쟁사의 제품·서비스와 함께 놓였을 때 어떻게 보일지, 또 어떻게 해야 더욱 잘 보일지 고민하는 리테일의 영역 또한 디자인이 중요한 부분일 테고요. 제품·서비스가 지닌 본질을 경험할 수 있도록 기획하고 개선해나가는 일도 순수한 디자이너의 영역은 아니지만 경험을 디자인하는 일입니다. 눈에 보이는 것이 전부가 아니라고 하지만, 결국 사람들은 우선 눈에 보이는 걸로 판단을 내리게 마련입니다. 그러니 내가 맡은 역할이 마케팅과 브랜딩일지라도, 스스로 역할을 한정하지 않고 총체적 경험을 쌓는 데 적극적으로 관여해야 합니다. '나 역시 디자이너'라는 생각을 갖고 내가 만드는 마케팅용 콘텐츠가 어떻게 보일지는 물론, 사용자·소비자의 관점에서 해당 제품과 서비스가 어떻게 쓰일지도 함께 고민해야 한다고 믿습니다. 내 뿌리가 마케터든 개발자든 기획자든 디자이너든, 뭐든 간에요. 그래서 저는 깊은 고민을 통해 좋은 디자인을 구현한 제품과 스토어에 관심이 많고, 이들을 제 취향이라 말하고 싶습니다.

디터 람스Dieter Rams와 브라운Braun

저는 독일의 산업 디자이너 디터 람스와 그가 디자인한 브라운 제품을 참 좋아합니다. 디터 람스는 애플의 조너선 아이브, 후카사와 나오토나 재스퍼 모리슨 같은 유명한 디자이너에게 큰 영향을 미쳤습니다. 이미 수많은 열성 팬을 보유한 디터 람스인지라 그들과 비교하면 한참 덕력이 부족하긴 합니다만, 저 역시도 시간이 나면 디터 람스의 디자인을 찾아보고 모으는 중입니다. 요즘은 간간이 해외 사이트를 둘러보며 디터 람스가 디자인한 빈티지 브라운 제품의 구매를 고민하고 있어요. 애플의 제품 디자인과 애플이 제작한 앱의 UI·UX까지도 디터 람스의 디자인에서 영감을 받았다는 사실은 익히 알려져 있습니다. 하지만 제가 디터 람스가 디자인한 브라운 제품에 관심을 가진 건 그리 오래되지 않은 일입니다. 생활 가전제품을 제조하고 판매하는 회사에 몸담는 동안 다양한 가전제품 브랜드의 디자인과 마케팅을 찾아보는 습관이 생겼습니다. 특히 그들 가운데 가장 군더더기 없이 본질적인 기능과 디자인만을 남긴 브라운 제품과, 브라운 디자인의 아버지 격인 디터 람스에 관심이 가기 시작했어요.

좋은 디자인은 불필요한 관심을 끌지 않는다.
어떤 목적을 달성한 제품은 연장과 같다.
그것은 장식물도 아니고 예술 작품도 아니다.
따라서 제품 디자인은 사용자의 자기표현이 가능한
여백을 남겨두기 위해 중립적이고 절제돼야 한다.

디터 람스

비슷한 시기에《나는 단순하게 살기로 했다》,《인생이 빛나는 정리의 마법》,《미친듯이 심플》등 미니멀리즘 관련 도서를 열심히 읽었기 때문일까요? 꼭 필요한 것만 남기고 모두 버리는 행위를 통해 가장 원하는 본질적인 부분만 남기고 지향하는 바를 명확하게 할 수 있다는 미니멀리즘 철학은 과잉으로 인한 소화불량에 걸리기 쉬운 이 시대에 필요한 정신이라 생각합니다.

트레바리가 빠르게 성장하면서 제게도 다양한 업무를 할 수 있는

트레바리 독서 모임 ©트레바리

기회가 늘었습니다. 모집을 위해 마케팅용 콘텐츠를 제작하는 일은 물론, 홈페이지 UI · UX 개선에 의견을 내거나 의사 결정을 할 때도 있습니다. 트레바리 멤버들의 독서 모임 경험을 어떻게 더 충만하게 만들 수 있을지, 모임을 마치고 돌아갈 때 어디서 어떻게 사진을 찍고, 또 남기고 싶게 만들지와 같은 오프라인 경험을 고민합니다. 이렇게 업무의 연장선에서 새로운 기능이나 요소를 추가해야 할 일이 생기면 동시에 상대적으로 덜 중요한 부분을 덜어내려 노력합니다. 마치 디터 람스와 그가 디자인한 브라운 제품이 구현*하고자 했던 것처럼요.

이태원 MMMG 건물

정확히 언제부터 프라이탁Freitag의 존재를 알았는지 기억나지 않지만, 대학 시절부터 프라이탁 가방을 참 좋아했습니다. 화물 트럭을 감싸는 트럭 방수포인 타폴린tarpaulin과 자동차 안전벨트 그리고 자전거 튜브라는 재활용 소재를 사용한다는 점이 특이했어요. 게다가 이를 조합해 만든 가방이 세상에서 단 하나뿐인 디자인이라는 스토리까지 갖추자 프라이탁을 욕망하지 않을 수 없었죠.

그러나 이 가방을 사기 어려운 두 가지 이유가 있었습니다.

---

* 관련 자료: 디터 람스의 디자인 10계명 (월간 디자인, 2011년 2월호)

지방에서 올라온 대학생에게는 부담스러운 가격인 데다 당시만 해도 프라이탁이 한국에 정식으로 소개되기 전이었던 터라 공식 매장이 없었습니다. 그저 프라이탁의 홈페이지를 뒤적이며 그림의 떡을 바라보듯 프라이탁 가방을 바라만 봐야 했었죠. 전역을 앞둔 군인 신분이던 2011년 즈음에야 드디어 프라이탁이 MMMG를 통해 한국에 들어온다는 소식을 접했습니다. 저는 한 푼 두 푼 모아뒀던 쌈짓돈을 들고 가로수길 MMMG 스토어로 달려가 첫 번째 프라이탁을 손에 쥐었어요. 꿈에 그리던 프라이탁을 갖게 되면서 프라이탁을 한국에 들여온 주인공인 MMMG에도 관심을 두게 되었습니다. 같은 해 지하 3층~지상 3층 규모의 큰 건물에 들어선 이태원 MMMG 개장 소식을 들은 이후부터 지금까지 이태원 MMMG 건물은 제가 가장 좋아하는 매장이 모여 있는 공간입니다.

1980년대에 지어져 30년도 더 된 이 건물에는 위에서부터 카페 앤트러사이트Anthracite와 디앤디파트먼트 서울, MMMG 그리고 프라이탁과 독립 서점인 포스트 포에틱스POST POETICS가 함께 들어서 있습니다. 몇 번의 리노베이션과 매장 위치 조정을 통해 지금의 위치에 각각 자리 잡게 되었어요. 카페와 서점, 디자인 문구점과 잡화점까지 한 건물에 있는 이곳은 언제 와도 알차게 시간을 보낼 수 있는 보석 같은 공간입니다. 특히나 이 건물에서 제가 사랑하는 3개의 공간을 조금 더 자세히 소개해볼까 합니다.

위 프라이탁 가방을 든 내 모습 ©이육헌
아래 이태원 MMMG 매장 내부 ©이육헌

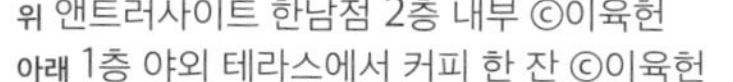

위 앤트러사이트 한남점 2층 내부 ©이육헌
아래 1층 야외 테라스에서 커피 한 잔 ©이육헌

앤트러사이트 한남점(1~3F)

건물 1층에는 이태원로를 바라보는 방향으로 활짝 열린 앤트러사이트 한남점이 있습니다. 합정동 당인리 화력발전소 옆 오래된 신발공장을 개조해 화제가 되었던 앤트러사이트가 제주 한림점에 이어 세 번째로 내놓은 매장입니다. 오래된 건물 1층을 모두 유리창으로 만들어 활짝 연 덕인지, 오가는 사람들을 반가이 맞이하는 인상을 줍니다. 더군다나 로스팅 머신 너머 뒤편으로도 커다란 창이 나 있어, 음료가 나오기를 기다리며 보광동과 한남동이 훤히 내려다보이는 풍경을 볼 수 있어요. 2층과 3층에도 좌석이 넉넉한 데다 잎이 넓은 식물들을 가운데에 심어두어 시원한 느낌을 줍니다. 전선을 꼬거나 열대우림의 넝쿨처럼 늘어뜨려 만든 조명 또한 구경하는 재미가 있지요.

제가 앤트러사이트 한남점에서 가장 좋아하는 자리는 1층 야외 테라스입니다. 오랫동안 앉아 있긴 조금 불편할 수 있지만, 날씨 좋은 날엔 햇볕을 쬐며 호사로운 기분을 누릴 수 있고, 이태원로를 거니는 사람들도 구경할 수 있어 좋습니다. 주말 대낮이라면 산책 나온 동네 주민들 앞에서 재롱을 부리거나 장난치는 반려견을 힐끔힐끔 훔쳐보는 재미도 있고요. (참, 아무리 귀엽더라도 보호자의 허락 없이 만지거나 먹이를 주지는 마세요!) 저는 보통 1층 테라스에 앉아 볕을 쬐며 하우스 블렌드 커피를 홀짝이다가 지하에 있는 다른 매장을 둘러보러 내려갑니다.

MMMG(B2F)

지하 1층의 디앤디파트먼트 서울 매장을 거쳐 그 아래층으로 내려가면 이 건물의 터줏대감 격인 MMMG가 있습니다. MMMG의 오리지널 상품과 서커스보이밴드의 엽서를 비롯한 다양한 디자인 소품, 라미LAMY*의 펜과 가리모쿠60**의 가구, 아리타***의 접시 그리고 MMMG의 눈썰미로 선별한 도서들까지 한 매장에서 만나볼 수 있어요. 디앤디파트먼트 서울과는 또 다른 발견의 재미가 있는 공간이라 오랜 시간 둘러봅니다. MMMG에서 천천히 머물며 이것저것 들어보고 만져보고 나면 그냥 지나치고 싶지 않은 마음에 결국 빈손으로 나오지 못합니다. 적어도 스티커나 엽서는 꼬박꼬박 사게 되는, 사랑스러운 공간이죠. 독서 모임 커뮤니티를 운영하는 트레바리에서 일을 시작하고 난 이후로는 MMMG가 직접 고른 도서 리스트를 보는 데도 재미를 붙이게 되었습니다.

프라이탁 스토어 by MMMG(B3F)

프라이탁 플래그십 스토어와 동일한 디자인 가이드라인을 충실히 따른 조명과 가구 그리고 취리히에서 공수한 프라이탁 전용 집기를 설치해 지었다는 이태원 프라이탁 스토어는

---

* 독일의 만년필 및 필기도구 브랜드

** 일본 가구 브랜드

*** 도자기 본래의 모던하고 심플한 디자인을 추구하는 일본 도자기 브랜드

제게 이 건물의 마지막 종착지입니다. 1층 앤트러사이트에서 테이크아웃 커피를 들고 지하 1층 디앤디파트먼트 서울과 지하 2층 MMMG를 거쳐, 마지막으로 지하 3층 프라이탁 스토어로 내려옵니다. 이미 여러 개의 프라이탁 가방을 가지고 있음에도 유니크한 디자인으로 늘 제 소유욕을 자극하는 가방들이 스토어 벽 한 면을 가득 채우고 있습니다. 더군다나 이 매장에서는 다른 곳에서 찾기 힘든 단색 가방 라인인 프라이탁의 레퍼런스REFERENCE나 의류 라인 F-ABRIC 제품도 구경할 수 있죠. 동행한 친구들이 말리지 않았으면 아마 지금보다 더 많은 가방을 샀을 곳, 이태원 프라이탁 스토어입니다.

예전에 다니던 삼성전자에서는 리테일 마케팅 업무를 하며 쇼퍼shopper의 매장 방문 경험에 대해 고민했습니다. 지금 다니는 회사인 트레바리는 오프라인 독서 모임 공간에서의 경험이 매우 중요한 비즈니스를 전개합니다. 다행히도 이런저런 매장을 둘러보며 애정 어린 눈으로 구경하고, 때론 마구 질러보며 호불호가 생긴 덕분에 제품·서비스를 통해 가치를 제안하고 이를 구매로 연결하는 마케터의 일을 즐거운 마음으로 할 수 있었습니다. 그리고 그동안 해온 일 덕분에 취향도 취미도, 조금 더 깊어질 수 있었고요. 일에 맞는 취향이 있는 건지, 일이 취향을 따라오는 건지 저도 잘 모르겠습니다. 하지만 자연스럽게 또는 조금 억지스럽더라도 이 둘이 연결되는 순간, 일이 재밌어집니다.

무작정
경험해보세요

가끔 '난 취향이 없는 것 같아'라고 이야기하는 사람이 있습니다. 취향이 없는 사람은 없다고 생각합니다. 취향이 생길 만큼 시도를 하지 않았다는 말이 맞지 않을까요? 저희 네 사람은 공통적으로 많이 시도하고 경험하는 걸 좋아합니다. 이번 파트를 읽으며 '내 취향을 잘 모르겠어'라는 분이 있다면, 해보고 싶은 마음이 생기는 것부터 무작정 경험해보세요.

마케터로 일하며 가장 노력해야 하는 부분은 브랜드가 가진 속성을 많이 경험하는 거라 생각합니다. 우리 브랜드를 좋아하는 사람이 어떤 취향을 가졌는지 고민하고, 그들이 좋아하는 걸 직접 경험하다 보면 브랜드가 표현하고 싶은 취향을 잘 설계할 수 있습니다. 취향이 분명한 사람에게 매력을 느끼듯, 아이덴티티가 확실한 브랜드는 매력적으로 다가옵니다. 예를 들어 아이스크림 브랜드의 마케터가 아이스크림을 많이 먹어보지 않거나, 아이스크림을 즐겨 먹는 소비자의 취향에 관심이 없다면, 진정성 있는 마케팅을 기획하기는 힘듭니다. 마케팅을 담당한 브랜드가 어떤 취향을 가진 사람들을 끌어들이고 싶은지 곰곰이 생각해보세요. 그리고 취향에 맞는 경험을 해보는 시간을 많이 가져보길 바랍니다.

PART 17

못다 한 이야기

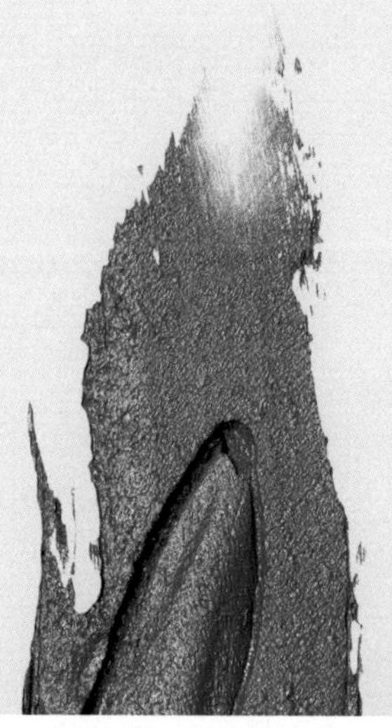

이승희 배달의민족

비전공자 마케터가 회사를 선택하는 기준

비전공자인 제가 PUBLY에서 마케팅 관련 이야기를 썼다는 사실이 아직도 신기합니다. 하지만 생각해보면 마케팅에 딱 맞는 전공은 없는 것 같기도 해요. 나만의 경험을 차곡차곡 쌓기를 좋아하고, 사람들에게 좋은 영향을 미치고 싶고, 무언가에 푹 빠져본 사람이라면 모두 마케터가 될 수 있습니다. 예전에 배달의민족 CBO 장인성 이사가 이런 이야기를 한 적이 있습니다. “전문 기술을 필요로 하는 다른 영역과 달리 누구든 마케터가 될 수 있기 때문에, 그만큼 좋은 마케터가 되는 것이 더 어렵다.” 많은 사람이 마케터가 될 수 있기 때문에 그만큼 경쟁도 치열하고 힘듭니다. 신입은 자리가 없고, 경력이 있는 마케터는 선불리 회사를 옮기기 쉽지 않죠. 저는 우아한형제들이 두 번째 회사입니다. 첫 번째 회사는 치과였어요. 그곳에서 마케터로 성장하는 데 많은 도움과 경험을 얻은 걸 보면, 회사의 종류가 좋은 마케터가 되는 데 결정적인 조건이 되거나 기준이 되지 않는다는 생각이 듭니다. 어떤 회사를 선택해야 할지 혹은 브랜드 마케터로 일할 만한 회사의 기준을 어떻게 세워야 할지 고민된다면, 제 경험에 의한 주관적인 의견을 제시해볼게요.

- 내가 좋아하는 브랜드인가?
- 내가 좋아할 수 있는 브랜드인가?
- 내가 잘할 수 있는 곳인가?
- 배울 수 있는 곳인가? (배우고 싶은 사람이 있는가?)
- 브랜드가 탄탄하게 자라나고 있는 곳인가?
  (브랜딩을 중심으로 성장하는가?)

이 다섯 가지 조건이 마케터로 성장하기에 더 좋은 기준이라고 생각합니다. 무엇보다도 자신이 좋아하는 브랜드에서 일했으면 좋겠습니다. 저는 스타트업에서 일해보고 싶어 우아한형제들에 입사한 것이 아닙니다. 제가 좋아하는 브랜드인 배민이 스타트업의 브랜드였던 것뿐입니다. 사람마다 회사를 선택하는 기준은 다르지만, 마케터가 되고자 한다면 일할 회사를 선택하는 기준이 '스타트업 아니면 대기업'처럼 큰 규모가 아니었으면 합니다. 규모가 작은 회사에선 주도적으로 많은 일을 해볼 수 있고, 작은 것에도 성취감을 자주 느낄 수 있습니다. 그러면 일에 대한 자존감과 자신감을 빨리 키울 수 있어 좋아요. 물론 어떤 회사든 들어가기 전에는 절대 알 수 없잖아요. 아쉽게도 제가 장담할 수 있는 것은 없습니다. 하지만 본인이 어떤 기준으로 회사를 선택하고 다니느냐에 따라 나의 성장 가속도와 방향이 정해진다는 점을 잊지 마세요.

정혜윤 스페이스오디티

자잘한 일, 디테일의 중요성

앤 해서웨이 주연의 영화 〈인턴〉에서 인상 깊었던 두 장면이 있습니다. 사무실 내에서 자전거를 타고 다니는 화려하고 자유로운 모습보다도 더 저를 건드린 장면들입니다. 하나는 영화의 시작 장면입니다. 잘나가는 스타트업 대표가 직접 콜센터에서 전화를 받고, 불만 있는 고객의 문제를 해결합니다. 심지어 문제가 해결이 안 되면 알려달라고 자기 휴대폰 번호까지 알려줘요. 또 다른 장면에선 자기 서비스에서 직접 물건을 배송시켜 봤는데, 포장 상태가 마음에 들지 않은 거죠. 그래서 정신없이 바쁜 와중에 직접 공장에 들러 직원들과 어떻게 포장하는 게 좋을지 이야기합니다. 저는 이 장면들이 정말 좋았어요. 고귀해 보이는 일보다도 사실은 자잘하고 하찮아

보이는 일들이 진짜 중요하기 때문입니다. 콜센터와 포장은 고객과 가장 먼저 만나는 접점입니다. 그 중요함을 알고 챙기는 사람과 무시하는 사람 사이에서 브랜드의 디테일이 판가름 납니다. 진짜 고수는 작은 일들을 하찮게 보지 않습니다.

마케터의 업무를 들여다보면 자잘한 일이 굉장히 많습니다. 외부에 알려지는 크리에이티브와 큰 스케일도 중요하지만, 그 바탕에 있는 눈에 보이지 않는 작은 일이 탄탄해야 의도했던 기획이 더 빛납니다. 제작물에 이미지 깨짐이나 오타는 없는지 확인하는 것, 필요한 게 제때 오는지 일정을 관리하는 것과 같은 작고 기본적인 일이 무너지면 좋은 기획도 허물어질 수 있습니다. 비슷한 맥락에서 정보의 공유는 배려입니다. 연사로 참여하는 사람이 궁금해할 만한 내용을 미리 정리해 공유하는 것도 자잘하지만 중요한 일이지요. 내부에도 진행 상황을 미리 공유하는 게 더 투명하고 좋은 업무 환경을 조성합니다.

정말 멋있어 보이는 일도 사실은 작은 일들이 모여 만들어진 결과물입니다. 의미 있는 가치를 더하는 일도 한 걸음부터 출발합니다. 하루하루 하는 일이 작아 보일지라도, 넓은 시야를 갖고 그 일들이 모여 브랜드가 된다는 사실을 꼭 기억하셨으면 합니다.

손하빈 에어비앤비

그 회사, 얼마큼 자유롭나요?

제가 개인적으로 많이 받는 질문 중 하나가 "외국계 기업의 한국 지사에서 일하면 실무자가 의사 결정에 대한 자율권을 얼마큼 가지나요?"입니다. 이건 회사마다 다른 것 같아요. 제가 외국계 회사에 입사한 가장 큰 이유는 수평적인 조직 구조와 다양성을 존중하는 문화를 기대했기 때문입니다. 이 문화도 기업의 규모나 성장 단계에 따라 많이 다를 수 있습니다. 제가 경험한 두 미국계 회사도 여러 가지 면에서 달랐거든요. 처음 일했던 IBM은 체계와 절차가 탄탄하게 잡혀 있는 회사였고, 한국인 직원 수도 2000명이 넘었습니다. 그래서 본사의 문화가 그대로 적용되기보다는 한국 문화와 섞여 IBM 코리아만의 문화가 있었습니다. 또 빠르고 효율적인 의사 결정을 위해 본사가 많은 권한을 쥔 중앙집권적 형태였습니다. 직원 개개인의 자율보다는 본사의 프로세스를 준수하는 것이 더 중요했죠. 저는 이곳에서 체계적인 프로세스로 일하는 방법을 정말 많이 배웠습니다.

정반대로 에어비앤비는 이제 막 성장하기 시작한 회사였고, 모든 직원이 문화를 함께 만들어가는 단계였습니다. 프로세스가 정립이 덜 되어 있어 변화도 상당히 많습니다. 비즈니스 특성상 로컬 문화가 중요한 가치이기 때문에 로컬 담당자의 의사 결정권도 큽니다. 저는 한국팀에 소속되어 있으면서, 글로벌 마케팅팀의 한국 시장 담당자이기 때문에 전 세계의 다양한 사람들과 한 팀에서 같이 일하고 있습니다. 이런 조직 구조에서는 각 담당자의 의견이 중요하고, 자연스럽게 다양성이 존중되는 분위기가 형성됩니다. 아마도 에어비앤비가 큰 회사가 되면 IBM과 비슷한 형태로 변모할 거라 생각은 하고 있지만, 현재까지는 로컬의 의사 결정이 많이 반영되는 조직 구조를 지닙니다. 이렇게 브랜드가 속한 산업과 발전 단계에 따라 조직 내에서 개별 직원이나 팀의 자율 수준은 매우 달라지기 때문에, 회사의 성장 단계와 산업의 특성을 잘 살피는 게 좋을 것 같아요. 그리고 사람마다 재미를 느끼는 부분이 다르기도 하고요. 저는 두 회사에 다니면서 저를 재발견했습니다. 변화무쌍하고 체계가 없더라도 스스로 일을 벌이고 프로세스를 만드는 과정에서 훨씬 재미를 많이 느끼는 사람이었습니다. 반대로 성숙된 구조속 안정적인 프로세스 안에서 업무를 수행하는 것을 좋아하는 사람도 있습니다.

본인이 어떤 단계에서 재미를 느끼는 사람인지 먼저 파악하면 좋겠어요. 물론 좋아하는 산업과 브랜드를 선택하는 것도 중요하겠지만, 소비자로서 브랜드를 사랑하는 것과 생산자의 관점에서 재미있게 일할 수 있는 것은 다를 수도 있습니다. 내가 재미를 느끼는 부분을 잘 파악하고, 맞는 브랜드를 찾는 일이 제일 중요합니다.

이육헌 트레바리

마케팅,
그 막막한 시작

제가 스타트업에 몸담고 있어서일까요. 스타트업에서의 마케팅은 참 막막하게 느껴질 때가 많습니다. 단기간의 압축적인 성장을 추구하면서도 회사가 속한 시장과 산업이 역동적으로 변하기 때문이지요. 처음 본격적으로 일을 시작했던 왓챠에서도, 지금 트레바리에서도 그 시작은 얼마나 막막했던지 또 얼마나 가슴이 체한 듯 답답했던지.

2014년 말로 예정되었던 리뉴얼 제품 출시가 2015년 여름까지 계속 미뤄지면서, 팀의 목표부터 새로이 정의해야 하기도 했습니다. 하지 않았던 일들을 해나가며 나와 팀의 존재 이유를 증명해야 하는 상황도 겪었습니다. 지금도 시즌마다 눈에 띄게

커지는 커뮤니티의 규모에 따라 어떤 브랜딩을 해야 할지 생각하니 막막합니다. 그런데 막막하고 막연한 시작 시기를 빠르게 지나 명확하고 뚜렷한 업무 영역을 만들어내는 방법이 있습니다. 일단 꾸역꾸역 뭔가를 하는 것입니다.

구린 초고라도 써라. 빈 페이지를 편집할 수는 없으니까.

애너 바이탈, 인포그래픽 디자이너

글쓰기 또는 생산성과 연관돼 많이 쓰이는 문장입니다. 제가 이 문장을 좋아하는 이유는, 일단 무엇이든 꾸역꾸역 시작해 한번 끝을 보고 나면 그 막막함은 어느새 사라진다고 믿기 때문입니다. 막막하다고 고민만 하지 말고, 퀄리티가 좋지 않더라도 일단 결과물을 만들어서 사람들에게 내보이세요. 반응이 좋으면 비슷하게 더 많이 할 수 있을 테고, 반응이 안 좋으면 지적받은 부분을 개선하면 됩니다. 작은 단위의 일에서 결과물이 별로거나 또 실패할 수도 있고, 저 역시 그 과정이 성에 차지 않아 아쉬워하고 힘들어하기도 했습니다. 하지만 조금 더 장기적인 관점에서는 먼저 시작하고 꾸역꾸역 지속하면서 개선해나가는 작업이 막막함을 명확함으로 바꿔 더 큰 임팩트를 가져오는 일이라고 믿습니다.

정답은 없습니다

지금까지 독자 여러분께서는 네 명의 마케터가 어디서 어떻게 일하는지, 어떤 취향을 가지고 있으며 어디에서 영감을 얻는지 읽으셨습니다. 때론 놀라울 만큼 비슷했지만, 반대로 몸담은 산업과 브랜드에 따라 다른 이야기도 분명 있었습니다. 정답을 찾으며 이 책을 읽은 분이라면, 아직까지도 갈증이 해소되지 않았을 수도 있습니다. 그렇기에 이야기하고 싶은 것은, 결국 마케팅과 브랜딩에서 모든 문제를 관통하는 정답은 없다는, 조금은 뻔한 이야기입니다. 다만, 이 책을 통해 내 고민이 혼자만의 것이 아니며, 우리 모두가 했고 또 앞으로 할 고민임을 깨닫는 계기가 되었으면 합니다. 문제를 해결하는 방식, 취향과 영감의 원천, 개발 그리고 업무와 접목하는 과정에 이르는 네 사람의 이야기를 읽다 보면, 비록 정답은 아니지만 고민을 푸는 실마리를 찾을 수 있을 거라고 믿습니다.

내가 걷는 길이 혼자 걷는 길이 아니었음을 아는 순간 막막함은 사라집니다. 즐거운 경쟁심이 생기기도, 또 신바람이 나기도 합니다. PUBLY 리포트를 쓰기 위해 모이고 또 함께 글을 쓰면서 저희들 또한 이 사실을 깨달았습니다. 각자 정신없이 진행하는 일에 대한 호기심과 이따금 터지는 사건 사고와, 그 와중에 닥쳐오는 마감의 공포 앞에서 동병상련을 느꼈죠. 독자들 역시 평소 궁금했던 배달의민족, 스페이스오디티, 에어비앤비 그리고 트레바리라는 네 브랜드와 그곳에서 일하는 마케터들의 취향, 영감에 대한 궁금증이 조금이나마 해소되었길 바랍니다. 공감과 위안도 얻어간다면 더할 나위 없겠습니다.

EPILOGUE
에 필 로 그

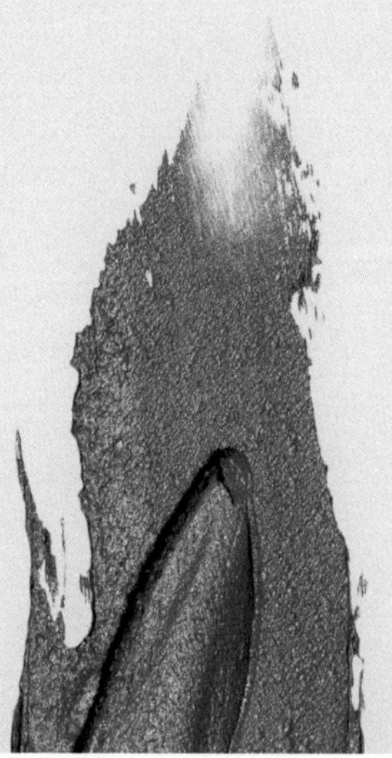

이승희 배달의민족 마케터

'나는 왜 쓰려고 하는가.' 《브랜드 마케터들의 이야기》를 쓰며 내내 든 생각이었습니다. 글쓰는 일은 지겹고 괴로운 반복 노동이라고 생각합니다. 이번 원고를 쓰면서도 글로 내 생각을 풀어내는 작업이 정말 어렵게 느꼈습니다. 제가 쓴 글이 PUBLY 공식 플랫폼에 발행되고, 글을 쓸 때에는 책으로 엮어질지 몰랐지만 콘텐트로 그리고 텍스트로 영원히 남겨진다는 사실에 대한 두려움도 컸습니다.

쓰기를 포기하지 않은 힘은 저처럼 실무에서 많은 고민을 하고 있을 마케터들이 공감하고, 위로받고, 조금이나마 도움을 얻었으면 하는 마음에서 비롯되었습니다. 저는 늘 다른 사람에게 받기만 했었거든요. 유려한 글솜씨는 아니어도 제 진심이 많은 사람들에게 닿았으면 합니다. 책이 나오기까지 고마운 분들이 정말 많습니다. 처음과 끝을 함께한 저자들과 PUBLY 멤버들, 더불어 존경하는 김봉진 대표님과 장인성 이사님, 늘 많은 영감과 좋은 자극을 주는 배달의민족 마케터들에게 다시 한번 감사 인사를 전합니다.

정혜윤 스페이스오디티 브랜드 마케터

마무리 짓는 글을 쓰려니 감사한 마음이 가장 크게 드네요. 지난 마케팅 여정에서 인연을 맺은 분들 덕분에 여기까지 올 수 있었어요. 매년 변화가 많았던 제 선택을 꿋꿋이 믿어준 곁의 사람들과 덕업일치를 이룰 수 있게 도와준 스페이스오디티 동료들에게 고마운 마음을 전합니다. 특히 평소에 친구로도 인간적으로도 배울 점이 많고, 제가 애정하는 마케터들과 함께 PUBLY 콘텐츠를 제작할 수 있어 든든하고 즐거웠습니다. 이 책을 덮은 이후에도 우리의 이야기는 계속되고 있겠죠.

마케팅은 사람과 사람 사이의 인터랙션이 일어나는 모든 곳에 숨겨져 있습니다. 그런 맥락에서 마케팅은 모든 것, 모든 것은 마케팅이 될 수 있는 것 같아요. 이런 생각이 구체화될수록, 경험이 쌓일수록 저는 마케팅을 더 좋아하게 되었습니다. 마케팅이란 망망대해에서 막막했던 시기를 거쳐 예전보단 조금 더 단단해지며 항해를 즐길 수 있게 된 우리의 이야기가 비슷한 고민을 가진 분들에게 작은 위안과 용기가 되었으면 합니다. 지금까지 읽어주셔서 고맙습니다.

손하빈 에어비앤비 코리아 브랜드 마케팅 매니저

마케터로서 신나게 일할 수 있었던 행운은 좋아하는 브랜드를 만나며 시작되었어요. 좋아하는 브랜드의 마케터로 일하지 않았다면, 마케팅이라는 일을 좋아했을까 자문한 적이 있는데요, '아니요'가 솔직한 답변입니다. 좋아하는 브랜드가 있으면, 비단 마케터가 아니더라도 그 브랜드에 대해 이야기하고 싶습니다. 마케팅의 본질이 브랜드를 사랑하는 사람들을 찾아 브랜드 이야기를 알리는 일이니 좋아하는 브랜드를 만나면 마케팅이라는 일 자체가 재미있는 일이 됩니다.

그래서 브랜드를 좋아하는 마음이 마케팅의 기술보다 더 중요하다고 생각합니다. 사람도 사랑스러운 시선으로 계속 바라보면 매력을 발견할 수 있는 것처럼, 브랜드를 계속 사랑스럽게 바라보면 그 가치를 발견할 수 있어요. 마케팅 실무자라면 맡고 있는 브랜드를 어여쁘게 바라봐주세요. 예비 마케터라면 가슴을 움직이는 이야기를 하는 브랜드를 찾아보세요.

이육헌 트레바리 마케터

글을 쓰고 다듬는 과정에서 정말 많은 생각이 들었습니다. 내가 하고 있는 일을 글로 쓰고 남기는 과정은 새로운 도전이기도 했고, 그간 한 일을 밑바닥까지 들여다보는 경험이기도 했습니다. 때로는 부끄럽고 부족한 나 자신과 맞닥뜨려야 하기도 했죠. 그래도 비슷한 고민을 나눌 수 있었던 동료 저자들이 있어서 꾸역꾸역 즐겁게, 글쓰기에 몰입할 수 있었습니다. PUBLY 디지털 콘텐츠 그리고 book by PUBLY 종이책《브랜드 마케터들의 이야기》를 쓰면서 그간 한 일들을 정리하는 기회를 얻은 동시에 그간 부족했던 점을 돌이키며 앞으로 나아갈 방향성과 원동력도 찾았습니다. 글을 쓰고 기록으로 남기는 일의 무게감을 알기에, 오히려 그 글 앞에서 부끄럽지 않은 내가 되기 위해 여러 밤을 지새우기도 했습니다.

비록 조금은 어렵고 두렵고 망설여지더라도 여러분도, 여러분이 하는 일을 자신만의 고유한 언어로 남겨보는 것은 어떨까요. 분명 제 기록보다 더 재미있고 멋진 이야기일 겁니다.

브랜드 마케터들의 이야기

초판 1쇄 인쇄 2018년 7월 19일 | 초판 3쇄 발행 2018년 8월 23일

지은이 이승희·정혜윤·손하빈·이육헌
펴낸이 김영진

사업총괄 나경수 | 본부장 박현미 | 사업실장 백주현
개발팀장 차재호 | 책임편집 이명연 | 교정교열 박소영
디자인팀장 박남희 | 디자인 김가민
마케팅팀장 이용복 | 마케팅 우광일, 김선영, 정유, 박세화
출판지원팀장 이주연 | 출판지원 이형배, 양동욱, 강보라, 손성아, 전효정
해외콘텐츠전략팀장 김무연 | 해외콘텐츠전략 강선아, 이아람

펴낸곳 (주)미래엔 | 등록 1950년 11월 1일(제16-67호)
주소 06532 서울시 서초구 신반포로 321
미래엔 고객센터 1800-8890
팩스 (02)541-8249 | 이메일 bookfolio@mirae-n.com
홈페이지 www.mirae-n.com

ISBN 979-11-6233-580-2 03320

* 책값은 뒤표지에 있습니다.
* 파본은 구입처에서 교환해 드리며, 관련 법령에 따라 환불해 드립니다.
  다만, 제품 훼손 시 환불이 불가능합니다.

book by PUBLY X Mirae N
《브랜드 마케터들의 이야기》는 북 바이 퍼블리와 (주)미래엔이 협업하여
퍼블리(publy.co)의 디지털 콘텐츠를 책으로 만들었습니다.

「이 도서의 국립중앙도서관 출판시도서목록(CIP)은 서지정보유통지원시스템 홈페이지(http://seoji.nl.go.kr)와
국가자료공동목록시스템(http://www.nl.go.kr/kolisnet)에서 이용하실 수 있습니다.
(CIP제어번호: CIP2018019633)」